Caroline Burnand

Touristik

L'allemand des métiers du tourisme

Du même auteur chez Ellipses:

Deutschland, eine Reise wert
A la découverte des pays de langue allemande.

Vocabulaire touristique
2000 termes suivis d'exemples,
200 exercices corrigés pour l'auto-apprentissage
et la révision.

EDITION MARKETING
EDITEUR DES PREPARATIONS
GRANDES ECOLES MEDECINE
32, rue Bargue 75015 PARIS

ISBN 2-7298-4117-2

Introduction

Touristik est un manuel d'allemand qui s'adresse aux élèves des écoles de tourisme (BTS, IUT, Universités) et à tous les professionnels des voyages et des loisirs. L'exploitation pédagogique des documents - textes de brochures, illustrations, annonces et articles de journaux - tient compte des différences de niveaux des étudiants.

Touristik permet l'approfondissement des termes et tournures utilisés couramment dans un environnement touristique. Chaque chapitre: géographie, transports, hôtellerie etc..commence par l'apprentissage ou la révision active du vocabulaire de base. Les mots difficiles des textes sont traduits en fin de chapitre dans un glossaire.

Les **300 exercices** que comporte *Touristik* visent avant tout l'élargissement et le réemploi du vocabulaire. La révision de certains points de grammaire de même que l'expression orale ou écrite occupent également une part importante de ce manuel. Un chapitre entier est consacré à la correspondance.

A la fin de l'ouvrage sont proposés **12 devoirs** originaux de type BTS-Tourisme dont les thèmes ont tous été traités dans les chapitres précédents.

Tous ceux qui ont à comprendre, traduire ou rédiger des documents en allemand ayant trait au tourisme, touveront dans *Touristik* un outil de travail efficace.

Remerciements :

Je tiens à remercier particulièrement

- les journaux allemands, suisses et français qui nous ont permis de reproduire leurs articles,
- Mesdames Petra Arndt et Elisabeth Pettersson,
- Mademoiselle Regine Böss et
- Monsieur François de Dardel pour leur contribution active.

cb

Table des matières

Die Bundesrepublik Deutschland

1
Orientierung

L'espace et le temps

Paysages

Villes

Pays

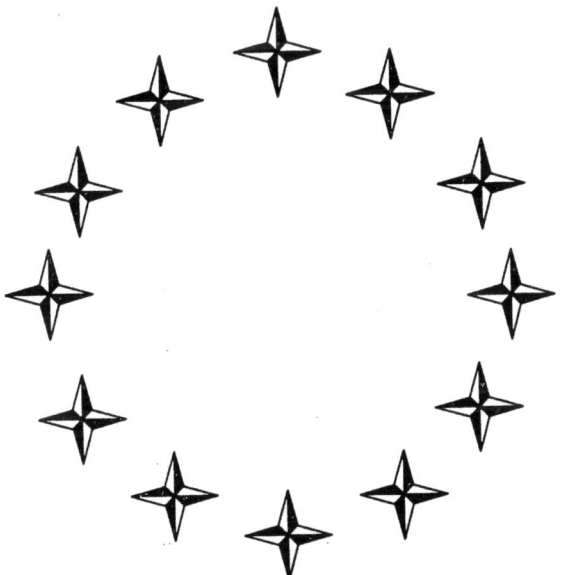

Wo?

VOCABULAIRE

A Notez les expressions suivantes:
im Norden, im Süden von ...
westlich, östlich von ...
an der Loire, am Main
am Fuß des Jura, der Alpen
weit/unweit von ...
direkt am ...
50 km entfernt von ...
eine Auto/Zugstunde entfernt von ...

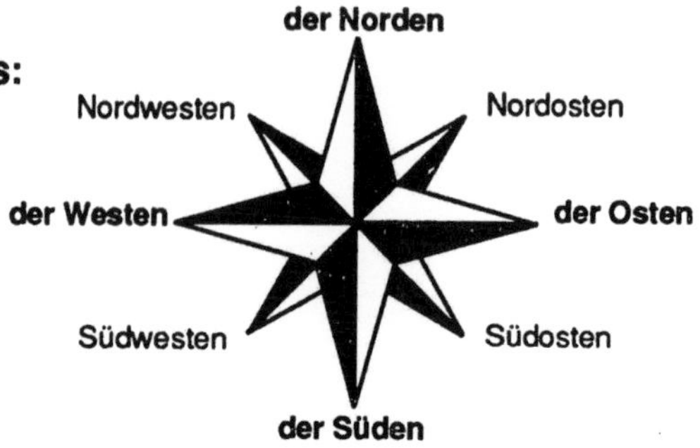

der Norden

Nordwesten   Nordosten

der Westen   der Osten

Südwesten   Südosten

der Süden

B Kennen Sie Ihr eigenes Land?

A l'aide des expressions ci-dessus, situez en allemand les villes indiquées sur la carte de l'Europe francophone par rapport aux capitales, aux fleuves, au littoral, aux montagnes et aux frontières.

Brügge
Gent
Antwerpen
Brüssel

der Ärmelkanal
Lille
BELGIEN
Lüttich

die Ardennen
LUXEM-
BURG

Le Hâvre
Rouen

Reims
LOTHRINGEN
Nancy
Straßburg

die Seine
Paris

Brest

Rennes

ELSASS
DEUTSCH-
LAND

die Vogesen
der Rhein

Nantes
Tours
die Loire
BURGUND
Dijon
Basel
DIE

Bourges
der Jura
Bern
SCHWEIZ

der Atlantische
Ozean

Genf

Clermont-
Ferrand
Lyon
das Zentral
massiv
die Alpen

die Dordogne
Bordeaux
Grenoble
ITALIEN

die Garonne

BASKENLAND
Toulouse
Nice

Marseille
Bastia

die Pyrenäen
Perpignan
das Mittelmeer
KORSIKA

SPANIEN
Ajaccio

In diesen Ländern wird französisch gesprochen

Werbeslogans

Les slogans touristiques ci-dessous émanent des pays suivants:
Autriche - Danemark - Espagne - France - Grèce -
Hollande - Irlande - Israël - Malte

Retrouvez et inscrivez en allemand les pays concernés.

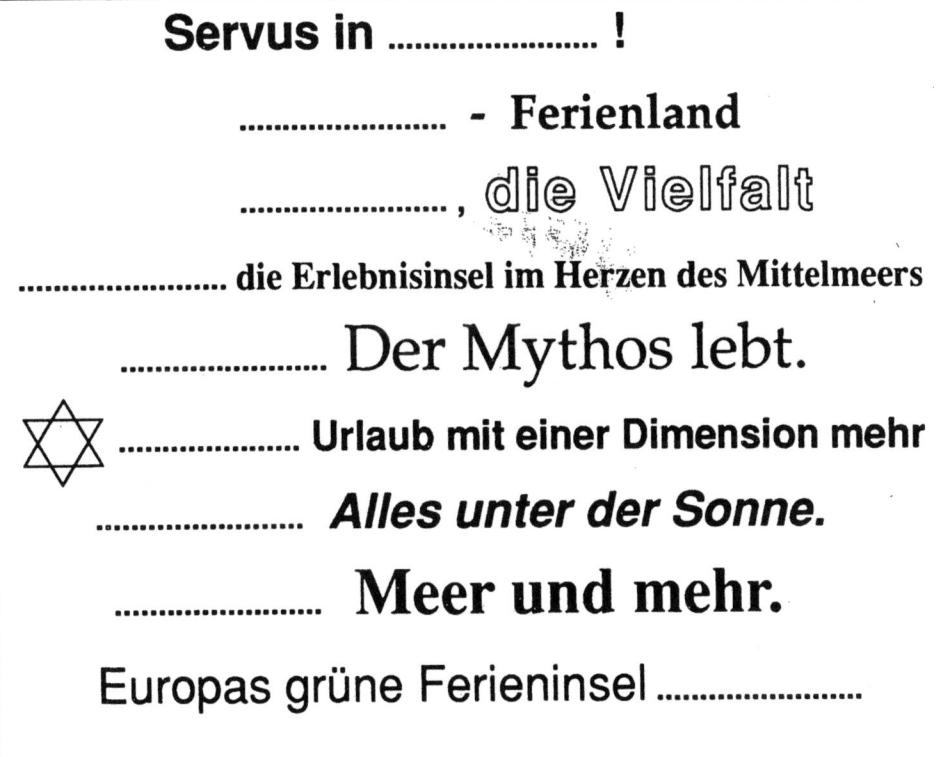

Servus in .... **!**

.... **- Ferienland**

...................., **die Vielfalt**

.... **die Erlebnisinsel im Herzen des Mittelmeers**

.... **Der Mythos lebt.**

.... **Urlaub mit einer Dimension mehr**

.... *Alles unter der Sonne.*

.... **Meer und mehr.**

Europas grüne Ferieninsel ....

Städtenamen

Inscrivez sur la carte d'Europe de la page suivante les noms de villes en allemand.

Ex.: Basel

Belgrad	Mailand
Brüssel	Moskau
Bukarest	Neapel
Danzig	Nizza
Den Haag	Prag
Genf	Venedig
Königsberg	Warschau
Lissabon	Wien

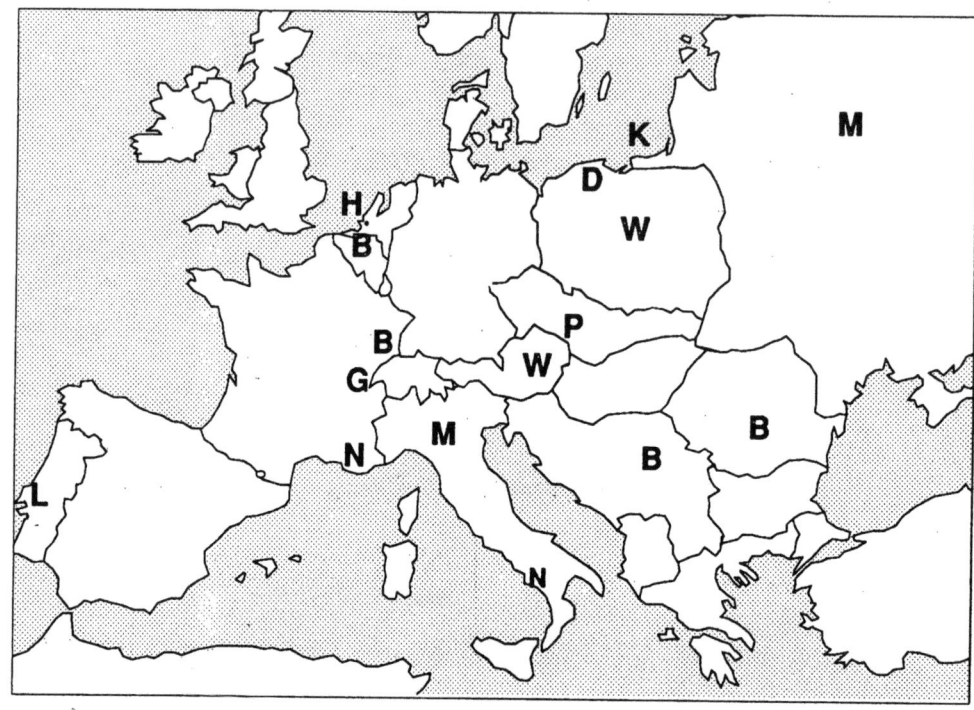

Europa

VOCABULAIRE: *Adjectifs formés sur des noms de villes*

Ils se forment en ajoutant "-er" et sont invariables.

 Ex.: der Kölner Dom

Traduisez les goupes nominaux suivants en vous aidant des mots du cadre.

 1 *le lac Léman (de Genève)*   ....

 2 *le pacte de Varsovie*   ....

 3 *les valses de Vienne*   ....

 4 *les saucisses de Francfort*   ....

 5 *la bourse de Tokyo*   ....

 6 *le château de Versailles*   ....

 7 *les pains d'épice de Nuremberg*   ....

 8 *le port de Hambourg*   ....

 9 *le festival de Salzbourg*   ....

 10 *le musée de Milan*   ....

 11 *le cirque de Moscou*   ....

 12 *le métro parisien*   ....

| Pakt | Lebkuchen | Börse | Walzer | Festspiele (Pl.) | Zirkus |

Wohin?

	nach Frankreich, nach Italien, nach Norden,
	in die USA, in die Schweiz
Wir fahren	durch England, durch die Türkei
	nach London, in die Hauptstadt
	von Dijon aus
	von Paris nach Besançon über Dôle

TRADUCTION

1 *Nous allons de Mannheim à Cassel en passant par Francfort sur le Main.*

....

2 *Cette année nous irons au Canada et aux Etats-Unis.*

....

3 *Allez d'abord à Wurzbourg puis à Bayreuth.*

....

4 *La Bourgogne est très éloignée de la Bretagne.*

....

5 *De Chartres, continuez direction Nord-Ouest; en deux heures de route vous serez à Caen.*

....

6 *Il faut deux heures de train pour aller de Genève à Berne.*

....

Landschaften

Complétez par la traduction allemande; en cas d'hésitation, vous trouverez les mots allemands dans le cadre de la page suivante !

1 das Relief

bassin	d.. .... (...)
colline	d.. .... (...)
massif	d.. .... (...)
montagne	d.. .... (...)
plaine	d.. .... (...)
plateau	d.. .... (...)
vallée	d.. .... (...)

2 das Gebirge

col	d.. .... (...)
glacier	d.. .... (...)
gorge	d.. .... (...)
pic	d.. .... (...)
rocher	d.. .... (...)
sommet	d.. .... (...)
pente	d.. .... (...)

3 der Fluß ("sse)

affluent	d.. .... (...)
chute d'eau	d.. .... (...)
confluent	d.. .... (...)
courant	d.. .... (...)

estuaire	d.. .... (...)
fleuve	d.. .... (...)
méandre	d.. .... (...)
rive	d.. .... (...)
ruisseau	d.. .... (...)
source	d.. .... (...)

4 das Meer (-e), der See (-n)

côte	d.. .... (...)
île	d.. .... (...)
lac de retenue	d.. .... (...)
mer	d.. .... (...)
océan	d.. .... (...)
plage	d.. .... (...)

5 die Landschaft

champ	d.. .... (...)
clairière	d.. .... (...)
forêt	d.. .... (...)
lande	d.. .... (...)
lisière	d.. .... (...)
pâturage	d.. .... (...)
prairie	d.. .... (...)

Bach	Hang	Mündung	Stausee	Wasserfall
Becken	Heide	Nebenfluß	Strand	Weide
Berg	Hochebene	Ozean	Strom	Wiese
Ebene	Hügel	Paß	Strömung	Windung
Feld	Insel	Quelle	Tal	Zusammenfluß
Felsen	Küste	Schlucht	Ufer	
Gipfel	Lichtung	See	Wald	
Gletscher	Massiv	Spitze	Waldrand	

EXPRESSION ORALE

Assurez-vous que vous connaissez le sens des verbes suivants:

entspringen / fließen / münden / sich winden / umgeben / erreichen
bewässern / emporragen

... et utilisez-les chacun dans une phrase décrivant un paysage ou une situation géographique.

GRAMMAIRE

Complétez par l'article défini (si nécessaire) en utilisant alternativement:

wir sind *et* **wir fahren** *ou* **wir gehen.**

Ex: Wir sind in **der** Gegend. Wir fahren in **die** Gegend.

	... Urlaub		... Meer	... Land
	... Region		... See (= mer)	... Feld
	... Ausland		... See (= lac)	... Wiese
	... Stadt		... Ozean	... Heide
in	... Dorf	**an**	... Ufer	**auf** ... Insel
	... Zentrum		... Küste	... Berg
	... Wald		... Strand	... Hügel
	... Gebirge		... Strom	... Autobahn
	... Tal ·		... Fluß	... Straße
			... Bach	... Pfad
				... Brücke

Notez l'expression: *bis ... zu*

Ex.: Fahren Sie bis zur Brücke / Bis zum Gletscher wandern Sie 3 Stunden.

TRADUCTION

1 *Nous passons toujours nos vacances à la montagne.*

....

2 *Nous allons généralement à la mer, puis à la campagne.*

....

3 *Où désirez-vous passer votre semaine de congé? Au bord de la mer ou bien à la montagne?*

....

4 *Le Club offre des séjours (r Aufenthalt -e) sur une île de l'Océan Indien.*

....

5 *Quand vous serez à la montagne, vous aurez envie de grimper jusqu'au sommet!*

....

6 *La cascade n'est qu'à une heure de marche du village.*

....

7 *Allez au centre-ville, vous y trouverez les monuments les plus intéressants.*

....

Kanada entdecken

Kanada, das sind rund 700.000 .... (*lacs*), unzählige .... (*montagnes*), begrenzt von den .... (*côtes*) dreier .... (*océan*), des Nordpolar............. (*mer*), des .... (*Atlantique*) im .... (*Est*) und des .... (*Pacifique*) im .... (*Ouest*); dazwischen mit 7775 Kilometern der Trans-Canada-Highway, die längste Schnellstraße der .... (*monde*), die sich über fünf Zeitzonen zieht. Darüber verteilt liegen riesige .... (*forêts vierges*), wogende Prärien und Weizen............. (*champs*), die großen Seen im .... (*Sud*), die hügeligen Appalachen im Osten, die Rocky Mountains im Westen, die eisstarre Arktis im .... (*Nord*). Kanada ist zu riesig, um es in einem Urlaub erleben zu können. Gerade deshalb ist es eines der Traumziele der Deutschen, ein bißchen .... (*Amérique*), aber auch ein bißchen mehr

.... (*européen*) geprägt in seinen ....(*villes*), wilder in der Natur als der amerikanische Wilde Westen jemals war.
Im September bis Mitte Oktober ist eine besonders schöne Zeit: "Indian Summer". In diesen .... (*semaines*), wenn die Tage noch sonnig und mild sind, die ersten Nachtfröste aber bereits die .... (*feuilles*) färben und die Laubwälder mit verschwenderischer Farbenpracht schmücken, sollte man nach Kanada reisen. Und weil das Land so groß ist, sollte man sich vielleicht mit einem kleinen Stück zufrieden geben, etwa einem der vielen .... (*parcs naturels*).
Fast alle diese Wildnisse kann man für rund 50 Kanada-Dollar pro Tag erkunden - am schönsten so, wie es die großen Entdecker dieses Landes getan haben - mit dem Kanu.

Welt am Sonntag

VOCABULAIRE

A **Complétez par la traduction des mots entre parenthèses.**
B **Retrouvez dans le texte les mots qui signifient:**

doux .... *gigantesque*........................*ensoleillé* ....
sauvage.................... *fuseau horaire d...* ....*vallonné* ....

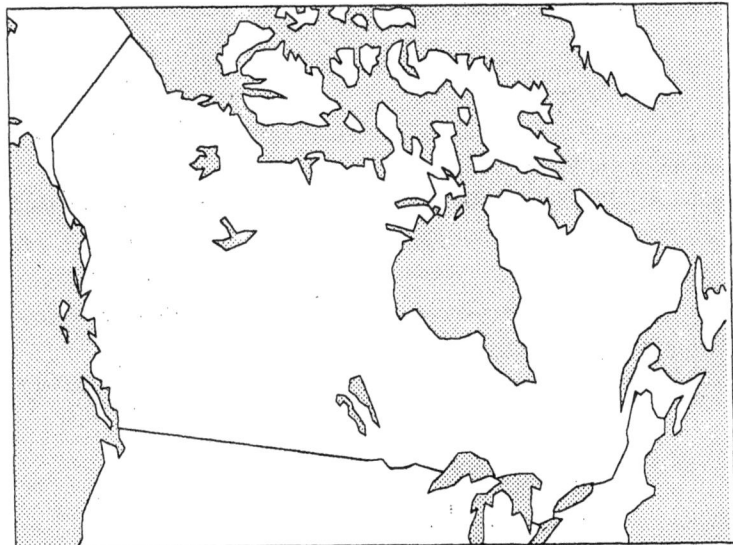

Kanada

ORIENTATION

Notez sur la carte les régions évoquées dans le texte ci-dessus.

Die Stadt

Ampel
Ausfahrt
Autobahn
Bahnhof
Brücke
Einbahnstraße
Einfahrt
Fluß
Fremdenverkehrsamt
Fußgängerzone
Kirche
Kreuzung
Park
Parkplatz
Platz
Sackgasse
Straße
Unterführung

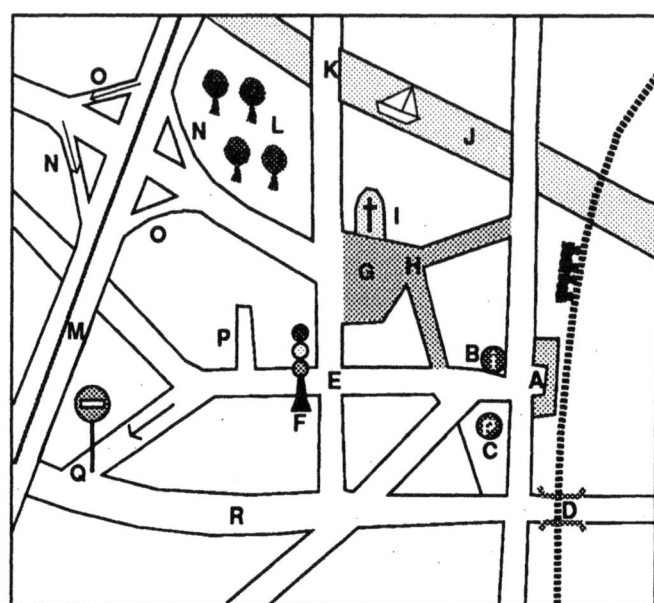

VOCABULAIRE

**Faites correspondre à chaque lettre (A-R) un terme allemand de la liste confor-
mément au plan ci-dessus.**

A der Bahnhof   ("e)   **G** d... .... (...)   **M** d... .... (...)
B d... .... (...)   **H** d... .... (...)   **N** d... .... (...)
C d... .... (...)   **I** d... .... (...)   **O** d... .... (...)
D d... .... (...)   **J** d... .... (...)   **P** d... .... (...)
E d... .... (...)   **K** d... .... (...)   **Q** d... .... (...)
F d... .... (...)   **L** d... .... (...)   **R** d... .... (...)

Frankfurt am Main

kaum eine deutsche stadt hat ihr gesicht und ihren charakter seit dem ende des zweiten weltkrieges so entschieden gewandelt wie frankfurt am main. für die meisten fremden, die heute nach frankfurt kommen, bedeutet dieser name ein grosser fernbahnhof, ein grosser autobahnknotenpunkt, ein grosser flughafen, eine vielzahl grosser bank- und versicherungsgebaude, viele handelsmessen das ganze jahr hindurch. nach frankfurt gelangt man von uberallher, von frankfurt gelangt man uberallhin, es ist die "drehscheibe" deutschlands geworden.

seit die franken auf ihrem zug uber den main die furt fanden, ist frankfurt ein bedeutendes verkehrszentrum und folglich einer der bedeutendsten handelsplatze deutschlands.

Willkommen in Deutschland

ORTHOGRAPHE

Corrigez en ajoutant majuscules, Umlaute et ß.

EXPRESSION ORALE

Formez le plus grand nombre de phrases en combinant les éléments des différentes colonnes (et en respectant la grammaire!).

Ex.:   - Wir parken hinter der Stadtbibliothek.
         - Ich biege in die erste Gasse rechts ab.

				Ampel	
				Ausfahrt	
				Ausgrabungen	
				Bahnhof	
				Bibliothek	
				Brücke	
				Burgruine	
				Café	
				Diskothek	
				Dom	
				Einfahrt	
				Fluß	
				Fremdenverkehrsamt	
				Fußgängerstraße	
			an	Garten	
	biegen		auf	Gasthof	
ich	besichtigen		bis zu	Hof	ab
du	besuchen		durch	Hotel	entlang
er	fahren	rechts	hinter	Kino	gegenüber
sie	gehen	links	in	Kirche	hinauf
wir	halten	geradeaus	neben	Kneipe	hinunter
ihr	parken		vor	Konzert	vorbei
sie	stehen		über	Kreuzgang	
	überqueren		zu	Kreuzung	
				Messegelände	
				Museum	
				Parkplatz	
				Restaurant	
				Schwimmbad	
				Stadion	
				Straße	
				Theater	
				Turm	
				Universität	
				Vergnügungspark	
				Zoo	

VOCABULAIRE

Ecrivez en face de chaque N° du plan de Burdiville la traduction allemande de l'édifice correspondant.

1 d... .... (....)	11 d... .... (....)	21 d... .... (....)
2 d... .... (....)	12 d... .... (....)	22 d... .... (....)
3 d... .... (....)	13 d... .... (....)	23 d... .... (....)
4 d... .... (....)	14 d... .... (....)	24 d... .... (....)
5 d... .... (....)	15 d... .... (....)	25 d... .... (....)
6 d... .... (....)	16 d... .... (....)	26 d... .... (....)
7 d... .... (....)	17 d... .... (....)	27 d... .... (....)
8 d... .... (....)	18 d... .... (....)	28 d... .... (....)
9 d... .... (....)	19 d... .... (....)	29 d... .... (....)
10 d... .... (....)	20 d... .... (....)	30 d... .... (....)

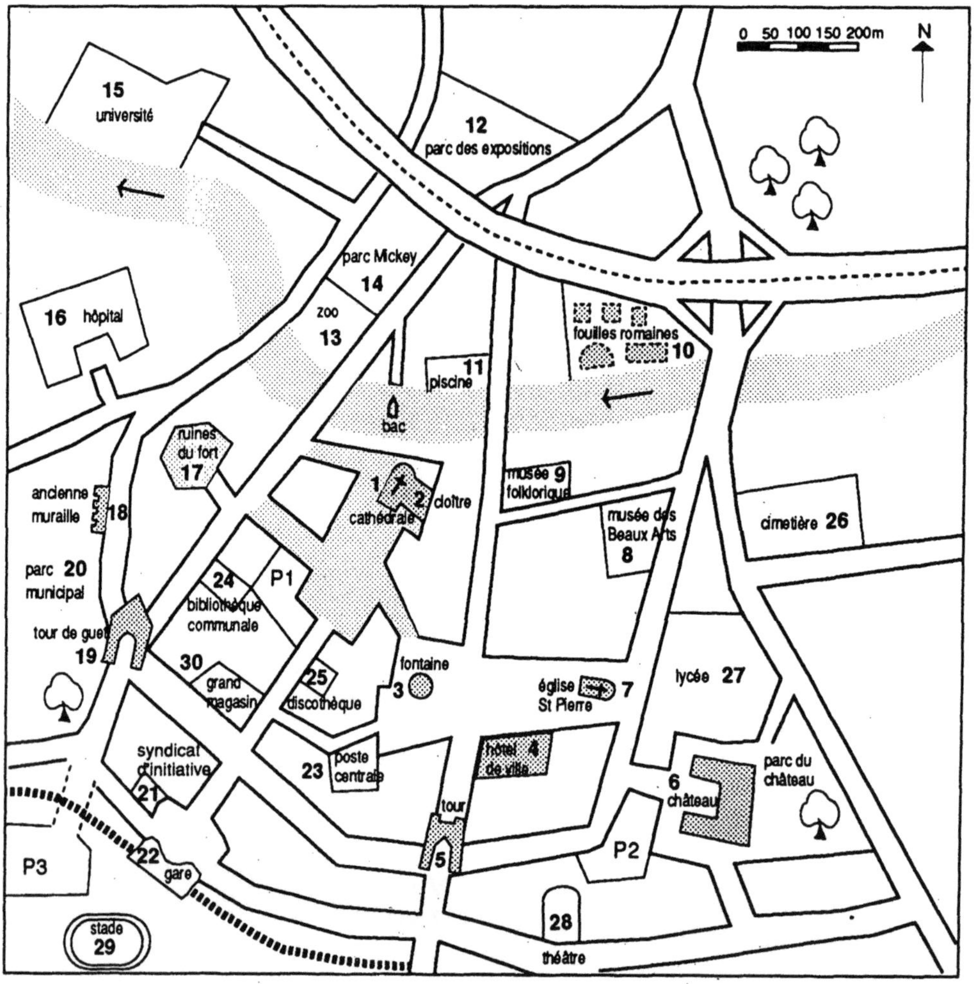

Burdiville

Wie komme ich dorthin?

EXPRESSION ORALE

A Vous indiquez à des touristes germanophones de passage à Burdiville ...

a où se situe:

1 le cloître   5 le musée des Beaux-Arts
2 la poste centrale   6 le parc communal
3 l'embarcadère   7 les restes de la muraille
4 les ruines du fort   8 l'entrée du parc des expositions

b comment ils peuvent se rendre à pied de la gare

1 à la cathédrale   5 au jardin zoologique
2 à l'église St.Pierre   6 aux fouilles romaines
3 au parc Mickey   7 au château
4 au musée folklorique 8 à la piscine

B Vous êtes à la réception d'un des hôtels de la chaîne Confortel et indiquez par téléphone aux clients où il se situe et comment ils doivent s'y rendre.

Terminez les phrases.

1 Arles

Das Hotel befindet sich .....
Wenn Sie von Montpellier kommen ...
Wenn Sie von Marseille kommen ...
Kommen Sie aber aus der Camargue,
so ....

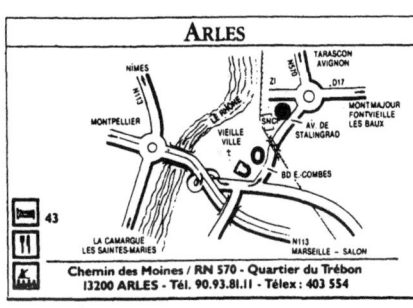

2 Clermont-Ferrand

Das Hotel liegt ... des Stadtzentrums.
Wenn Sie auf der Autobahn A72 Lyon-
Clermont fahren, müssen Sie ...
Kommen Sie aber von Paris mit der
Autobahn, so ...

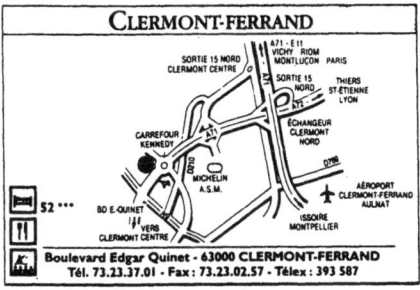

3 Straßburg / Strasbourg

Die Lage des Hotels ist besonders ...
Wenn Sie vom Flughafen kommen ...
Wenn Sie von Mülhausen, das heißt
von ... kommen, ...
Kommen Sie aber von ...., so ...

Ländernamen

**Complétez les adjectifs, habitants, capitales et monnaies laissés en blanc.
Complétez cette liste**

Monnaies «oubliées»:

der Dinar	der Franc	die Mark
der Dollar	der Gulden	die Peseta
die Drachme	die Krone	das Pfund
der Escudo	die Lira	der Rubel
	die Rupie	

Land	Adjektiv	Einwohner	Hauptstadt	Währung	IATA-code
Europa	europäisch	Europäer		der Ecu	
Albanien	albanisch	Albaner	....	der Lek	ALL
Belgien	....	Belgier	....	....	BEF
Bulgarien	....	Bulgare (-n)	....	der Lew	BGL
Dänemark	dänisch	Däne (-n)	....	die Krone	DKK
Deutschland	....	....		....	DEM
England	....	....		....	GBP
Finnland	finnisch	Finne (-n)	....	die Marka	FIM
Frankreich	....	....		....	FRF
Griechenland	....	....		....	GRD
Großbritannien	....	....		....	GB
Irland	....	Ire (-n)	....	....	IEP
Island	isländisch	Isländer	....	die Krone	ISK
Italien	....	....		....	ITL
Jugoslawien	....	....	....	der Dinar	YUD
Luxemburg	....	....		....	LUF
Madeira			....	....	PTE
Malta	maltesisch	Malteser	....	das Pfund	MTL
die Niederlande	....	Holländer	....	....	NLG
Norwegen	....	....		....	NOK
Österreich	....	....		....	ATS
Polen	polnisch	Pole (-n)	....	der Zloty	PLZ
Portugal	portugiesisch	Portugiese (-n)	....	der Escudo	PTE
Rumänien	....	Rumäne (-n)	....	der Leu	ROL
Schweden	....	....		....	SEK
die Schweiz					CHF
Spanien					ESP
die Tschechoslowakei	tschechisch	Tscheche (-n)	....	die Krone	CSK
die Türkei .	....	....	....	das Pfund	TRL
die UdSSR				....	SUR
Zypern	zypriotisch	Zypriot (-en)	Nikosia	das Pfund	CYP
Asien	asiatisch	Asiat (-en)			
Afghanistan	afghanisch	Afghane (-e)	Kabul	der Afghani	AFA
China	chinesisch	Chinese (-n)	Peking	der Yuan	CNY
Indien	indisch	Indier	New Dehli	....	INR
Indonesien	indonesisch	Indoneser	Djakarta	die Rupiah	IDR
der Irak	irakisch	Iraker	Bagdad	der Dinar	IQD
der Iran	....	....	....	der Rial	IRR
Israel	....	Israeli	....	der Schekel	ILS
Japan	....	....	....	....	JPY
Korea	koreanisch	Koreaner	Seoul	der Won	KPW
Nepal	nepalesisch	Nepaler	Katmandu	die Rupie	NPR
die Philippinen	philippinisch	Philippiner	Manila	der Peso	PHP
die Seychellen			Victoria	die Rupie	SCR

Land	Adjektiv	Einwohner	Hauptstadt	Währung	Code
Singapur				der Dollar	SGD
Taiwan	taiwanisch	Taiwaner	Taipei	der Dollar	TWD
Thailand	thailändisch	Thailänder	Bangkok	der Baht	THB
Amerika	....	....			
Argentinien	argentinisch	....	Buenos Aires	der Austral	ARA
die Bahamas	bahamisch	Bahamer	Nassau	der Dollar	BSD
die Bermudas			Hamilton	der Dollar	BMD
Bolivien	bolivianisch	Bolivianer	La Paz	der Boliviano	BOB
Brasilien	brasilianisch	Brasilianer	Brasilia	der Cruzado	BRC
Chile	chilenisch	Chilene (-n)	Santiago	der Peso	CLP
Costa Rica	costaricanisch	Costaricaner	San Jose	der Colon	CRC
Ecuador	ecuadorianisch	Ecuadorianer	Quito	der Sucre	ECS
Guatemala	guatelmaltekisch	Guatemalteke	Guatemala	der Quetzal	GTQ
Honduras	honduranisch	Honduraner	Tegucigalpa	die Lempira	HNL
Jamaika	jamaikisch	Jamaiker	Kingston	der Dollar	JMD
Kanada	kanadisch	Kanadier	Ottawa	....	CAD
Kolumbien	kolumbianisch	Kolumbianer	Bogota	der Peso	COP
Kuba	kubanisch	Kubaner	Havanna	der Peso	CUP
Mexiko	mexikanisch	Mexikaner	Mexiko-City	der Peso	MXP
Paraguay	paraguayisch	Paraguayer	Asuncion	der Guarani	PYG
Peru	peruanisch	Peruaner	Lima	der Inti	PEI
Puerto Rico	puertorikanisch	Puertorikaner	San Juan	der Dollar	USD
Uruguay	uruguayisch	Uruguayer	Montevideo	der Peso	UYP
Venezuela	venezolanisch	Venezolaner	Caracas	der Bolivar	VEB
die USA	....	....	....	....	USD
Afrika	....	....			
Ägypten	ägyptisch	Ägypter	Kairo	das Pfund	EGP
Algerien	algerisch	Algerier	Algier	....	DZD
Angola	angolanisch	Angolaner	Luanda	die Kwanza	AOK
Äthiopien	äthiopisch	Äthioper	Addis-Abeba	der Birr	ETB
die Elfenbeinküste			Abidjan	der Franc	XOF
Kamerun	kamerunisch	Kameruner	Douala	....	XAF
Kenia	kenianisch	Kenianer	Nairobi	der Shilling	KES
Kuwait	kuwaitisch	Kuwaiter	Kuwait	der Dinar	KWD
Libyen	libyisch	Libyer	Tripoli	der Dinar	LYD
Madagaskar	madagassisch	Madagasse	Antananarivo	der Franc	MGF
Marokko	marokkanisch	Marokkaner	Rabat	der Dirham	MAD
Niger	nigerianisch	Nigerianer	Niamey	....	XOF
Saudi-Arabien	saudiarabisch	Saudiaraber	Riyad	der Riyal	SAR
die Südafrikan.Rep.	südafrikanisch	Südafrikaner	das Kap	der Rand	ZAR
Tunesien	tunesisch	Tunesier	....	....	TND
die Zentralafr.Rep.	....	....	Bangui	....	XAF
Australien	australisch	Australier	Canberra	....	AUD

"in" oder "out"?

Deutschlands Urlaubern in den 90er Jahren winkt nicht nur eine reichhaltige Auswahl an Zielgebieten, auch die Möglichkeiten für Aktivitäten aller Art werden im Übermaß angeboten. Die endgültige Entscheidung fällt da oftmals schwer, zuviele Trends, Moden und Angebote verwirren den Touristen. Was derzeit "in" oder "out" ist, hat nun das Hamburger Reisemagazin *Saison* aufgelistet. "In" sind demnach vor allem Kurzreisen, Komfort und Luxus sowie individuelle Reisepauschalen, als "out" werden dagegen Last-Minute-Angebote angesehen.

Auch die Urlaubsländer nahm das Magazin unter die Lupe: Gleich mit dem Label "in" wurden:

.... : die Deutschen kommen,

.... : als Kinder- und Kurzreiseziel,

.... : rundum,

.... : und .... als Individualreiseziel,

.... : als Zwischenstop

.... und .... als Rundreise- wie als Badeziel

.... : ein drittes Boomjahr in Folge

.... : als Rundreise und Luxusbadeziel

.... : Budapest wird das Kurzreiseziel

.... : die Individualreise-Alternative zu Europa,

bedacht.

Süddeutsche Zeitung

DISCUSSION

Quels sont à votre avis, les pays désignés par le magazine *Saison*?

A Replacez en allemand les noms de pays suivants et expliquez votre choix.

1 Australie	5 Grèce	9 Malaisie
2 Danemark	6 Hongkong	10 Nouvelle Zélande
3 Etats Unis	7 Hongrie	11 Thailande
4 France	8 Irlande	12 Turquie

B Comparez avec le texte original.

Ordre des pays: 1 - 2 - 5 - 4 und 8 - 6 - 9 und 12 - 11 - 7 - 3.

TRADUCTION

EUROCONTROL

L'Organisation européenne pour la sécurité de la navigation aérienne (Eurocontrol) a vu le jour en décembre 1960 par la signature d'une convention internationale.
Un protocole a été signé le 12 février 1981 mais n'est entré en vigueur que le 1er janvier 1986. En 1989, les Etats membres étaient la République fédérale d'Allemagne, la Belgique, la France, la Grande Bretagne, les Pays-Bas, le Portugal, la Grèce, la Turquie et Malte. Les demandes d'adhésion de l'Italie, de Chypre, de la Suisse et de l'Espagne ont été approuvées. Les services de l'organisation, dont l'effectif est de 1100 fonctionnaires se sont installés dans différents pays d'Europe. Le centre de contrôle de Maastricht surveille l'espace aérien au-dessus de la Belgique, du Luxembourg, des Pays-Bas et de la moitié nord de la République fédérale d'Allemagne et prend en charge environ 600.000 vols par an.

Revue Touristique

Aide à la traduction

voir le jour	entstehen,a,a	*approuver*	billigen
convention	s Abkommen (-)	*effectif*	e Belegschaft
protocole	s Protokoll (-e)	*s'installer*	sich niederlassen, ie,a,ä
entrer en vigueur	in Kraft treten,a,e,i	*surveiller*	überwachen
demande	r Antrag ("e)	*prendre en charge*	übernehmen,a,o,i
adhésion	r Beitritt (-e)		

═══ Europas Urlaubstage ═══

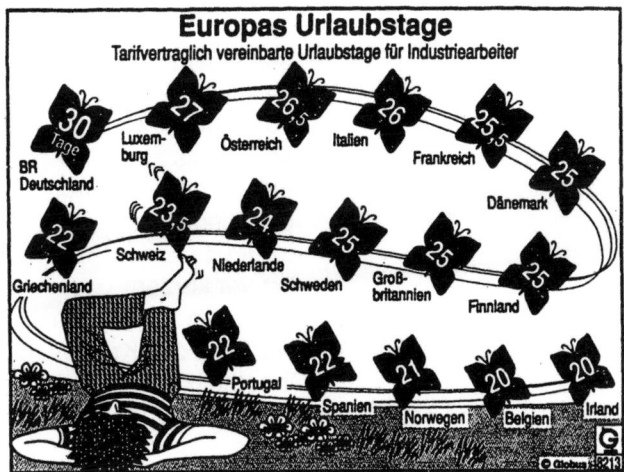

Europas Urlaubstage
Tarifvertraglich vereinbarte Urlaubstage für Industriearbeiter

Deutsche haben .... Urlaub. Die .... Zeit des Jahres dauert in der Bundesrepublik 30 Tage; bei einer Fünf-Tage-Woche bedeutet das sechs Wochen Abwesenheit vom Arbeitsplatz. In keinem anderen Land Europas kommen die Beschäftigten auf einen so langen Jahresurlaub. Am .... stehen sich die Belgier und Iren. Sie müssen mit 20, bzw. 21 Urlaubstagen im Jahr auskommen. Das sind umgerechnet vier Wochen - also zwei Wochen .... als in der Bundesrepublik.

Süddeutsche Zeitung

GRAMMAIRE: *comparatifs et superlatifs*

A Complétez le texte ci-dessus avec une forme au comparatif ou au superlatif des adjectifs suivants: *lang / schlecht / schön / wenig*

B Traduisez:

1 *Les Anglais ont 5 jours de vacances par an de plus que les Belges.*

....

2 *Les Portugais ont le même nombre de jours de vacances que les Suédois.*

....

3 *En Autriche les congés sont plus longs qu'aux Pays-Bas.*

....

4 *Pour ce qui est des congés, les salariés les plus privilégiés sont les Finnois.*

....

5 *En Suisse on travaille (passif) 2 jours et demi de plus qu'en France.*

....

Wann?

Etes-vous sûr(e) de savoir exprimer le temps?

I Expressions précédées d'une préposition: datif le plus souvent.

im Mittelalter
in den 50er Jahren
im Jahre 1990
im Herbst
im Juli
in der Nacht
im Laufe der Zeit
im Augenblick
in vierzehn Tagen
am 1. Mai
am Freitag, am Samstag ...
am Morgen, am Abend
am Abfahrtstag
am Wochenende
um 4 Uhr
um die Mittagszeit
gegen 5 Uhr
gegen Abend
ab morgen

ab 17 Uhr
übers Wochenende (accusatif)
zu dieser Zeit
zu Weihnachten, Ostern ...
vor einem Monat (= il y a)
vor der Abfahrt
nach der Pause
seit drei Wochen
seit einem Jahr
seit kurzer Zeit
von Morgen bis zum Abend
vom 5. bis zum 27. April
bis morgen
bis Pfingsten
bis jetzt
bis vor kurzem
zwischen 5 und 6 Uhr
während des Krieges (génitif)
innerhalb einer Woche (génitif)
binnen 5 Tagen

II Sans préposition: accusatif généralement

heute, morgen, vorgestern ...
heute abend
Montag, Dienstag ...
freitags, morgens
diese Woche, nächsten Monat
jeden Tag
dieses Mal

alle vierzehn Tage
Anfang Juli
Mitte vorigen Jahrs
Ende nächster Woche
1960
Als der Krieg ausbrach.
Als Napoléon noch über Europa herrschte.

III Das Kirchenjahr

im Advent, am ersten Advent
zu Weihnachten
zum Dreikönigsfest
am Aschenmittwoch
in/während der Fastenzeit
am Palmsonntag
in/während der Karwoche

am Gründonnerstag
am Karfreitag
zu Ostern
zu Pfingsten
am Fronleichnamstag
zu Himmelfahrt
am Buß- und Bettag
am Allerheiligenfest

EXERCICES

A Complétez par in ou an.

1 Wann kommt er zurück? .... Freitag, ... April.
2 Wann wird es kalt? .... Abend, ... Herbst.

3 Wann fliegen Sie nach Rom? .... kommenden Sonntag, ... Anfang nächster Woche.
4 Wann beginnt Ihre Arbeit? .... 1. Januar.
5 Wann wollen Sie verreisen? Erst .... Okober.
6 Wann sind Sie erreichbar? .... Morgen, ... Wochenende.
7 Wann lebte Gutenberg? .... Renaissance, ... 15. Jahrhundert.
8 Wann fährt das nächste Schiff? Erst .... einer Woche.

B Complétez et accordez si nécessaire.

1 Ich bin .... ein.. halb.. Stunde zurück.
2 Wir fahren jed.. Jahr ans Meer.
3 .... 12 .... 14 Uhr findet das Mittagessen statt.
4 Früher, ... es noch keine Fernflüge gab, dauerte die Fahrt nach New York über ein.. Woche.
5 ...... Weihnachten werden viele Kurzreisen veranstaltet.
6 ...... jetzt haben wir keine Probleme gehabt.
7 Der erste Reisetag beginnt immer ...... samtags.
8 Letzt... Jahr waren die Wetterverhältnisse katastrophal.

C Répondez en allemand.

1 Wann findet der Deutschunterricht statt?
2 Bis wann können Sie warten?
3 Wann fängt die Reise an?
4 Wann soll die Anzahlung der Reise erfolgen?
5 Wie lange dauert der Flug nach Moskau?
6 Zu welcher Zeit wurde Goethe geboren?
7 Gegen wieviel Uhr wollen Sie zurück sein?
8 Ab wann gelten die neuen Preise?

D Traduisez.

1 *Il y a une heure que je vous attends.*
....

2 *Depuis quand est-il revenu?*
....

3 *Les excursions ont toujours lieu le mardi.*
....

4 *Il faut vous décider ce mois-ci.*
....

5 *Un rendez-vous au début de la semaine prochaine vous conviendrait-il?*
....

6 *Nous organisons des circuits tous les 15 jours.*
....

7 *L'agence de voyage fermera du 15 au 30 janvier.*
....

8 *Les nouveaux tarifs seront valables à partir du mois de mai.*
....

Glossar

Kanada entdecken

die Zeitzone	*fuseau horaire*
eisstarr	*figé dans les glaces*
prägen	*marquer, influencer*
der Laubwald ("er)	*forêt d'arbres*
	à feuilles caduques
erkunden	*explorer*

Frankfurt am Main

entschieden	*résolument*
die Versicherung	*assurance*
die Drehscheibe	*plaque tournante*

In oder out?

winken	*faire signe, offrir*
im Übermaß	*à foison*
verwirren	*troubler*
ansehen,a,e,ie	*considérer*

Europas Urlaubstage

die Abwesenheit	*absence*
der Beschäftigte	*personne active*
auskommen mit	*s'en sortir avec*
umgerechnet	*représentant*

2
Deutschland
Ferienland

Aperçu géographique
historique
démographique
Le tourisme en Allemagne

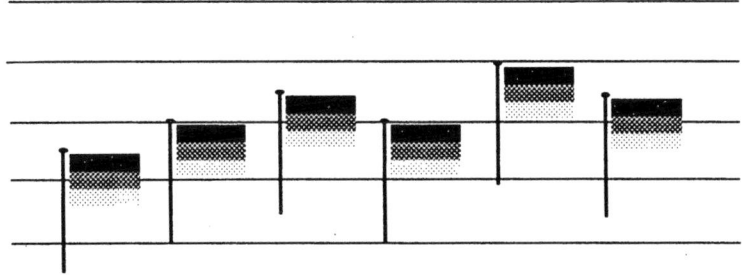

══════ Deutschland - Ferienland ══════

Mitten in Europa gelegen ist die Bundesrepublik Deutschland leicht zu erreichen. Das Netz der Eisenbahnen, Autobahnen und Straßen ist besonders dicht und alle großen Städte sind auch auf dem Luftwege miteinander verbunden. In Nord-Süd-Richtung erstreckt sich das Land von den Nordsee- und Ostseeküsten über die Tiefebene, die von vielen Seen und Hügeln unterbrochen wird. Dann folgen die waldreichen Mittelgebirge, gegliedert durch die großen Flußtäler. Den südlichen Abschluß bildet das Hochgebirge der Alpen.

Das landschaftliche Angebot ist äußerst reich und vielfältig: Meeresküste oder Inseln, Heiden, Wälder, Wiesen, bewaldete Mittelgebirge, romantische Flußtäler und Seen, und für die Alpenfans, das Hochgebirge mit den Alpentälern. Genauso unerschöpflich ist das Angebot an Kultur, historischen Groß- und Kleinstädten, Burgen, Schlössern, Domen, Museen, Theatern, Festspielen, Volksfesten und, und, und ...

Deutsche Zentrale für Tourismus

ORIENTATION

A Complétez les noms des fleuves.

B Ajoutez les noms des massifs selon les indications suivantes:

- Der **Bayerische Wald** liegt zwischen der Donau und der tschechischen Grenze.
- Die **Schwäbische Alb** erstreckt sich zwischen Neckar und Donau.
- Die **Fränkische Alb** folgt der Schwäbischen Alb Richtung Osten, bildet dann einen Bogen nach Norden.
- Der **Schwarzwald** verläuft rechtsrheinisch an der französischen Grenze entlang und stößt im Süden an die Schweiz.
- **Eifel, Hunsrück und Pfälzer Wald** verlaufen am linken Ufer des Rheins von Norden nach Süden.
- **Westerwald, Taunus und Odenwald** bilden die Gegenstücke von Eifel, Hunsrück und Pfälzer Wald am rechten Rheinufer.
- Das **Sauerland** erstreckt sich zwischen Westerwald und Ruhrgebiet.
- Der **Spessart** liegt östlich von Frankfurt, in der ersten großen Mainwindung.
- Die **Rhön** befindet sich zwischen Fulda und Werra.
- Der **Thüringer Wald** erstreckt sich diagonal entlang der Werra bis zur Main- und Saalequelle.
- Das **Erzgebirge** bildet die Naturgrenze zwischen der ehemaligen DDR und der Tschechoslowakei.
- Der **Harz** ist das nördlichste Mittelgebirge in Deutschland.

(Vous pouvez consulter la carte générale au début du livre, p. 6 !)

Die Bundesrepublik Deutschland

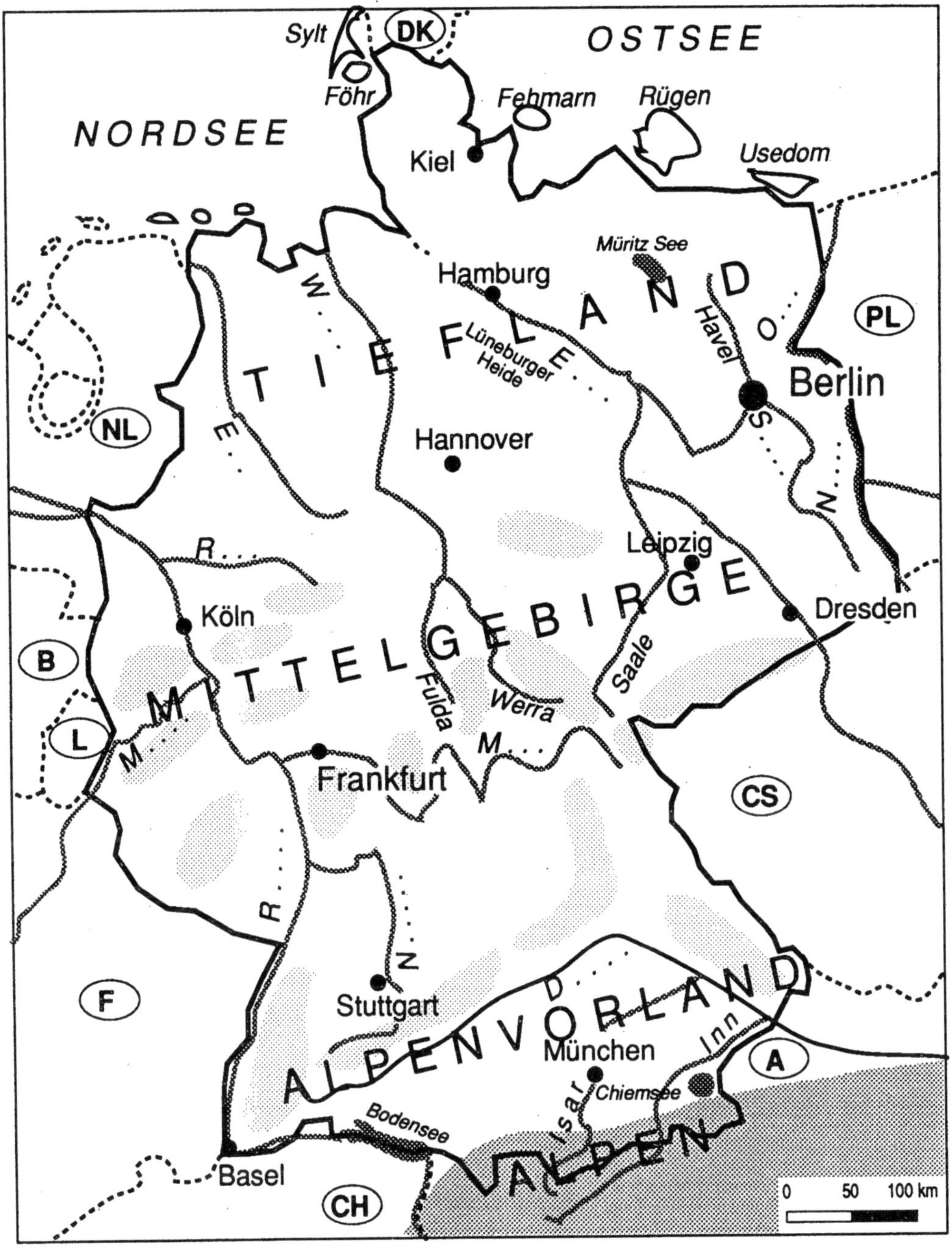

NORDSEE

Sylt

(DK)

Föhr

OSTSEE

Fehmarn

Rügen

Kiel

Usedom

Müritz See

Hamburg

T I E F L A N D

W

Lüneburger Heide

Havel

(PL)

Berlin

(NL)

Hannover

E

R . . .

Leipzig

O

S

N

Köln

M I T T E L G E B I R G E

Dresden

(B)

M

Fulda

Werra

Saale

(L)

Frankfurt

M . . .

(CS)

R . . . . . .

(F)

N

Stuttgart

A L P E N V O R L A N D

München

Inn

(A)

Isar

Chiemsee

Basel

Bodensee

A L P E N

(CH)

0   50   100 km

Die längsten Flüsse

die **Donau**	2858 km (davon 647 km in Deutschland)
der **Rhein**	1320 km (davon 865 km in Deutschland)
die **Elbe**	1165 km (davon 786 km in Deutschland)
die **Mosel**	545 km (davon 242 km in Deutschland)
der **Main**	532 km
die **Weser**	440 km
die **Saale**	427 km
die **Spree**	382 km
die **Ems**	371 km
der **Neckar**	367 km
die **Havel**	343 km

Die größten Seen

der **Bodensee**	539 km² (Baden-Württemberg)
die **Müritz**	115 km² (Mecklenburg)
der **Chiemsee**	82 km² (Bayern)
der **Schweriner See**	66 km² (Mecklenburg)
der **Starnberger See**	57 km² (Bayern)

Die größten Inseln

Rügen	926 km² (Mecklenburg)
Usedom	445 km² (Mecklenburg)
Fehmarn	185 km² (Schleswig-Holstein)
Sylt	99 km² (Schleswig-Holstein)
Föhr	82 km² (Schleswig-Holstein)

Die höchsten Berge

Zugspitze	2963 m (Alpen)
Feldberg	1493 m (Schwarzwald)
Großer Arber	1456 m (Bayerischer Wald)
Brocken	1142 m (Harz)
Fichtelberg	1214 m (Erzgebirge)

GRAMMAIRE: *Imparfait*

Lisez à haute voix la chronologie de la page ci-contre en remplaçant le présent par l'*imparfait*.

Deutschlands Geschichte in Kürze

Deutschland war von Anfang an föderalistisch. Die Entwicklung zu einem zentralistischen Nationalstaat - wie bei vielen großen Nachbarvölkern - ist nie richtig gelungen. Zuerst gab es nur separate germanische Volksstämme: die Sachsen, Franken, Schwaben und Bayern, die heute noch den Volkscharakter der deutschen Regionen prägen. Dann kamen die Römer und gliederten die westlichen und südlichen Teile Deutschlands in ihr Weltreich ein.

Als Roms Weltmacht zerbrach, entstand vor gut 1000 Jahren das "Heilige Römische Reich deutscher Nation" : ein loser Zusammenschluß der deutschen Fürsten zu einer Wahlmonarchie mit einem Kaiser an der Spitze.

Anfang des 16. Jahrhunderts leiteten Martin Luthers Thesen die Reformation ein, die zur religiösen Spaltung Deutschlands und schließlich 1618 zum Dreißigjährigen Krieg führte.

Innerhalb des Reiches splitterten sich die deutschen Fürstentümer aber immer mehr auf. Zuletzt gab es rund 350 Staaten. Infolge der französischen Revolution und der napoleonischen Kriege fand dieses Reich 1806 sein Ende. Die Neuordnung im 19. Jahrhundert führte zur späten nationalen Einigung. 1871 schlossen sich die nunmehr nur noch 25 deutschen Staaten unter der Führung Preußens zum Deutschen Kaiserreich zusammen.

Das Ende des 1. Weltkrieges 1918 war auch das Ende der Monarchie und der Beginn der Weimarer Republik. 1933 folgte das Dritte Reich unter der Diktatur Hitlers, die zuerst Europa und dann die ganze Welt in den Zweiten Weltkrieg stürzte.

Das Ende des 2. Weltkrieges brachte die Teilung des Landes in Ost und West. 1949 entstanden die Deutsche Demokratische Republik und die Bundesrepublik Deutschland

cb

Der Weg zur Wiedervereinigung

Ereignisse von historischer Dimension haben sich seit dem 9. November 1989 in Deutschland vollzogen. Beide deutsche Staaten haben sich wiedervereinigt und wachsen nun zu einem einheitlichen Land zusammen.

11.9.1989	Ungarn öffnet die Grenzen nach Österreich. Tausende von DDR-Bürgern nutzen diesen Ausreiseweg.
30.9.1989	Über 3000 DDR-Bürger, die in die bundesdeutsche Botschaft in Prag geflüchtet waren, dürfen ausreisen, ebenso aus der Botschaft in Warschau.
9.10.1989	In Leipzig demonstrieren 100.000 Menschen gegen den SED-Staat*.
18.10.1989	SED-Chef Honecker tritt zurück.
9.11.1989	Die neue DDR-Führung öffnet die Grenze. Die Berliner Mauer trennt den Westen nicht mehr vom Osten.
18.3.1990	Erste freie Wahlen in der DDR. Ministerpräsident wird Lothar de Maizière.
1.7.1990	Währungs-, Wirtschafts- und Sozialunion in der DDR; die DM wird eingeführt.
23.8.1990	Die Volkskammer** beschließt den Beitritt der DDR zur Bundesrepublik Deutschland.
31.8.1990	Der Einigungsvertrag wird unterschrieben.
12.9.1990	Abschluß der "Zwei-plus-Vier-Gespräche" zwischen den beiden deutschen Staaten und den vier Siegermächten des Zweiten Weltkriegs. Volle Souveränität für das vereinte Deutschland.
3.10.1990	Der Beitritt der DDR zur Bundesrepublik Deutschland tritt in Kraft. Deutschland besteht jetzt aus 16 Bundesländern.
2.12.1990	Erste gesamtdeutsche Bundestagswahlen.
19.6.1991	Der Bundestag wählt Berlin als gesamtdeutsche Hauptstadt.

*   SED = Sozialistische Einheitspartei Deutschland (DDR)
**   Volkskammer = Parlament der DDR

Länder, Städte und Menschen

Die größten Städte
(Stand 1989)
Einwohner

1. Berlin	3 410 000	8. Düsseldorf	564 000
2. Hamburg	1 626 000	9. Stuttgart	560 000
3. München	1 206 000	10. Leipzig	549 000
4. Köln	934 000	11. Bremen	534 000
5. Frankfurt/M	624 000	12. Duisburg	525 000
6. Essen	620 000	13. Dresden	521 000
7. Dortmund	585 000	14. Hannover	497 000

Die Bundesländer

	km2	Einwohner Stand 1989	Hauptstadt
BUNDESGEBIET	356 945	79 070 000	Berlin
Baden-Württemberg	35 751	9 619 000	Stuttgart
Bayern	70 554	11 221 000	München
Berlin	883	3 410 000	
Brandenburg	29 059	2 641 000	Potsdam
Bremen	404	674 000	
Hamburg	755	1 626 000	
Hessen	21 114	5 661 000	Wiesbaden
Mecklenburg	23 838	1 964 000	Schwerin
Niedersachsen	47 344	7 238 000	Hannover
Nordrhein-Westfalen	34 070	17 104 000	Düsseldorf
Rheinland-Pfalz	19 849	3 702 000	Mainz
Saarland	2 570	1 065 000	Saarbrücken
Sachsen	18 337	4 901 000	Dresden
Sachsen-Anhalt	20 445	2 965 000	Halle
Schleswig-Holstein	15 729	2 595 000	Kiel
Thüringen	16 251	2 684 000	Erfurt

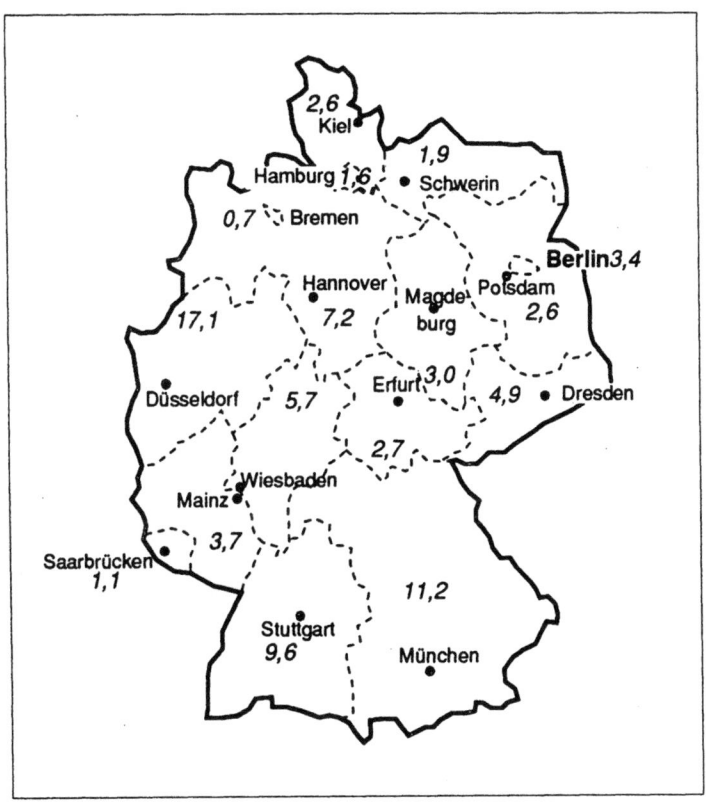

Die 16 Länder der Bundesrepublik Deutschland

ORIENTATION

Placez sur la carte les noms des Länder.

EXPRESSION

1 Welches ist das flächenmäßig größte Bundesland? Das kleinste?

2 Welches ist das dichtbesiedeltste Bundesland? Warum ist die Bevölkerung ausgerechnet in dieser Region so dicht?

3 Welche obengenannten Städte befinden sich in Nordrhein-Westfalen?

4 Um wieviel Millionen Einwohner hat die Bundesrepublik nach der Wiedervereinigung zugenommen?

5 Welche Landeshauptstädte zählen nicht zu den 14 größten?

16 Länder in Kürze
Der Norden

1 Schleswig-Holstein

Begrenzt durch Dänemark, der Ostsee, der Nordsee und der Elbe ist Schleswig-Holstein das nördlichste Bundesland. Die Haupt- und Hafenstadt **Kiel** liegt an der Mündung des Nord-Ostsee-Kanals, der meistbefahrenen Wasserstraße der Welt. Das Land ist flach und von Seen durchzogen. Ackerbau und Viehzucht prägen die Landschaft. Die Nordfriesischen Inseln an der Nordsee (Sylt, Föhr, Amrun u.a.m.) und die Kieler Bucht an der Ostsee sind beliebte Sommerziele. Der Strandkorb ist hier das Symbol für die Ferien am Meer.

Seit über einem Jahrhundert ist auch die "Kieler Woche" mit ihren Regatten und zahlreichen sportlichen und kulturellen Veranstaltungen das alljährliche Hauptereignis der Stadt.

Lübeck, heute 233.000 Einwohner, war bis ins 16. Jahrhundert die führende Hansestadt. Durch den wirtschaftlichen Rückgang seit dem 17. Jahrhundert hat die Stadt ihr mittelalterliches Stadtbild bewahrt.

Das Wattenmeer. Ewige Bewegung bestimmt das Bild. Die grüne Insel Föhr wird Ausgangspunkt für Exkursionen ins Wattenmeer, in den Schleswig-Holsteinischen Nationalpark.

DIE GRÜNE INSEL **FÖHR**

10 Tage Erlebnispaket "Seeschwalbe" z.B.: Ferienwohnung für 4 Personen (2 Erw./2 Kin.) · **855,- DM** inklusive Nebenkosten

Kurverwaltung Föhr, 2270 Wyk auf Föhr 1, Tel. 04681/3040-42 u. 3053

VOCABULAIRE: *prägen*

prägen:	= *frapper* (monnaie) Goldmünzen werden **geprägt**
	= *marquer*, caractériser die Prägung
sich einprägen + D:	= *se graver dans l'esprit*
	Dieses Ereignis hat **sich meinem** Gedächtnis **eingeprägt**.

Traduisez:

1 *La musique de Telemann est marquée par l'époque baroque.*

....

2 *Le gothique en brique caractérise le style des églises du nord de l'Allemagne.*

....

ZUM BILD

Loben Sie die Reize eines Sommeraufenthaltes auf Föhr.

2 Niedersachsen

Nach Bayern ist Niedersachsen das flächenmäßig größte Bundesland. Es reicht vom Harz bis zur Nordsee und beheimatet eine Mischung aus Landwirtschaft und Industrie.

Die Hauptstadt **Hannover** ist nicht nur durch die internationale Hannover-Messe, sondern auch durch den Park von Herrenhausen, einem der schönsten Barockgärten Europas, berühmt.

Zwischen **Braunschweig**, Hannover und **Hildesheim** erstreckt sich eines der wichtigsten norddeutschen Industriegebiete (Volkswagen in Wolfsburg).

Als Ferienland bietet Niedersachsen wunderschöne Urlaubsmöglichkeiten; historische Städte wie **Lüneburg, Celle, Göttingen, Hameln** an den Salz- und Märchenstraßen zeugen von einer reichen Tradition.

Nördlich von Hannover erstreckt sich die **Lüneburger Heide** fast bis an die Tore Hamburgs. Wenn im Spätsommer das Heidekraut blüht, ist sie ein einziger rötlichvioletter Teppich, süß duftend und von Bienen umsummt.

Ostfriesland mit seinen vielen Inseln (Juist, Norderney, Wangerooge) und dem Wattenmeer zwischen dem Festland und den Inseln eignet sich bestens für Sommerferien.

VOCABULAIRE: bieten / anbieten

bieten o,o   = *offrir, proposer, présenter* (le sujet n'est pas une personne)
Die Stadt **bietet** allerhand Sehenswürdigkeiten.

sich bieten = *se présenter* (occasion)
Endlich **bot sich** eine günstige Gelegenheit.

anbieten   = *offrir, proposer, présenter* (le sujet est une personne)
Darf ich Ihnen meine Hilfe **anbieten**?

Complétez par bieten ou anbieten:

1 Das Hotel wurde neulich zum Kauf ....

2 Die Pauschale, die Sie mir .... , ... große Vorteile.

3 Er wartete, bis sich ein Ausweg ....

4 Diese Arbeit .... keine besondere Schwierigkeit.

ZUM BILD (Stadtplan von Hildesheim auf der nächsten Seite)

Sie organisieren einen eintägigen Stadtrundgang durch Hildesheim. Geben Sie Ihre Route an.

3/4 Hamburg und Bremen

Beide Städte sind zugleich Hansestädte, Bundesländer, Häfen und damit Tore zur Welt.

Mit 1,6 Millionen Einwohnern besitzt **Hamburg** den größten Hafen Deutschlands, ist aber auch das bedeutendste Verlags- Presse- und Kulturzentrum im Norden der Bundesrepublik. Hafengelände und Prunkbauten des 19. Jahrhunderts bestimmen den Charakter der im 2. Weltkrieg zu 80 Prozent zerstörten Stadt. Bemerkenswert ist die Architektur vieler Neubauten.

Das malerische "Alte Land" an der Unterelbe ist mit seinen schönen alten Fachwerkhäusern der Hausgarten der Großstadt, den die Hamburger zur Baumblüte gern besuchen.

Bremen an der breiten Unterweser mit dem dazugehörenden Hafen (Bremerhaven) ist das kleinste Bundesland. Ein Drittel der Bevölkerung lebt von beiden Häfen, vom Schiffsbau mit den Werften und Industrien.

Um 1350 besaß die Stadt schon fast all ihre heutigen Züge; die fünf Kirchen, die Bürgerhäuser und das gewaltige gotische Rathaus prägen noch das Stadtbild, obwohl Bremen auch Opfer der Bomben wurde.

Mit seinen Museen, Kunst- und Kulturschätzen gilt Bremen als die an Bau- und Kunstdenkmälern reichste Stadt in Norddeutschland.

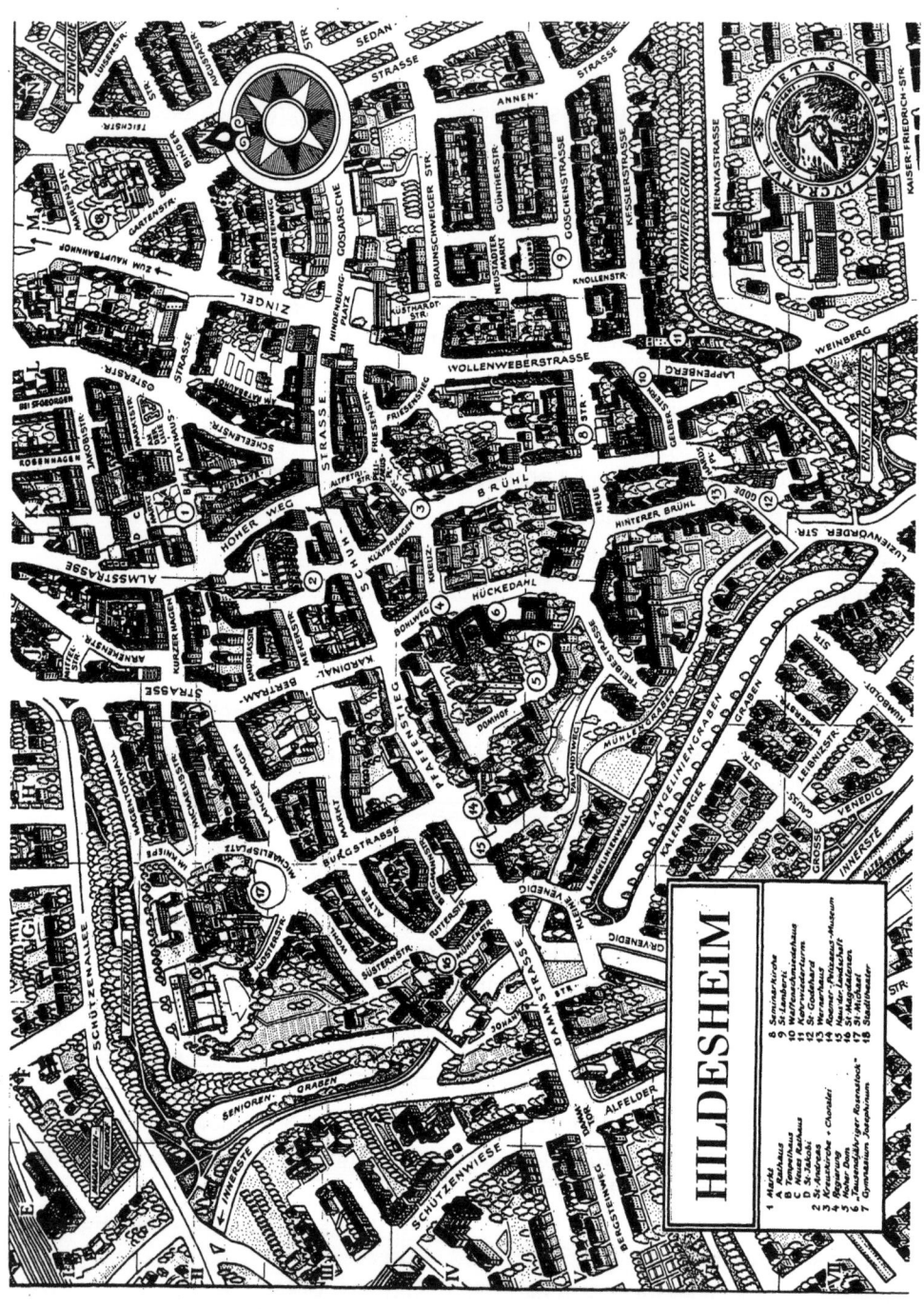

VOCABULAIRE: *Mots composés avec un élément commun*

Ex: eine Hafen- und Industriestadt

Traduisez:

1 *Hambourg, Brême et Lubeck sont des **villes portuaires de la Hanse**.*

....

2 *Le **réseau** (s Netz) **ferroviaire et autoroutier** est particulièrement dense dans la Ruhr*...

3 *De nombreuses **réformes économiques et sociales** sont menées (durchführen) dans les «nouveaux» Länder.*

....

ZUM BILD (Plakat vom 801. Geburtstag Hamburgs)

Was fällt Ihnen beim Betrachten dieses Bildes ein?

Beispielhafte Städtewerbung

5 | Mecklenburg

Mit einer 340 km langen Ostseeküste erstreckt sich Mecklenburg im Norden der ehemaligen DDR. Das Land ist relativ dünn besiedelt (ca. 80 Einwohner pro km2); ein hoher Anteil der Bevölkerung ist in der Landwirtschaft tätig.

Zudem ist ein Streit um die künftige Hauptstadt entbrannt. Das Land war bislang stolz auf seine Hauptstadt Schwerin, an einem der 650 mecklenburgischen Seen gelegen. Diese Stadt zählt heute 130.000 Einwohner, während die alte Hansestadt **Rostock** - größter deutscher Seehafen an der Ostsee - heute auf 252.000 Einwohner angewachsen ist.

Zu Mecklenburg gehören die "Bade"-Inseln Rügen, Hiddensee und Usedom. Die lange Küste und die vielen Seen machen das Land zu einem wichtigen Feriengebiet der Zukunft.

Charakteristisch für die wenigen grösseren und die vielen kleinen Städte ist die Backsteingotik.

VOCABULAIRE: *Zwar ..., doch ... : certès, il est vrai .... mais ...*
Traduisez:

1 *Il est vrai que le climat est plus propice* (günstig) *au tourisme dans le Sud, mais le nord de l'Allemagne attire beaucoup de vacanciers grâce à ses nombreuses plages.*

....

....

2 *Bonn dispose* (verfügen über + A) *certes de toute l'infrastructure d'une grande capitale, mais Berlin est un centre culturel de renommée mondiale.*

....

....

Der Westen

6 | Nordrhein-Westfalen

Von dem bevölkerungsdichtesten Bundesland konzentrieren sich allein 11 Millionen Einwohner auf das Ruhrgebiet. Zahlreiche Industrien aus den verschiedensten Branchen und eine rege Landwirtschaft im Norden schaffen Ausgleich zu der traditionellen Fixierung auf die Schwerindustrie.

Als Handels- Industrie und Touristenstraße stellt der Rhein die Ader dieser Region dar. Hier ist alter, historischer Boden. Die meisten Städte am Rhein wurden schon von den Römern gegründet: **Köln** mit dem weltberühmten

Die Bauhütte "Zollverein" in Essen

gotischen Dom, mit einer Reihe romanischer Kirchen und einmaliger Museen ist ein Beispiel für gelungenen Wiederaufbau. Die Innenstadt ist heute noch da, wo der Kern der römischen Stadt vor 2000 Jahren war und die Industrie ist in die Außenbezirke verlegt. Die Landeshauptstadt ist **Düsseldorf**, ein überregionales Mode- und Geschäftszentrum.

Bonn, eine früher bescheidene, aber kulturreiche Universitätsstadt, erhielt 1949 den Titel einer Hauptstadt, entwik- kelte rasch ihre Infrastruktur, bis sie diesen Rang 1991 zugunsten Berlins verlor. Westfalen, wo große Landbesitze die Landschaft prägen, ist das Land der Wasserburgen und -schlösser. Ein Besuch im Münsterland lohnt sich immer, denn jedes Schloß besitzt seinen eigenen Reiz. **Münster**, die Bischofs- und Universitätsstadt mit ihren alten Kirchen und Patrizierhäusern ist ein idealer Ausgangspunkt für Touristen.

VOCABULAIRE: *Adjectifs*

Retrouvez dans le texte les adjectifs qui signifient:

actif	....
modeste	....
nombreux	....
réussi	....
romain	....

roman	....
spécifique	....
unique	....
varié	....

ZUM BILD: (Bauhütte Zollverein)
Erklären Sie den Begriff vom "Industrietourismus".

7 Saarland

Dank seinen Vorkommen an Steinkohle und Eisenerz ist das Saarland, genauso wie das Ruhrgebiet, ein traditionelles Bergbaurevier, das sich jetzt in ein modernes Industriegebiet umgewandelt hat. Die hohe Bevölkerungsdichte kennzeichnet das Land, dessen Hauptstadt **Saarbrücken** ist. Diese Landeshauptstadt hat sich aus einer römischen Siedlung an der Steinbrücke entwickelt, auf der die Römerstraße Metz-Worms die Saar überquerte.

Nach der Zerstörung im Zweiten Weltkrieg wurde Saarbrücken seiner Funktion gemäß ausgebaut. Schnellstraßen und Verwaltungsgebäude bestimmen das Stadtbild.

VOCABULAIRE: Wortfamilie "*bauen*"

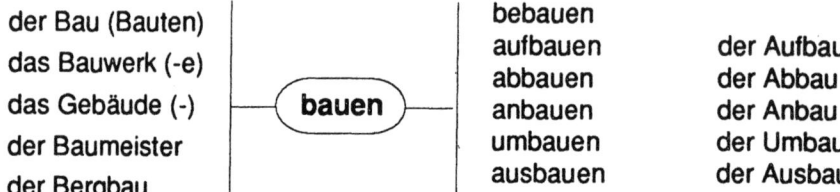

der Bau (Bauten)	bebauen	
das Bauwerk (-e)	aufbauen	der Aufbau
das Gebäude (-) — **bauen** —	abbauen	der Abbau
	anbauen	der Anbau
der Baumeister	umbauen	der Umbau
der Bergbau	ausbauen	der Ausbau

Après avoir cherché la signification des termes ci-dessus, complétez les phrases suivantes:

1 Im 18. Jahrhundert wurde ein Seitenflügel am Haupt.............. ....

2 Der Wieder......................... begann kurz nach Kriegsende.

3 Im östlichen Teil Berlins mußte das Schloß .... werden.

4 Die meisten historischen .... befinden sich in der Innenstadt.

5 Oft sind die .... romanischer Kirchen unbekannt geblieben.

6 Mit der Industrialisierung hat sich Nürnberg außerhalb der Stadtmauer ....

7 .... heißt: ein Bauwerk in seiner Struktur verändern.

8 In der Innenstadt gibt es kaum ein un............................. Grundstück.

8 Rheinland-Pfalz

Auch wenn es nicht mehr die klaren Wasser von einst sind, die den Rhein herunterfließen, so haben doch er und seine Umgebung nichts von ihrer sprichwörtlichen Schönheit verloren. Ausgedehnte Wälder, Flußtäler mit unüberschaubaren Weinhängen, Ritterburgen und Schlösser, gotische Dome, alte Städte wie **Speyer, Worms, Koblenz** und die Hauptstadt **Mainz**, vielseitige Landschaften im Hunsrück, in der Eifel, im Pfälzer- und Westerwald, weltbekannter Wein und nicht zuletzt die verrückten Tage in der Karnevalszeit ziehen von Jahr zu Jahr immer mehr Menschen nach Rheinland-Pfalz.

Erst am 30. August 1946 entstand das aus den früheren Provinzen Hessen-Pfalz und Rheinland-Hessen-Nassau bestehende Land Rheinland-Pfalz. Der Weg zu der heute starken und leistungsfähigen Wirtschaft war für die 3,6 Millionen Menschen an Mosel und Rhein nicht einfach, denn die linksrheinischen Gebiete erlitten am Ende des Zweiten Weltkrieges schwere Zerstörungen. Der heute gute Ruf von Rheinland-Pfalz als Wirtschaftsstandort ist mit der jahrhundertealten Tradition des Weinanbaus an den Hängen von Rhein und Mosel verbunden. Heute gilt es als das wohl größte deutsche Weinanbaugebiet. Die hiesigen Winzer liefern etwa 70% des begehrten Traubensaftes der Bundesrepublik in alle Welt.

Rheinland-Pfalz ist geprägt von einer 2000jährigen Geschichte. Schon die Neandertaler waren hier ansässig. Später war das Gebiet von den Römern besetzt. Städte wie Speyer, Worms, Trier, Mainz und Koblenz spielten im Mittelalter eine bedeutende Rolle. Vor über 500 Jahren entstanden die Universitäten in Mainz und Trier. 1521 besiegelte Martin Luther auf dem Wormser Reichstag die Reformation. Auch andere berühmte Gestalten hatten hier ihre Wirkungsstätte: Gutenberg, Fürst Metternich und Karl Marx.

Berliner Zeitung

VOCABULAIRE: *Adjectifs*

A Faites correspondre les adjectifs français et allemands.

efficace	ansässig
établi	begehrt
d'ici	hiesig
mondialement connu	leistungsfähig
proverbial	ausgewogen
recherché	sprichwörtlich
équilibré	weltbekannt

B Complétez avec l'un des adjectifs ci-dessus.

1 Am Rhein kann man deutlich sehen, daß die Römer .... waren.

2 Picasso wird lange der .... Maler des 20. Jahrhunderts bleiben.

3 Wir mögen keine Hektik; unser Programm sollte möglichst .... sein.

4 Ich stamme aus Burgund; der .... Wein wird in alle Erdteile exportiert.

5 Die traditionelle französische Küche ist bei den Deutschen sehr ....

6 Die Gastfreundschaft dieses afrikanischen Volkes ist ....

7 Wir versuchen, der Konkurrenz gegenüber .... zu bleiben.

9 Hessen

Frankfurt am Main

ZUM BILD

Kommentieren Sie das Photo mit Schwerpunkt auf das "Wirtschaftswunder".

Hessen ist ein vielfältiges Bundesland: große Wälder bedecken die Mittelgebirge Taunus, Odenwald und Spessart, die mit ihren mittelalterlichen Kleinstädten zum Flanieren einladen.

Metropolen wie **Frankfurt**, Fürstenresidenzen wie **Kassel, Darmstadt** oder **Fulda**, zahlreiche Bade- und Kurorte wie **Bad Homburg** oder **Wiesbaden** bilden eine Mosaïk sehenswerter Ferienziele.

Drehscheibe für den internationalen Luftverkehr liegt **Frankfurt** als Industrie- und vor allem Bankenzentrum im Kern eines großen Ballungsraumes. Jedoch zählt Frankfurt zugleich zu den bedeutendsten historischen Städten Deutschlands. Dreiundzwanzig deutsche Könige und Kaiser sind im Dom zu Frankfurt gewählt, viele davon auch gekrönt worden.

Politisch spielte die Stadt immer eine große Rolle, sei es als freie Reichsstadt seit Ende des 14. Jahrhunderts oder 1848 als Sitz der ersten Deutschen Nationalversammlung und sogar zwischen 1945 und 1949 als Regierungsplatz der drei westlichen Besatzungszonen.

Wiesbaden am Rhein ist Hessens Landeshauptstadt und damit Sitz der Landesregierung.

VOCABULAIRE: "als"= en tant que, comme

Traduisez en utilisant als.

1 *Mon travail comme guide de voyage me plait beaucoup.*

....

2 *Le rôle de Francfort en tant que place financière a encore augmenté (zunehmen) depuis vingt ans.*

....

3 *Il passe pour (gelten als) un excellent agent de voyage.*

....

4 *Les visiteurs apprécient (schätzen) la Hesse en tant que région culturelle.*

....

5 *Monsieur Schmitt nous accompagne en qualité d'historien d'art (Kunsthistoriker).*

....

Der Osten

10 Brandenburg

Es ist die größte und waldreichste Region der ehemaligen DDR, hat aber nach Mecklenburg die geringste Bevölkerungsdichte. Die alte Markgrafschaft wurde zur Kernprovinz des späteren Königreichs Preußen. Heute ist nicht mehr Berlin, das zu einem Land zusammengewachsen ist, Hauptstadt der Provinz, sondern **Potsdam,** die frühere Residenz der preußischen Könige.

Mit seinen Naturschönheiten, zahlreichen Wäldern und Seen, wird Brandenburg wieder zum wichtigsten Naherholungsgebiet für die Berliner. Das Naturschutzgebiet der Schorfheide, die Märkische Schweiz, die Schlösser in Potsdam (Sanssouci), Rheinsberg oder Branitz sind Anziehungspunkte für anspruchsvolle Urlauber.

Man weiß aber noch nicht, was aus den industriellen "sozialistischen Städten" Eisenhüttenstadt und Schwedt an der Oder wird, da viele große Betriebe auf dem Weltmarkt nicht mehr konkurrenzfähig sind.

VOCABULAIRE: *Mots composés de trois éléments*

Ex.: Naturschutzgebiet, Naherholungsgebiet

Formez avec les éléments encadrés les mots qui signifient:

1 *maire principal*   d .. .. (...)

2 *bouillon de boeuf*   d .. .. (...)

3 *rue à grande circulation*   d .. .. (...)

4 *compartiment de wagon-lit*   d .. .. (...)

5 *rive de la Méditerranée*   d .. .. (...)

6 *distributeur de billets*   d .. .. (...)

7 *maison à colombage*   d .. .. (...)

8 *revue spécialisée*   d .. .. (...)

9 *équipement de chambre d'hôtel*   d .. .. (...)

abteil	ausstattung	automat	bürger	fach	fahr
fleisch	haupt	haus	hotel	karten	
küste	meer	meister	mittel	ober	rind
schlaf	schrift	straße	suppe	verkehr(s)	
wagen	werk	zeit	zimmer		

11 Sachsen-Anhalt

Erst 1947 erhielt die Sachsen-Anhalt genannte Provinz eine Verfassung und wurde damit staatsrechtlich zu einem Land.

Sachsen-Anhalt besteht aus zwei sehr verschiedenen Teilen: der Norden ist nur dünn besiedelt und besitzt wenig Industrie. Dem steht der bevölkerungs- und industriereiche Süden gegenüber. Die landwirtschaftlich intensiv genutzten Bodenflächen um Magdeburg sind die besten der "neuen" Bundesländer. Mit dem Abbau von Braunkohle, wichtigstem Energieträger der früheren DDR, wurde der Süden stark industrialisiert.

Das Land Sachsen-Anhalt ist reich an sehenswerten historischen Städten. In der Altstadt von **Magdeburg** wurden ein großartiger mittelalterlicher Dom und ein romanisches Kloster erhalten.

Wittenberg gilt als die Geburtsstätte der Reformation; hier schlug 1517 Martin Luther seine Thesen an die Tür der Schloßkirche.

Dessau, ehemalige Residenz der Herzöge von Anhalt ist von Schlössern und Parkanlagen umgeben. Die Stadt ist auch durch das "Bauhaus", eine während der Weimarer Republik avantgardistische Kunstschule, bekannt.

Halle, Universitätsstadt an der Saale, besitzt einen Dom und mehrere Kirchen aus dem Mittelalter. Wahrzeichen der Stadt ist der freistehende "Rote Turm".

VOCABULAIRE: *nur / erst* = seulement, ne ... que

nur	(quantitatif)	= uniquement	Sie hat **nur** 2 Kinder. (situation définitive)
erst	(quantitatif)	= pas plus que	Sie hat **erst** 2 Kinder. (pour le moment)
	(temporel)	= pas avant	Wir essen **erst** um 21 Uhr.
		= pas plus tard que	Bleibe noch, es ist **erst** Mittag.

Complétez par nur ou erst;

1 Der Rest ist .... vor der Reise zu bezahlen.

2 Wir sind .... gestern zurückgekommen.

3 Der nächste Bus fährt .... in 20 Minuten.

4 .... mit 40 Jahren hat er geheiratet.

5 Ich brauche .... 15 Minuten zum Büro.

6 Er ist .... vier Jahre alt.

7 Ich habe .... einen Bruder.

8 Ich habe .... 2 Wochen Urlaub.

ZUM BILD

Was wissen Sie von der Reformation und dem Leben Martin Luthers?

Die Schloßkirche zu Wittenberg

12 Thüringen

Thüringen bestand bis 1920 aus vielen Kleinstaaten. Dank seinen zahlreichen Wäldern, die schon von Goethe besungen wurden, werben Reiseprospekte mit dem Motto: "das grüne Herz Deutschlands". In der Tat eignet sich diese Region besonders für Wanderungen und "grünen" Urlaub jeder Art.

Die Hauptstadt **Erfurt** besitzt noch eine historische Altstadt, deren Wahrzeichen die berühmte "Krämerbrücke" ist, eine mit Häusern bebaute Brücke aus dem Mittelalter.

Weimar, die Stadt der deutschen Klassik, ist nicht nur durch Leben und Werke von Goethe und Schiller geprägt. Im Nationaltheater tagte 1919 die Deutsche Nationalversammlung, aus der die Weimarer Republik entstand.

In **Eisenach** steht heute noch das zum Museum umgewandelte Geburtshaus von J.S. Bach. Hoch über der Stadt thront die Wartburg, eine stattliche Burg, in der Luther das Neue Testament übersetzte. In Thüringen sind auch Eisleben, Wittenberg und Erfurt Gedenkstätten der Lutherischen Reformation.

Berühmt ist **Jena** durch die Zeiss-Werke, aber vor allem durch seine Universität, an der bedeutende deutsche Philosophen wie Hegel, Fichte und Schelling um die Wende zum 19. Jahrhundert lehrten.

Johann-Sebastian Bach (1685-1750)

VOCABULAIRE: *städtisch - staatlich - stattlich*

die Stadt	städtisch	= *de la ville, communal, municipal*
der Staat	staatlich	= *de l'état, national*
	stattlich	= *imposant, important*

Barrez les expressions qui ne conviennent pas et expliquez votre choix.

1 Das Fremdenverkehrsamt erhält   **a)** staatliche
    b) städtische Subventionen.
    c) stattliche

2 Die **a)** städtische Verwaltung von Weimar ist beispielhaft.
    b) stattliche
    c) staatliche

3 Die Bundesbahn ist ein **a)** städtisches Unternehmen.
    b) stattliches
    c) staatliches

ZUM BILD

Halten Sie ein kurzes Referat über Johann Sebastian Bach.

13 Sachsen

Von allen "neuen" Bundesländern hat Sachsen die größte Bevölkerungsdichte und die größte Wirtschaftskraft.

Im Süden bestimmen das Erzgebirge und die seltsame Felsenwelt des Elbsandsteingebirges. Nach Norden hin wird die Landschaft durch das Elbtal und den Übergang zum Flachland geprägt.

Im Mittelalter verhalfen die Silbervorkommen im Erzgebirge dem Land zu frühem Reichtum, der den Glanz der Kunstmetropole Dresden und den Ruf Leipzigs als Messestadt ermöglichte.

Dresden, die Perle des Barock erlitt in einer Nacht des Jahres 1945 sehr schwere Zerstörungen, wurde aber wieder aufgebaut. Hofkirche und "Zwinger", sowie neuerdings die Semper-Oper gelten als beispielhafte originaltreue Rekonstruktionen. Opernaufführungen sowie Konzerte des Dresdner Kreuzchores ziehen Musikliebhaber der ganzen Welt an.

Leipzig gehört ebenfalls zu den aktiven Musikzentren des Landes. An der Thomaskirche war J.S. Bach Kantor und das Gewandhaus-Orchester ist weit über die Grenzen bekannt.

Den Ruf als internationale Messestadt besitzt Leipzig seit dem Mittelalter. Im Frühjahr und im Herbst macht die Leipziger Messe die Innenstadt zum Handelsplatz. Bereits vor der "deutschen Wende" war Leipzig ein privilegierter Austauschplatz zwischen Ost und West.

VOCABULAIRE: *gehören - angehören*

Dieser Koffer **gehört** mir.
Dresden **gehört zu** den schönsten Barockstädten Deutschlands.
Als Wirt **gehört** Herr Pohl dem Hotelierverein **an**.

Traduisez en utilisant gehören.

1 A qui appartient cette voiture?   ....

2 Je ne suis plus membre du Rotary Club depuis un an.

....

3 Bach compte parmi les plus grands compositeurs.

....

ZUM BILD

(Berlin)

Kommentieren Sie diese Zeichnung und erklären Sie deren Symbole.

Ich hab' endlich meinen Koffer in Berlin!

14 Berlin

Die Geschichte der alten und neuen Hauptstadt Deutschlands ist besonders reich an Ereignissen. Zwar wurde Berlin bereits im 13. Jahrhundert urkundlich erwähnt, doch erst 1871 nach langer preussischer Herrschaft wurde sie zur Hauptstadt gewählt.

1920 entstand Groß-Berlin, das vier Millionen Menschen umfaßte.

1933, nach Hitlers Machtergreifung wurde Berlin Zentrum der Diktatur aber auch deren Widerstandes.

Als 1945 die Stadt von der Roten Armee erobert wurde, lag sie zum großen Teil in Trümmern. Die vier Siegermächte besetzten je einen Sektor, von denen der sowjetische Teil 1949 zur Hauptstadt der DDR erklärt wurde.

1948-49 fand die Blockade der Westsektoren statt, wobei eine "Luftbrücke" zur Versorgung der Bevölkerung eingerichtet wurde.

Zwischen 1961 und 1989 teilte die Mauer die westlichen Sektoren von dem östlichen. Seit dem 19. Juni 1991 ist ganz Berlin wieder offizieller Sitz der Bundesregierung.

Das Angebot an kulturellen Einrichtungen und Stätten der Freizeitgestaltung ist in Berlin äußerst reichhaltig. Zu einem großen Teil geht das auf die Zeit als Residenzstadt zurück, in der sich die Herrschenden darstellen wollten. So ließen sie Schlösser wie Charlottenburg errichten. Aus einem ehemaligen Jagdrevier ist der Tiergarten, heute im Stadtzentrum, hervorgegangen.

Mit dem Aufstieg des Bürgertums im 19. Jahrhundert wurde Berlin mit Kunstsammlungen und Museen, Oper und Theatern ausgestattet. Für die schnell anwachsende Bevölkerung legte man am Rande der Stadt weite Parks an. So ist es von großem Vorteil, daß innerhalb des Stadtgebietes Wälder und Seen, Sport- und Grünanlagen etwa ein Drittel der Fläche einnehmen.

Seit der Öffnung der innerdeutschen Grenze ist Berlin zu einem touristischen Magneten geworden, was der enorme Zuwachs der Gäste noch bestätigt.

VOCABULAIRE: *Verbes*

A Faites correspondre les verbes allemands et leur équivalent français.

anlegen	*confirmer*
ausstatten mit	*conquérir*
bestätigen	*contenir*
einnehmen	*édifier*
erobern	*équiper de*
errichten	*évoquer*
erwähnen	*occuper*
umfassen	*planter*
zurückgehen auf	*remonter à*

B Complétez les phrases par les verbes ci-dessus.

1 Le Nôtre ließ den Park von Versailles ....
2 Die diesjährigen Zahlen .... den Touristenboom.
3 Ich glaubte, daß wir dieses Problem schon .... hatten.
4 Die Türken haben Wien mehrmals ....
5 Auf welche Zeit .... der Mainzer Karneval .... ?
6 Die Berliner Mauer wurde im Jahre 1961 ....
7 Sind alle Hotelzimmer mit Farbfernseher .... ?
8 Berlin .... ca. 3,4 Millionen Einwohner.

Der Süden

Der Süden ist besonders vielseitig durch die Fülle seiner landschaftlichen, kunstgeschichtlichen, städtebaulichen und folkloristischen Reize.

So wie der Rhein im Westen als nordsüdlichen Grat liegt, ist die Donau die westöstliche Straße, an der die schönsten Landschaften und Kulturgüter zu finden sind.

15 Baden-Württemberg

Baden-Württemberg liegt im Südwesten der Bundesrepublik; es grenzt an Frankreich und die Schweiz, wobei der Rhein die Grenze bildet.

Unter den zehn "alten" Bundesländern ist Baden-Württemberg das reichste, was die Industrien mit hohem Zukunftspotential angeht, bietet aber gleichzeitig herrliche Sommer- und Winterferiengebiete, von denen der Schwarzwald, die Bodenseeregion, das Neckartal und die Schwäbische Alb unbedingt zu erwähnen sind.

Obwohl Städte wie **Heidelberg** und **Freiburg** in der ganzen Welt bekannt sind, birgt Baden-Württemberg zahlreiche andere weniger bekannte Schätze.

Stuttgart, die schwäbische Metropole und Landeshauptstadt, präsentiert eine von Parkanlagen umgebene interessante Innenstadt und rühmt sich seiner prachtvollen Denkmäler, Kirchen, Museen und kulturellen Veranstaltungen. Zeuge des Mittelalters sind in Baden-Württemberg z. B. die Basiliken auf der Insel **Reichenau** und Kloster **Maulbronn**. Als Perlen der gotischen Dome gelten **Ulm** und **Freiburg** u.a.. Wer sich für barocke Schlösser und Klöster interessiert, hat die Qual der Wahl: **Weingarten, Zwiefalten, Birnau** u.s.w.

Der Besucher bzw. der Urlauber braucht viel mehr als nur ein paar Tage, um die Reichtümer des "Musterländles" kennenzulernen.

Lindau/Bodensee: der Hafen

VOCABULAIRE: *Abréviations courantes*

Faites correspondre les abréviations avec leur terme écrit en toutes lettres
(dans le cadre) et écrivez leur équivalent français.

Abkürzung	in Worten	französisch
Abf.	....	....
bzw.	....	....
ca.	....	....
d.h.	....	....
DB	....	....
DM	....	....
Dr.	....	....
EDV	....	....
EWG	....	....
Kl.	....	....
Kto.	....	....
MwSt.	....	....
Nr.	....	....
od.	....	....
Pkw	....	....
Str.	....	....
S	....	....
tgl.	....	....
u.a.	....	....
u.s.w.	....	....
u.	....	....
v.H.	....	....
z.B.	....	....
z.H.	....	....

Personenkraftwagen   Abfahrt   das heißt   zum Beispiel
            Deutsche Mark   täglich   unter anderem
Straße   von Hundert   Klasse   Doktor
    Konto   und so weiter   Nummer   circa   oder
Mehrwertsteuer   Seite   zu Händen   und
    Deutsche Bundesbahn   beziehungsweise
elektronische Datenverarbeitung   Europäische Wirtschaftsgemeinschaft

---

ZUM BILD
Beschreiben Sie das Photo mit möglichst vielen Details.

16 Bayern

Das benachbarte Bayern, größtes Bundesland, grenzt im Süden an Österreich und im Osten an die Tschechoslowakei. Die Bayern, die bei ihren Landsleuten nördlich des Mains oft als eigenwillig gelten, sind stolz auf ihren "Freistaat Bayern".

Durch seine geographische Lage ist Bayern ein von der Landwirtschaft geprägtes Land, wobei die Hauptstadt München jedoch als Kern eines industriellen Ballungsraums angesehen werden kann.

Vor kaum zweihundert Jahren touristisch entdeckt, zieht das südliche Bayern in ständig wachsendem Maße die Reisenden an. Im Alpenvorland und in den Alpen suchen mehr Urlauber Erholung als irgendwo sonst in Deutschland. Die vielen Seen, Wälder sowie die unzähligen Kulturschätze sind beliebte Ausflugsziele für den Sommer, während die abwechslungsreichen Hänge und Gipfel der Alpen - Garmisch-Partenkirchen ist der berühmteste Skiort - ein privilegiertes Urlaubsgebiet für den Winter darstellen. Zu jeder Jahreszeit laden interessante Groß- und Kleinstädte, hübsche Dörfer, alte Kirchen, Burgen und Schlösser zur Besichtigung ein. **Augsburg** mit der "Fuggerei", einer Sozialsiedlung aus dem 16. Jahrhundert, **Nürnberg** die Stadt Albrecht Dürers, **Regensburg** die mittelalterliche Stadt an der Donau, oder die Residenzstädte **Würzburg** und **Bayreuth** in Franken können mit Recht stolz auf ihre immerwährenden Reize sein.

Daß **München** viele Namen hat, ist kein Wunder: das Millionendorf, das Isar-Athen, die Weltstadt mit Herz, die heimliche Hauptstadt der Bundesrepublik. All diese Bezeichnungen haben ihren Grund. Architektonisch bietet die Stadt alle Kunststile von der Römerzeit bis zur Moderne. Museen mit Weltruf wie die Alte Pinakothek oder das Deutsche Museum (für Technik und Wissenschaften) sind allein eine Reise wert. Außerdem finden in München Konzerte, Opernaufführungen, Theaterstücke und Kunstausstellungen mit Weltniveau statt. Und trotzdem pflegt München in den Biergärten zum Beispiel seine legendäre Lebenskunst und fast dörfliche Gemütlichkeit.

ZUM BILD

Für viele Ausländer gelten Bier und Wurst als der Inbegriff deutschen Lebens. Kennen Sie noch andere Klischees über Deutschland?

VOCABULAIRE: *Verbes à particules séparables*

A Retrouvez dans le texte sur la Bavière les verbes suivants:
   attirer - avoir lieu - considérer - inviter - représenter (= être)

B Traduisez:

1 *Je vous remercie de m'avoir invité.* ....

2 *Ce tableau représente un paysage bavarois.*

   ....

3 *Les enfants sont plus attirés par les parcs de loisirs (Freizeitparks) que par les
   galeries de tableaux.*

   ....

4 *A quelle heure a lieu la représentation théâtrale?*

   ....

5 *Il est considéré comme le meilleur cuisinier de sa génération.*

   ....

Deutschland: Bäderland

Die heilend.. Kräfte von Wasser und Luft, Landschaft und Klima sind seit uralt.. Zeiten bekannt. Schon die alt. . Römer wußten, wie gut der Aufenthalt in einem Badeort tut. Neu. . Kräfte holten sie sich auch in den Bädern Germaniens. Seit bald 2000 Jahren besteht die deutsch.. Badetradition. In Badenweiler kann man heute noch die römisch.. Thermen sehen, die zu den besterhalten.. Kulturdenkmälern der Antike in Deutschland gehören.

Im Thermalbad von Aachen hat sich auch Karl der Große schon verwöhnen lassen, wie nach ihm viele ander.. Herrscher und noble.. Herrschaften. "Große Welt reist ins Bad", hieß es im vorig.. Jahrhundert, und gemeint war Baden-Baden, das damals zum Treffpunkt der feinst.. Kreise in Europa wurde.

Doch das Charakteristisch.. an der deutsch.. Bäderlandschaft ist die einzigartig.. Kombination von Vorzügen und Annehmlichkeiten, die ideal zusammentreffen: Die schön.. Landschaft, das gesund.. Klima und die heilend.. Kräfte des Bodens und der Meere.

Das gepflegt. . Milieu, der Komfort, die perfekt.. Infrastruktur spielen selbstverständlich dabei eine groß.. Rolle, wie auch das unerschöpflich.. Angebot an kulturell.. , gesellschaftlich.. und sportlich.. Veranstaltungen.

Deutsche Zentrale für Tourismus

GRAMMAIRE: *Déclinaison de l'adjectif*
Complétez le texte avec les terminaisons des adjectifs.

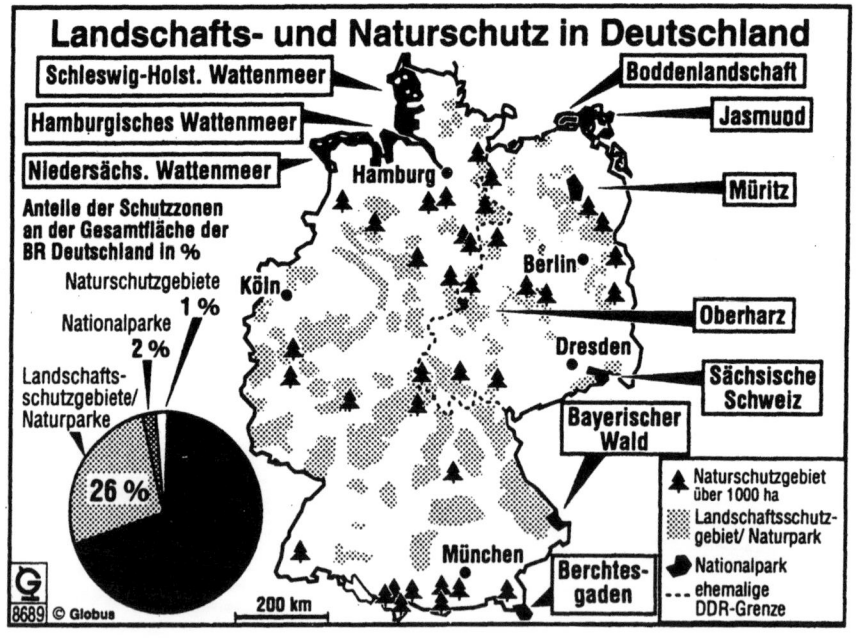

Landschafts- und Naturschutz in Deutschland

═══ **Landschafts- und Naturschutz** ═══

Bei der deutschen Wiedervereinigung hat die ehemalige DDR zwar die größeren Umweltprobleme eingebracht, konnte aber auch viele intakte Naturräume vorweisen.

Im Eilverfahren hatte es die letzte DDR-Regierung kurz vor dem Zusammenschluß noch geschafft, viele dieser Gebiete unter Naturschutz zu stellen. Aber auch in den alten Bundesländern war man in letzter Zeit nicht untätig: Es wurde der Nationalpark Hamburgisches Wattenmeer eingerichtet. So kommen nun zu den fünf westdeutschen Nationalparks noch fünf in den neuen Bundesländern hinzu.

Diese großräumigen Schutzzonen dienen vor allem der Erhaltung eines artenreichen Tier- und Pfanzenbestandes, können aber auch in einigen Bereichen als Erholungsgebiete dienen.

Strenger als die Nationalparks sind die Naturschutzgebiete geschützt, die überhaupt nicht verändert und nur in Ausnahmefällen betreten werden dürfen.

Pariser Kurier

COMPREHENSION: *Ja/Nein*

Ces affirmations sont-elles contenues dans l'article ci-dessus?
1 Die letzte DDR-Regierung war umweltbewußter als die Bundesregierung.
2 Jetzt gibt es genausoviele Nationalparks im Westen wie im Osten der Bundesrepublik.
3 Nationalparks werden geschaffen, um die Tier- und Pflanzenwelt zu schützen.
4 Naturschutzgebiete dienen vor allem als Erholungsgebiete.
5 Prinzipiell dürfen Wanderer nicht in Naturschutzgebieten spazieren gehen.

VOCABULAIRE: *dienen/bedienen = servir*

dienen + D = servir quelqu'un   Womit kann ich **Ihnen** dienen?
dienen zu = servir à quelquechose   Dieser Raum dient nur **zum** Schlafen.
dienen als = tenir lieu de   Das Hotel dient auch **als** Seminarstätte.

  der Dienst (-e) = service
bedienen = servir quelqu'un   Ein netter Kellner bediente **mich**.
sich bedienen + G = se servir de   Wir bedienen uns **eines** neuen Computers.

  die Bedienung = personne(l) de service

Traduisez:

1 *Servez-vous vous-même!*   ....

2 *A quoi cela sert-il?*   ....

3 *Le vieux château sert maintenant de musée.*

....

4 *Servez-vous donc de ma voiture!*   ....

5 *L'hôtesse de l'air (e Stewardess) avait oublié de me servir!*

....

Die touristischen Straßen

Deutschlands Straßen führen Sie zu Ihrem Ziel. Überall hin, wo Menschen leben und wo es Sehenswertes gibt. Alte Kirchen oder Fachwerkbauten, wechselnde Landschaften oder Städte. Es bieten sich einfach zu viele Eindrücke an, so daß es vielen schwer fällt, das für den persönlichen Geschmack interessanteste auf Anhieb herauszufinden. Deshalb haben wir in Deutschland die gut beschilderten Ferienstraßen geschaffen, die Ihnen den Weg weisen und Ihre Urlaubsfahrt unter ein ganz bestimmtes Thema stellen. Zum Beispiel: die Ströme, die Küsten, die Märchen usw.

Deutsche Zentrale für Tourismus

1 Die Rheinstraße
Basel - Freiburg - Baden-Baden - Karlsruhe - Speyer - Mannheim - Worms - Mainz Bingen - Koblenz - Bonn - Köln - Düsseldorf - Xanten - Kalkar - Kleve

2 Die Donaustraße
Donaueschingen - Sigmaringen - Ulm - Donauwörth - Regensburg - Straubing - Passau

3 Die Neckarstraße
Tübingen - Stuttgart - Heilbronn - Heidelberg

4 Die Mainstraße
Bayreuth - Bamberg - Schweinfurt - Würzburg - Frankfurt - Wiesbaden

5 Die westfälisch-niedersächsische Straße
Münster - Paderborn - Hammeln - Goslar - Hannover

6 Die grüne Küstenstraße
Wilhelmshaven - Oldenburg - Bremen - Bremerhaven - Stade - Hamburg - Itzeoe Husum

7 Die Salzstraße
Lüneburg - Lauenburg - Ratzeburg - Lübeck

8 Die Märchenstraße
Bremen - Minden - Hammeln - Göttingen - Kassel - Fulda

9 Die romantische Straße
Würzburg - Rothenburg - Dinkelsbühl - Nördlingen - Donauwörth - Augsburg - Landsberg - Wies - Füssen

10 Die deutsche Alpenstraße
Lindau - Immenstadt - Füssen - Garmisch-Partenkirchen - Tegernsee - Berchtesgaden Königsee

11 Die deutsche Ferienstraße
Puttgarden - Lübeck - Lüneburg - Celle - Wolfsburg - Goslar - Göttingen - Alsfeld Michelstadt - Schwäbisch Hall - Dinkelsbühl - Landshut - Wasserburg - Berchtesgaden - Königsee

ORIENTATION

A Reliez entre elles par un trait de couleur les villes situées sur les routes touristiques et indiquez le nom de la route dans le cadre.

B A l'aide de la carte générale p. 6 situez les villes touristiques suivantes: Aachen - Chemnitz - Eisenstadt - Frankfurt/Oder - Hildesheim - Kiel - Konstanz - Marburg - Meißen - Rostock - Trier - Weimar

Die Freizeit-Industrie

Worüber in Deutschland sich viele Firmen ärgern, erfreut eine ganze Branche, die davon profitiert: Die kürzer werdende Arbeitszeit beschert der Freizeit-Industrie wachsende Umsätze.

Jeder sechste Beschäftigte arbeitet bereits für die Mußestunden der Deutschen. Nach Prognosen des Münchner Instituts für Freizeitwirtschaft steigt die durchschnittliche freie Zeit pro Bundesbürger von 2617 Stunden im Jahr 1985 auf 2858 zehn Jahre später. Dies entspricht einem Wachstum von knapp 10 Prozent. In der Dekade davor ist sie allerdings mit plus 30 Prozent noch rasanter angestiegen.

Das freut natürlich all die Unternehmen, die der verwöhnten Kundschaft Angebote machen können. Denn das Geld ist da. Im vergangenen Jahr gab jeder Bundesbürger durchschnittlich rund 8000 DM für Freizeit und Urlaub aus. Je nach Höhe des Monatsverdienstes machen die Freizeitausgaben zwischen 10 und 20 Prozent des Haushaltseinkommens aus.

Schließt man die Beschäftigten der Gastronomie und der Tourismusbranche der Freizeit-Industrie ein, so arbeiten in der Zwischenzeit rund vier Millionen Deutsche in diesem Bereich. Oder anders gesagt: Jeder sechste Bundesbürger leistet schon einen Beitrag für die Mußestunden seiner Mitmenschen.

Ein Trend wird immer stärker: Die lustbetonte Freizeitgestaltung. Das nach Chlor riechende Hallenbad ist passé. In sind dagegen die Spaßbäder mit Wasserrutschen, Saunen und Whirlpool. Gut 20 Millionen Kunden verzeichneten die 24 freizeitorientierten Bäder zuletzt. Insgesamt fast 300 Millionen Besucher lockten die rund 7500 Frei- und Hallenbäder ins lauwarme Wasser.

Für mehr Spaß greifen die Bundesbürger anscheinend auch gern in die Tasche. Im modernen Freizeitbad gibt jeder Besucher für Eintritt und sonstige Leistungen 16 DM im Schnitt aus.

Die Tourismusbranche schneidet sich die dickste Scheibe am Freizeitkuchen ab. Fast ein Drittel des Budgets geben die Deutschen für Urlaub und Reisen aus. Wobei hier die Kurzreisen immer beliebter werden. Aber auch die Sporthotels können kaum über mangelnde Buchungen klagen.

Wer meint, die Investoren setzen nur auf die jungen, dynamischen Leute, der irrt. Für die ältere Generation bieten Luxusherbergen Animationsveranstaltungen, die die Tanzveranstaltungen langsam in den Hintergrund drängen. Denn jeder zweite Rentnerhaushalt hat über 2000 DM Einkommen zur Verfügung und bereits jeder zehnte mehr als 4000 DM.

Bremer Nachrichten

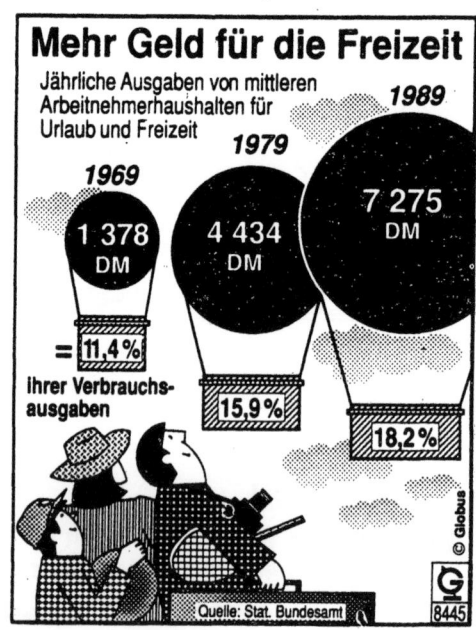

Mehr Geld für die Freizeit
Jährliche Ausgaben von mittleren Arbeitnehmerhaushalten für Urlaub und Freizeit

1969 · 1 378 DM · = 11,4% ihrer Verbrauchsausgaben

1979 · 4 434 DM · 15,9%

1989 · 7 275 DM · 18,2%

Quelle: Stat. Bundesamt · © Globus · 8445

VOCABULAIRE: *Pourcentages et tendances*

A *adverbes*:   knapp, fast 10% = <10%
                   ca., rund 10% = 10% environ
                   mehr als, über 10% = >10%

     verbes: verzeichnen, ausmachen, registrieren + acc.
                   entsprechen + datif.

Soulignez dans le texte et étudiez ces expressions puis réutilisez-les dans des phrases de votre choix:

knapp: ....

rund: ....

über: ....

durchschnittlich: ....

verzeichnen: ....

ausmachen: ....

entsprechen: ....

B *augmenter / diminuer*

Die jährliche freie Zeit pro Bundesbürger ist in zehn Jahren **von** 2617 Stunden **auf** 2558 **um** 10% gestiegen.

            von *indique le chiffre de départ,*
            auf, *le nouveau chiffre (à la hausse comme à la baisse)*
            um, *la différence (pas forcément en %).*

C *Notez les expressions:*

            jeder fünfte = *un sur cinq*
            die Mehrheit der Leute = *la majorité des gens*
            im Durchschnitt, durchschnittlich = *en moyenne*
            die Hälfte, ein Drittel, ein Viertel = *la moitié, un tiers, un quart*
            nach Prognosen = *d'après les pronostics.*

Traduisez:

1 *Les citoyens allemands dépensent en moyenne 8000 DM par an pour leurs vacances et leurs loisirs.*

    ....

2 *Dans les années 70 le nombre des heures de loisirs des allemands a cru de façon très rapide.*

    ....

3 *Le chiffre d'affaire total (der Gesamtumsatz) du secteur des loisirs a augmenté en 10 ans de 190 milliards de Mark, passant de 50 à 240 milliards.*

    ....

4 *En Allemagne, environ 4 millions de personnes travaillent dans l'industrie du tourisme.*

    ....

5 *Les investisseurs du tourisme misent autant sur les personnes âgées que sur les jeunes.*

....

6 *Un ménage de retraités sur dix dispose d'environ 4000 DM par an pour ses loisirs.*

....

COMPREHENSION

Combinez les éléments des 3 colonnes de façon cohérente par rapport à l'article précité.

1 Jeder sechste Beschäftigte	gibt	zwischen 10 und 20% des Einkommens aus.
2 Jeder Bundesbürger	verfügt	8000 DM für Freizeit und Urlaub.
3 Die Freizeitausgaben	registrieren	über mehr als 2000 DM Freizeitgeld.
4 Vier Millionen Deutsche	machen	für die Freizeit der Deutschen.
5 Jeder zweite Rentnerhaushalt	arbeitet	fast 300 Millionen Besucher.
6 Die freizeitorientierten Bäder	arbeiten	in der Tourismusbranche.

=== Organisation des Tourismus in Deutschland ===

Die Deutsche Zentrale für Tourismus (DZT)
mit Sitz in Frankfurt am Main hat die Aufgabe, im Ausland für den Reiseverkehr in die Bundesrepublik Deutschland zu werben.

Der Deutsche Fremdenverkehrsverband (DFV)
ist ein politischer Interessenverband. Er ist beratend und koordinierend für seine Mitglieder tätig. Er ist der Dachverband der Landes- und regionalen Fremdenverkehrsverbände.

VOCABULAIRE (Organigramme de la page suivante)

A Cherchez l'article, le pluriel et la signification des termes suivants puis mémorisez-les.

       d. . Gemeinde (. .)   ....

       d. . Kreis (. .)   ....

       d. . Mitglied (. .)   ....

       d. . Regierung (. .)   ....

       d. . Verband (. .)   ....

       d. . Vertretung (. .)   ....

B Exprimez les relations des différents organismes entre eux, en utilisant les verbes: unterstehen + D: *dépendre de*, zuständig sein für: *être responsable de*,

Ex: Die Fremdenverkehrsämter der Gemeinden unterstehen den Regionalverbänden des Deutschen Fremdenverkehrsverbands, des DFV.

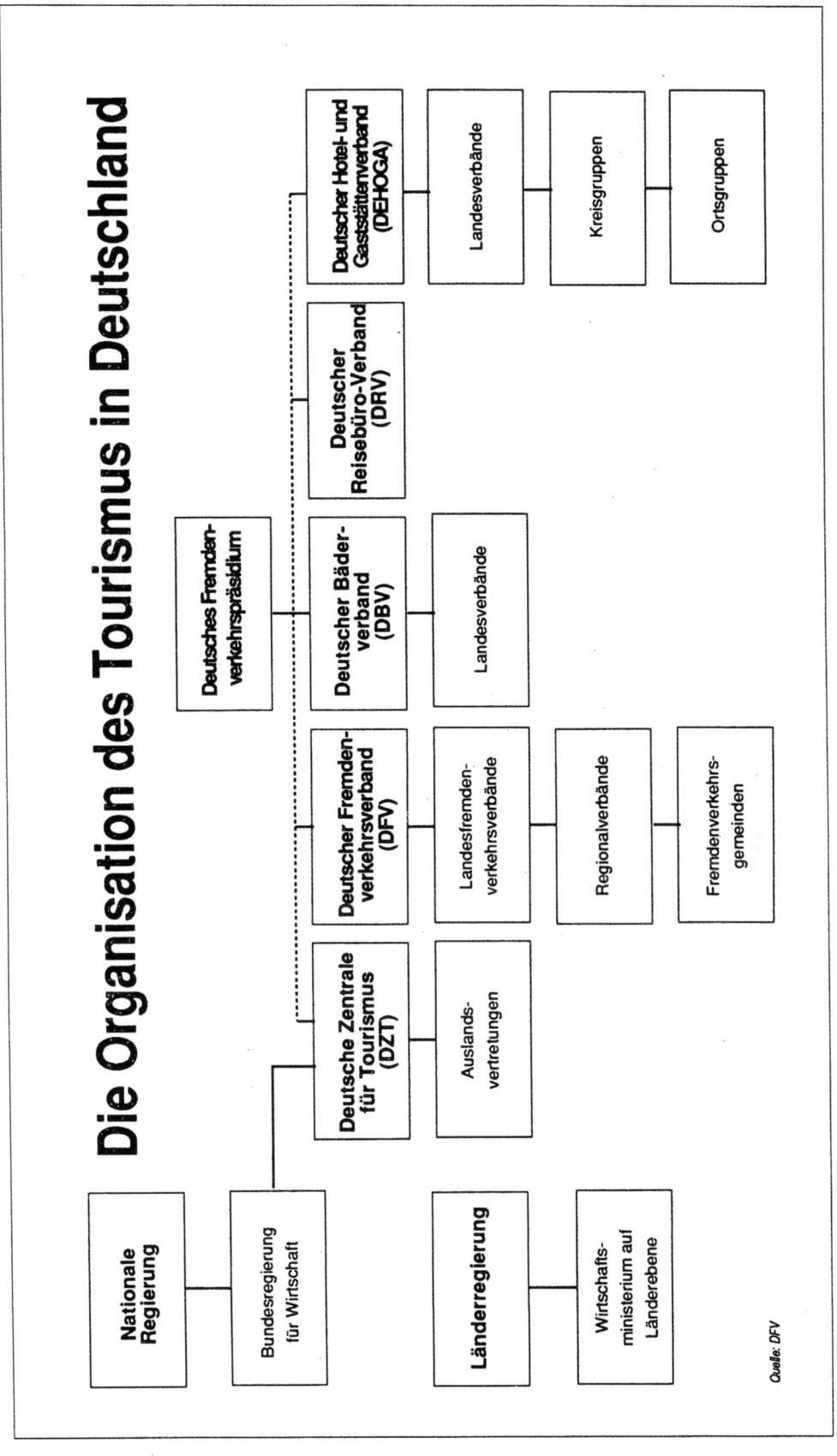

Die Organisation des Tourismus in Deutschland

Nationale Regierung
- Bundesregierung für Wirtschaft

Länderregierung
- Wirtschaftsministerium auf Länderebene

Deutsche Zentrale für Tourismus (DZT)
- Auslandsvertretungen

Deutscher Fremdenverkehrsverband (DFV)
- Landesfremdenverkehrsverbände
- Regionalverbände
- Fremdenverkehrsgemeinden

Deutsches Fremdenverkehrspräsidium

Deutscher Bäderverband (DBV)
- Landesverbände

Deutscher Reisebüro-Verband (DRV)

Deutscher Hotel- und Gaststättenverband (DEHOGA)
- Landesverbände
- Kreisgruppen
- Ortsgruppen

Quelle: DFV

Glossar

Deutschland - Ferienland

die Tiefebene (-n)	*plaine*
gegliedert in	*divisé en*
unerschöpflich	*inépuisable*

Geschichte in Kürze

der Volksstamm ("e)	*peuple, peuplade*
eingliedern	*incorporer, intégrer*
lose	*lâche, peu serré*
einleiten	*mener, conduire*
die Spaltung	*séparation*
sich splittern	*se morceler*
sich zusammenschließen ,o,o	*se réunir*
stürzen	*précipiter*
das Ereignis (-se)	*évènement*
sich vollziehen ,o,o	*se dérouler*
flüchten	*s'enfuir*
die Botschaft	*ambassade*
einführen	*introduire*
der Vertrag ("e)	*traité*
in Kraft treten ,a,e,i	*entrer en vigueur*

16 Bundesländer

1. durchzogen von	*parcouru de*
der Strandkorb ("e)	*cabine de plage en osier*
die Hansestadt ("e)	*ville hanséatique*
der Rückgang ("e)	*récession*
bewahren	*conserver*
2. zeugen von	*être la preuve de*
das Heidekraut	*bruyère*
süß duftend	*à l'odeur suave*
von Bienen umsummt	*bruissant d'abeilles*
sich eignen für	*convenir à*
3./4. der Verlag (-e)	*édition*
das Hafengelände	*zone portuaire*
der Prunkbau (-ten)	*édifice prestigieux*
die Werft (-en)	*chantier naval*
der Zug ("e)	*trait, caractère*
5. ehemalig	*ancien*
dünn besiedelt	*peu peuplé*
der Anteil (-e)	*proportion*
der Streit (-e)	*dispute*
die Backsteingotik	*style gothique en brique*
6. rege	*actif*
Ausgleich schaffen	*équilibrer*
die Ader	*artère*
die Reihe	*série*
der Kern (-e)	*noyau*
verlegen	*repousser*
bescheiden	*modeste*
der Reiz (-e)	*charme*
der Bischof ("e)	*évêque*
das Patrizierhaus	*maison de maître*
7. das Vorkommen	*gisement*
die Steinkohle	*houille*
das Eisenerz (-e)	*minerai de fer*
der Bergbau	*industrie minière*
das Revier	*région, bassin*
die Siedlung	*implantation*
die Verwaltung	*administration*
8. sprichwörtlich	*proverbial*
ausgedehnt	*étendu*
unüberschaubar	*s'étendant à perte de vue*
leistungsfähig	*compétitif*
der Standort	*lieu d'implantation*
hiesig	*d'ici, local*
begehrt	*apprécié*
ansässig	*établi*
besiegeln	*sceller*
die Gestalt (-en)	*figure*
9. die Drehscheibe	*plaque tournante*
der Ballungsraum	*conurbation*
die Besatzungszone	*zone d'occupation*
10. die Markgrafschaft	*margraviat*
anspruchsvoll	*exigeant*

11. die Verfassung	*constitution*
staatsrechtlich	*de droit public*
der Abbau	*extraction*
die Braunkohle	*lignite*
12. tagen	*siéger*
die Gedenkstätte	*lieu commémoratif*
die Wende	*tournant*
14. urkundlich	*authentiquement*
die Herrschaft	*domination*
der Widerstand	*résistance*
erobern	*conquérir*
in Trümmern liegen	*être en ruines*
die Luftbrücke	*pont aérien*
die Versorgung	*approvisionnement*
der Zuwachs ("e)	*accroissement*
15. der Grat ("e)	*épine dorsale*
die Kulturgüter (Pl.)	*patrimoine*
was.. angeht	*en ce qui concerne*
erwähnen	*mentionner*
bergen,a,o,i	*receler, cacher*
sich rühmen + G	*se vanter de*
die Qual der Wahl	*l'embarras du choix*
16. eigenwillig	*décidé, volontaire*
immerwährend	*perpétuel*
heimlich	*secret*
die Bezeichnung	*appellation*
die Wissenschaften	*sciences*

Deutschland Bäderland

heilen	*soigner*
verwöhnen	*gâter*
der Vorzug ("e)	*avantage*
die Annehmlichkeit	*agrément*
gepflegt	*soigné*

Naturschutz

vorweisen ,ie,ie	*apporter la preuve*
untätig	*inactif*
artenreich	*riche en espèces*
der Tierbestand	*cheptel*
das Wattenmeer	*haut-fonds*
in Ausnahmefällen	*exceptionnellement*

Die touristischen Straßen

auf Anhieb	*d'emblée*
beschildert	*signalé, marqué*

Die Freizeit-Industrie

bescheren	*octroyer*
der Umsatz ("e)	*chiffre d'affaires*
die Mußestunden (Pl.)	*loisirs*
die Prognose	*pronostic*
durchschnittlich	*moyen*
das Wachstum	*croissance*
rasant	*follement vite*
ausgeben,a,e,i	*dépenser*
je.. nach...	*selon*
ausmachen	*représenter*
der Haushalt	*foyer, ménage*
das Einkommen	*revenu*
einschließen,o,o	*inclure*
einen Beitrag leisten	*offrir une contribution*
der Trend (-s)	*tendance*
die Freizeitgestaltung	*organisation des loisirs*
lustbetont	*orienté sur le plaisir*
die Rutsche	*toboggan*
verzeichnen	*enregistrer*
lauwarm	*tiède*
in die Tasche greifen	*mettre la main au porte-monnaie*
die Leistung	*prestation*
im Schnitt	*en moyenne*
die Scheibe	*tranche, part*
mangelnd	*insuffisant*
setzen auf + A	*miser sur*

3
Reisen

Voyages en train
en auto
en autocar
en avion
en bateau

Mit dem Zug fahren

der **Bahnhof** ("e)
die Abfahrt (-en)
die Ankunft ("e)
der Anschluß ("sse)
die Auskunft ("e)
der Bahnhofsvorsteher (-)
der Bahnsteig (-e)
die Ermäßigung
die Fahrkarte (-n)
der Fahrplan ("e)
die Gepäckaufbewahrung
der Gepäckkarren (-)
das (Gepäck)schließfach ("er)
das Gleis (-e)
das Kursbuch ("er)
der Schaffner (-)
der Schalter (-)
die Schiene (-n)
die Verbindung
der Wartesaal ("e)
der Zuschlag ("e)

der **Zug** ("e)
das Abteil (-e)
der Eilzug
die Eisenbahn (-en)
das Eisenbahnnetz (-e)
die Fahrkarte (-n)
der Fensterplatz ("e)
der Gang ("e)
die 1./2. Klasse (-n)

der Inter-City-Zug
die Liege (-n)
der Liegewagen
die Lokomotive (-n)
das Raucherabteil
der Schnellzug
der Sonderzug
der Speisewagen
die Verspätung
der Wagen (-)
der Zugbegleiter

ein/aussteigen,ie,ie
umsteigen
besetzt
fahrplanmäßig
gültig/ungültig
leer / frei
pünktlich
überfüllt
unterirdisch
verspätet

mit dem Zug fahren
auf den Zug warten
eine Fahrkarte lösen
das Gepäck aufgeben,a,e,i
einen Platz reservieren
eine Fahrkarte vorzeigen
jemanden am Bahnhof abholen
den Anschluß verpassen
einen Fahrausweis entwerten

Après avoir vérifié que vous connaissiez tous les termes ci-dessus, traduisez les questions suivantes:

1 Quand part le prochain train pour ...? ....

2 Dois-je payer un supplément? ....

3 Y-a-t-il une consigne automatique dans cette gare?
....

4 Quelle réduction faites-vous aux enfants de moins de 10 ans?
....

5 Peut-on réserver un compartiment entier en 1ère classe?
....

6 A quelle gare faut-il changer? ....

7 Combien de temps les billets sont-ils valables?
....

EuroCity

Die Eisenbahnen von elf europäischen Ländern haben sich einiges einfallen lassen, um die Reisezeiten zwischen wichtigen europäischen Städten zu verkürzen.

1988 startete ein neues Zugsystem, das Reisen in unsere Nachbarländer noch angenehmer macht. Züge, die besonders schnell und bequem sind, dürfen sich dann EuroCity nennen. Ihre Pünktlichkeit wird durch den Vorrang vor allen anderen Zügen gewährleistet.

Das Zugbegleitteam spricht mehrere Sprachen, neben deutsch meist noch englisch oder französisch. Die Reisenden finden alle gedruckten Informationen wie Haltebahnhöfe, Anschlüsse und Reisezeitschriften in mehreren Sprachen vor. In der 1. Klasse stehen für die Tagesreise ausschließlich Wagen mit Klimaanlage zur Verfügung, in der 2. Klasse sind die meisten Großraumwagen klimatisiert. Im Nachtreiseverkehr werden Schlafwagen und Liegewagen eingesetzt.

In allen EC-Zügen gibt es Frühstück, Mittag- und Abendessen. Zwischendurch erhalten Sie kalte und warme Getränke.

Die Aufenthaltszeit auf Bahnhöfen soll fünf Minuten nicht überschreiten - und das gilt insbesondere auch für die Grenzbahnhöfe. Zoll- und Grenzkontrolle werden grundsätzlich im Zug durchgeführt. Im Nachtreiseverkehr überlassen Sie Ihre Reiseunterlagen dem Wagenbetreuer, der dann die Formalitäten für Sie erledigt.

EuroCity ist der Beginn einer neuen Generation schneller und komfortabler Züge, die Europa näher zusammenrücken lassen. Sie markieren eine neue Dimension im Fernreiseverkehr auf der Schiene.

Deutsche Bundesbahn

VOCABULAIRE
Retrouvez dans le texte tous les mots suivants et mémorisez-les.

climatisation	d..	*durée du voyage*	d.. ....
ponctualité	d..	*voiture à couloir central*	d.. ....
contrôle douanier	d..	*gare desservie*	d.. ....
priorité	d..	*wagon - couchette*	d.. ....
correspondance	d..	*gare-frontière*	d.. ....
rail	d..	*wagon-lit*	d.. ....

COMPREHENSION
Formez 7 phrases en combinant les éléments des 4 colonnes et en respectant le sens du texte.

EuroCity-Züge (2X)	werden (2X)	fünf Minuten.	
Der Zugbegleiter	erledigt	mehrere Sprachen.	durchgeführt.
Die Aufenthaltszeit	spricht	die Reisezeiten	im Fernreiseverkehr.
Der Wagenbetreuer	überschreitet nicht	die Formalitäten	für Sie.
Schlafwagen	verkürzen	im Zuge	zwischen den Städten.
Grenzkontrollen	markieren	eine neue Dimension	eingesetzt.
		im Nachtreiseverkehr	

Schlafen auf Schienen

Auch das Schlafen auf Schienen soll in den nächsten Jahren bequemer .... Die Deutsche, die Österreichische und die Schweizer Bundesbahnen haben sich ...., um von 1992 an die jetzige Schlafwagen-Generation durch eine neue .... Am komfortabelsten .... es sich dann in den Wagen der Kategorie "Luxus", deren je zwölf Abteile mit Dusche/WC, Radio, Telefon, Safe, Bar, Schaffnerruf und Weckeinrichtung .... sind. Sie werden als Single oder Double ...., die Tages-Sitzgelegenheit können in ein Kinderbett .... werden. Je ein Abteil ist behindertengerecht.

Die Wagen der Kategorie "Komfort" im Hotelzug werden 22 Abteile mit je zwei Betten und Waschgelegenheit ....

Schließlich .... es noch die Kategorie "Sleeper" mit 68 Liegesesseln und Anschluß für Kopfhörer an jedem Platz. Ein Service-Team .... "Zimmerservice" rund um die Uhr und .... den Service-Wagen mit Restaurant, Bar und Lounge.

Süddeutsche Zeitung

COMPREHENSION

Complétez avec les verbes suivants:

ablösen / ausstatten / betreuen / bieten / geben / haben / reisen / umwandeln / verkaufen / werden / zusammentun

TRADUCTION

Après avoir rempli par une X, un mot ou un chiffre le tableau ci-dessous conformément au texte, traduisez-en chaque terme pour l'édition bilingue d'un prospectus.

	"Luxus"	*"Komfort"*	*"Sleeper"*
Abteile / Plätze im Wagen	12 Abteile	22 Abteile	68 Plätze
Betten im Abteil			
Liegesessel im Wagen			
Waschgelegenheit im Abteil			
Radio/Telefon			
Anschluß für Kopfhörer			
gezielte Kundschaft			

Die deutsche Bundesbahn

Wenn Sie von schön... , bequem..., schnellen und großzügig... Reisen träumen, sind Sie bei uns in jedem Fall an d... richtig... Adresse. Gerade für ihr... persönlich... Wünsche haben wir nicht nur ein offen... Ohr, sondern auch d... passend... Wagen.

Auf die intelligent..., ausgereift... Technik unser... Angebote für kurz..., mittler... und lang... Strecken trifft das genauso zu wie auf ihr... erstklassig... Fahrqualität und ihr... serienmäßig komfortabl... Innenausstattung.

Nicht weniger attraktiv werden Sie auch unser Preisleistungsverhältnis finden - und zwar schon vor Abzug unser... gängig... Rabatte und Vergünstigungen. Dafür aber mit d... komplett... Service, versteht sich.

Bahnfahren ist eben etwas für Leute, die nicht nur schnell und pünktlich sein wollen, sondern auch dem Alltag sein... Reiz abgewinnen. Probieren Sie es aus.

Deutsche Bundesbahn

GRAMMAIRE

Ajoutez les terminaisons.

VOCABULAIRE

Soulignez les adjectifs vantant les qualités de la Bundesbahn et complétez ensuite les phrases suivantes d'après le modèle.

Die Bundesbahn bietet:	die Antwort auf Ihre persönlichen Wünsche	*(la réponse à votre attente)*
	....	*(une technique éprouvée)*
	....	*(un équipement intérieur confortable)*
	....	*(un service de premier ordre)*
	....	*(des rabais généreux)*
	....	*(un rapport qualité/prix attrayant)*

intelligenter reisen

was tun wenn die sehnsucht sich unerwartet und leise in den alltag geschlichen hat wenn die gefuhle den gedanken vorauseilen dann gibt es nur einen weg sie wieder einzuholen man muß ihnen nachreisen

der drang neues zu entdecken ist vielleicht der eigentliche erfinder des bahnfahrens das langst zum inbegriff des reisens geworden ist weil es sich dabei so schon traumen laßt und weil die bahn mit einer vielfalt von ideen und angeboten ihre aufgabe mit immer neuem leben fullt: sie reisen zu lassen wie es ihnen gefallt

dafur sind wir da jeden tag damit das Bahnfahren die sehnsucht nicht nur weckt sondern sie auch erfullt

deutsche bundesbahn

ORTHOGRAPHE

Corrigez cette annonce de la Bundesbahn en rajoutant:
- **majuscules**
- **Umlaute**
- **ponctuation.**

═══ Können Sie mir bitte sagen .... ═══

EXPRESSION ORALE: *Dialog mit Kunden am Bahnhofsschalter.*
Antworten Sie mit möglichst vielen Details auf folgende Fragen über die TGV-Strecke Toulouse-Paris.

1. Kunde: Wir möchten mit unseren kleinen Kindern von Bordeaux nach Paris fahren.

a Wieviel Züge gibt es am Vormittag?
b Geben Sie mir bitte alle Abfahrt- und Ankunftszeiten.
c Wie hoch wird die Resa-Gebühr für uns vier in 2. Klasse sein, wenn wir an einem Montag gegen 7 Uhr abfahren?
d Kann ich in diesem Zug ein "Espace Carré" reservieren?

2. Kunde: Wir wohnen in Toulouse; mein Mann hat am Donnerstag eine Verabredung gegen 12 Uhr in Angoulême.

a Welche Züge empfehlen Sie ihm? Muß er umsteigen?
b Mein Mann reist immer 1. Klasse. Kann ich für ihn das Mittagessen jetzt schon buchen?
c Wieviel Resa-Gebühr wird er zahlen müssen ?

3. Kunde: Von Poitiers aus muß ich übers Wochenende nach Paris.

a Geben Sie mir bitte die Abfahrt- und Ankunftszeiten der preiswerteren Züge.
b Halten diese Züge auch in St.-Pierre-des-Corps?
c Wie lange dauert die Fahrt?

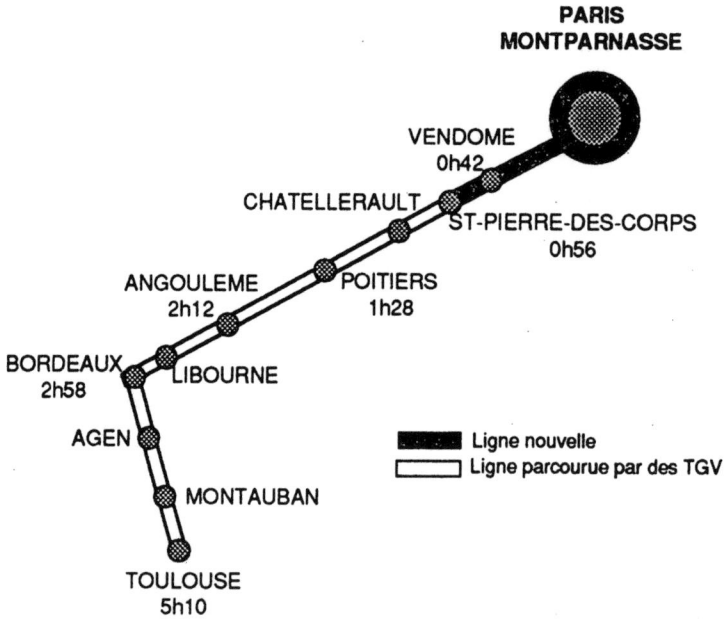

TOULOUSE ▸ BORDEAUX ▸ PARIS

🍽 Service restauration à la place en 1ʳᵉ classe, en réservation : tous les jours de circulation, sauf pour les TGV 8405, 8507, 8509, 8515, 8421, 8521, 8527, 8565, 8469, 8477, 8481, où ce service est assuré certains jours.

† Espaces "Carré" réservables, en priorité, par les voyageurs "Kiwi" et les voyageurs accompagnés d'enfants.

N° du TGV		8402	8404	8410	8412	8414	8416	8518	8524	8528	8530	8534
Particularités			(1)						†	(2)	†	†
Restauration				🍽	🍽	🍽	🍽	🍽	🍽		🍽	🍽
Toulouse	D			a				6.17	a			a
Montauban	D			a				6.44	a			a
Agen	D			a				7.22	a		a	a
Bordeaux	D		5.47	5.52	6.42	7.11		8.27	10.19	11.26	11.53	13.02
Libourne	D			6.12		7.31						
Angoulême	D	5.46		6.54		8.13	8.59		11.16		12.50	
Poitiers	D	6.34		7.44		9.02	9.46		12.04			
Châtellerault	D											
Saint-Pierre-des-Corps	D					9.42	10.27					
Paris-Montparnasse 1-2	A	8.05	8.45	9.15	9.40	10.40	11.25	11.30	13.35	14.25	15.05	16.05
Lundi											1	
Mardi au Jeudi			2	2	2	2	1	1	1		1	
Vendredi			1	2	1	2	1	1	1		1	
Samedi				1	1	1		1	1		1	
Dimanche						1			1		1	

Niveaux RESA 300	1	2	▓
1ʳᵉ CLASSE	40 F	120 F	120 F
2ᵉ CLASSE	32 F	32 F	80 F

A(*) tarif du 02 juin au 05 juillet et du 02 au 28 septembre.
B(*) tarif du 06 juillet au 01 septembre.

TRADUCTION

TGV Atlantique: «Resa 300»

Pour voyager en TGV Atlantique, deux titres de transport vous sont nécessaires:
- *le billet correspondant au trajet à effectuer,*
- *le titre Resa 300, vous permettant de prendre place dans le train que vous avez choisi.*

Vous pouvez vous procurer ces titres de transport deux mois à l'avance et jusqu'à quelques minutes avant votre départ.

Tous les voyageurs peuvent profiter du confort et de la rapidité du TGV Atlantique, tout en bénéficiant des réductions habituelles.

Votre Resa 300 vous garantit le confort d'une place assise en première ou seconde classe.

Attention: votre réservation n'est valable que dans le TGV dans lequel vous avez réservé votre place.

Avant de monter dans le TGV Atlantique, n'oubliez pas de composter tous vos titres de transport (billet et Resa 300).

A noter: achetés dans le train votre billet, votre réservation vous coûteront 75 F de plus chacun par personne. Cette somme forfaitaire vous sera également demandée si vous avez omis de composter vos titres, ou si vos titres ne sont pas valables.

Brochure SNCF

(Aide à la traduction page suivante)

Aide à la traduction

titre de transport	der Fahrausweis (-e)	*rapidité*	die Geschwindigkeit
titre Resa 300	die Karte Resa 300	*composter*	entwerten
profiter de	genießen + A	*à noter*	bitte beachten

Der Straßenverkehr

die Straße (-n)
die Landstraße
die Bundesstraße
die Nebenstraße
die Zufahrtstraße
die Mautstraße
die Autobahn (-en)
die Autobahneinfahrt, /-ausfahrt
der Fahrstreifen (-)
der Seitenstreifen
das Verkehrsschild (-er)
die Umleitung
der Stau (-e)
der Parkplatz
die Raststätte
das Motel
das Parkhaus

die Panne
der Abschleppdienst
das Benzin (bleifrei)
die Tankstelle
der Tankwart

der Wagen / r Bus (-sse)
der Kfz (Kraftfahrzeug)
der Pkw (Personenkraftwagen)
der Lkw (Lastkraftwagen)
der Sitz (-e)
die Rückenlehne (-n) (verstellbar)
die Klimaanlage
die Videoanlage
der Stereokopfhörer
der Katalysator
der Fahrer (-)

Taxifahrer als Fremdenführer

Eine Alternative zur Stadtrundfahrt per Bus hat sich das Kölner Verkehrsamt etwas einfallen lassen: Das "Fremdenführer-Taxi". 18 Kölner Taxifahrer haben dafür eine Zusatzausbildung als Fremdenführer absolviert; jetzt können sie ihr Taxi mit der Plakette "Fremdenführer-Taxi-Guide" schmücken. Diese Wagen sind über eine Taxi-Rufnummer zu bestellen und kosten den Taxameter-Preis plus 20 Mark Gebühr für die Führung. Für eine rund 75 Minuten lange Standard-Rundfahrt für ein bis drei Personen muß man mit ungefähr 65 Mark Gesamtkosten rechnen.

Süddeutsche Zeitung

EXPRESSION
Erklären Sie die Vor und Nachteile der Fremdenführer-Taxis.

TRADUCTION
Traduisez cet article pour une brochure sur Cologne.

Stau, Stau, Stau

"A7: vor dem Elbtunnel 12 Kilometer Stau, A23: 15 Kilometer Stau, A1: vor den Elbbrücken 20 km Stau ..." Ertönten solche Hiobsbotschaften für den Autofahrer früher nur zur Urlaubszeit aus dem Autoradio, gehören sie heute zum Autofahrer-Alltag. Es gibt immer mehr Autos und damit immer weniger Platz auf den Straßen. Besonders betroffen von dieser Entwicklung sind die Autobahnen; denn auf ihnen kann man rasch große Entfernungen überwinden - um zur Arbeit, in den Urlaub oder zu einem Einkauf in die nächste Stadt zu fahren.

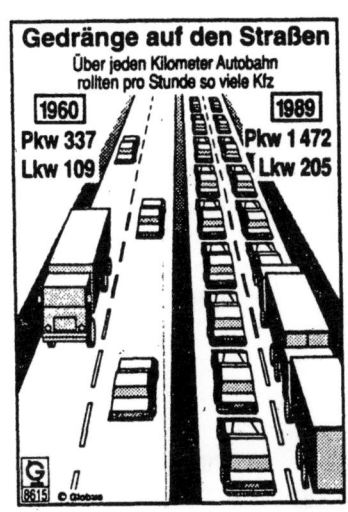

Gedränge auf den Straßen
Über jeden Kilometer Autobahn rollten pro Stunde so viele Kfz
1960 Pkw 337 Lkw 109
1989 Pkw 1 472 Lkw 205

1960 ging es auf den Autobahnen noch ruhig zu. Damals wurden auf einem Kilometer Autobahnstrecke durchschnittlich 109 Lkw pro Stunde gezählt; bis 1989 hat sich deren Anzahl fast verdoppelt. Die Zahl der Pkw hat sich sogar mehr als vervierfacht. 1960 fuhren stündlich 337 Pkw über einen Autobahnabschnitt, 1989 aber 1472. Dieser Trend wird sich auch in Zukunft noch fortsetzen.

Presse und Sprache

VOCABULAIRE: *de plus en plus* (immer + comparatif)
Ex: Es gibt **immer mehr** Autos und damit **immer weniger** Platz auf den Straßen.
Traduisez:

1 *Les voitures peuvent rouler de plus en plus vite.*

....

2 *Les jeunes voyageurs sont de plus en plus nombreux.*

....

3 *Les vacanciers acceptent de moins en moins les plages surpeuplées.*
(übervölkert)...

4 *En Europe les véhicules sont de plus en plus équipés d'un pot catalytique.*

....

5 *Les statistiques montrent qu'il y a de plus en plus de gens qui préfèrent* (vorziehen)
le train à la voiture.

....

Der Flugverkehr

der Flughafen (")
die Abfertigung
der Abflug ("e)
der Ausgang ("e)
die Bestätigung
der Charterflug
der Check-In-Schalter
der Duty-Free-Shop
der Fernflug
das Flug-/ Bodenpersonal
die Fluggesellschaft
der Fluglotse (-n)
der Flugplan
die Flugstrecke
das Flugticket (-s)
das Flugverkehrsnetz
das Handgepäck
der Kontrollturm
die Kurzstrecke
die Landung
der Lautsprecher
die Luftlinie
die Ortszeit
das Radargerät (-e)
der Rückflug
die Startbahn
der Start
der Terminal (-s)
der Transitgast
die Wartezeit
die Zwischenlandung

auf die Warteliste setzen
auf der Warteliste stehen
einen Zielort anfliegen

das Flugzeug (-e)
die Besatzung
das Düsenflugzeug (Jet)
das Fahrgestell
der Flügel
der Fluggast ("e)
der Flugkapitän (-e)
die Kabine
die Maschine
der Motor
der Passagierraum
der Pilotenraum
der Pilot (-en)
die Schallmauer
der Sicherheitsgurt
die Sitzauslastung
die Stewardess (-en)
der Steward (-s)
die Tragflächen (Pl.)
das Triebwerk
das Überschallflugzeug

zollfrei

fliegen,o,o
abfliegen
anfliegen
überfliegen
buchen
starten
landen
verbinden,a,u

das Gepäck abfertigen
den Rückflug bestätigen
den Sicherheitsgurt anschnallen

Après avoir cherché la traduction des mots inconnus de la liste, traduisez:

1 *Ce vol est complet; nous allons vous mettre sur la liste d'attente.*

....

2 *L'enregistrement des bagages a lieu une heure avant le décollage.*

....

3 *Il s'agit d'un avion ultra-moderne dont les performances* (Leistung) *exceptionnelles sont reconnues dans le monde entier.* ....

....

4 *Nous vous prions d'éteindre votre cigarette et d'attacher votre ceinture.*

....

5 *En ce moment nous survolons les Alpes.*

....

6 *Notre appareil atterrira à 15 h heure locale.*

....

7 *N'oubliez pas de confirmer votre retour.*

....

8 *Le vol en provenance de Stuttgart a été retardé d'une demi-heure.*

....

══════ Swissair ══════

Die *Swissair* hat im letzten Jahr 8,6 Millionen Fluggäste befördert, sechs Prozent mehr als im Vorjahr. Auch bei der Flugfracht legte die Schweizer Fluggesellschaft um fünf Prozent auf 281.000 Tonnen zu. Die durchschnittliche Sitzauslastung betrug nach einer Mitteilung der *Swissair* 65,3 Prozent.

Im Passagierverkehr verzeichneten die Europaflüge mit einer Zunahme von 10 Prozent den höchsten Zuwachs, gefolgt von dem Bereich Nordatlantik. Eine Einbuße erlitt lediglich das Südamerikageschäft (minus ein Prozent).

Swissair bedient nach eigenen Angaben ein Streckennetz von 347.000 Kilometern und fliegt 110 Zielorte in 68 Ländern an. Dafür wird eine Flotte von 55 Maschinen mit einem Sitzplatzangebot von 9200 Plätzen eingesetzt.

Touristik Revue

VOCABULAIRE

Ajoutez l'article, le pluriel ou la marque des verbes forts et la traduction des mots ci-dessous.

d.. Einbuße (...)	....	anfliegen	....
d.. Flugfracht (...)	....	bedienen	....
d.. Maschine (...)	....	befördern	....
d.. Sitzauslastung (...)	....	betragen	....
d.. Streckennetz (...)	....	betreiben	....
d.. Zielort (...)	....	erleiden	....
d.. Zunahme (...)	....	liegen bei	....
d.. Zuwachs (...)	....	verzeichnen	....

COMPREHENSION

Complétez ces affirmations par les mots de l'exercice précédent.

1 Eine .... von 1% .... das Südamerikageschäft.

2 Die *Swissair* .... im letzten Jahr 8,6 Mio. Fluggäste.

3 Der Passagierverkehr in Europa .... eine .... von 10%.

4 Die *Swissair* .... 55 ....

5 Die durchschnittliche .... bei 65,3%.

6 110 verschienene .... werden von der *Swissair* ....

7 Das .... der *Swissair* .... 9200 Plätze.

8 Was die .... angeht, ... die Fluggesellschaft 281.000 Tonnen.

9 Die *Swissair* .... ein .... von 347.000 Km.

Vor der Rückreise bestätigen

Die Rückbestätigung eines Fluges kann den Flugreisenden vor unangenehmen Überraschungen schützen. Allerdings gibt es bei den internationalen Fluggesellschaften keine einheitliche Regelung.

Flug Frankfurt-Singapur-Frankfurt: In Spalte sieben des Flugtickets tauchen unter dem Begriff "Status" die zwei Buchstaben "OK" auf. Sie suggerieren dem Flugreisenden, nicht nur für den Hin-, sondern auch für den Rückflug mit Singapore Airlines (SIA) sei ein Platz fest gebucht. Der Fluggast täuscht sich. Ohne Rückbestätigung - *reconfirmation* - 72 Stunden vor dem geplanten Rückflug ist bei SIA nichts "OK". Die Rückbestätigung ist bei der südostasiatischen Gesellschaft ein Muß. Wer sie versäumt, verliert das Recht auf Beförderung, sein Platz kann neu verkauft werden.

Damit reiht sich die SIA in die Gruppe der Fluggesellschaften ein, die mit einer zwingend vorgeschriebenen Rückbestätigung vor allem eines erreichen wollen: die Zahl der gebuchten, aber nicht erschienenen Fluggäste, auf ein Minimum zu reduzieren - und damit auch die wirt-schaftlichen Verluste.

Die Lufthansa weist in ihren Tickets ausdrücklich darauf hin, daß "für die Lufthansa-Flüge keine Rückbestätigung erforderlich ist". Schaden kann sie, gerade bei exotischen Zielen, allerdings nicht. Alle Airline-Manager empfehlen jedoch, sich bereits vor Antritt der Reise, insbesondere bei Fernflügen in Länder der Dritten Welt, über die Rückbestätigungsbedingungen der einzelnen Fluggesellschaften zu erkundigen.

Im Europaverkehr ist im Gegensatz zu Interkontinentalflügen die Rückbestätigung nicht mehr gebräuchlich.

Wenig bekannt ist, daß für Charterflüge, eine Rückbestätigung erfolgen muß. Die besorgt in aller Regel aber der Reiseveranstalter für den Urlauber. Nicht jedoch bei sogenannten Campingflügen, bei denen der Reisende lediglich den Flug gebucht hat und die Unterkunft nicht in Anspruch nimmt. Hier muß der Passagier selbst seine Rückbestätigung bei einer Niederlassung seines Reiseveranstalters im Zielland vornehmen.

Rainer Schauer, *die Zeit*

VOCABULAIRE

A *Mots composés en "flug"*.

En combinant "flug" aux éléments encadrés de la page suivante, retrouvez les mots correspondants à:

avion	d.. .... (....)		passager	d.. .... (....)	
aller	d.. .... (....)		compagnie	d.. .... (....)	
retour	d.. .... (....)		durée de vol	d.. .... (....)	
vol	d.. .... (....)		heure de vol	d.. .... (....)	
aéroport	d.. .... (....)		personnel	d.. .... (....)	
décollage	d.. .... (....)		trafic aérien	d.. .... (....)	
billet	d.. .... (....)		vol charter	d.. .... (....)	
route	d.. .... (....)		long courrier	d.. .... (....)	
ligne	d.. .... (....)		autonomie	d.. .... (....)	

ab	charter	dauer	gast	fern
gesellschaft	hafen	hin	linie	
personal	rück	stunde		
strecke	ticket			
verkehr	weite	zeug		

B Traduisez les mots suivants à l'aide de l'article du "Zeit".

condition	d.. .... (....)	*expressement*	....
confirmation	d.. .... (....)	*obligatoire*	....
droit à	d.. .... (....)		
filiale	d.. .... (....)	*indiquer*	....
hébergement	d.. .... (....)	*recommander*	....
perte	d.. .... (....)	*se renseigner*	....
réservation	d.. .... (....)	*se tromper*	....

GRAMMAIRE: *Wer .... / Celui qui ...*

> *Ex:* **Wer** die Rückbestätigung **versäumt**, **verliert** seinen Platz.

De la même façon, combinez logiquement les éléments des colonnes 2 à 5 (plusieurs réponses possibles).

	seine Reise gut	bucht	wird	seinen Weg.	
	mit seinem Hund	spricht	ist sicher	das fremde Land	zu kommen.
	seinen Rückflug	vorbereitet	muß nicht	Postkarten	kaufen.
Wer	sein Hotelzimmer	vergißt	braucht	darf die Leine	besser kennenlernen
	keine Fremdsprache	bei sich hat	muß dann	einen Dolmetscher.	schlafen.
	einen Stadtplan	bestätigt	will	ans Ziel	nicht vergessen.
	seine Kamera	reisen	findet schneller	im Bahnhof	

ZUM BILD
Welche Fluggesellschaften können Sie nennen?

Der Massenluftverkehr

Es ist nicht mehr zu übersehen: Das Zeitalter des Massenluftverkehrs hat seine erste Jugend schon überschritten. Obwohl niemand zu sagen weiß, wann es begonnen hat oder welche objektiven Kriterien den Massenluftverkehr kennzeichnen, steht fest: Er leidet nicht mehr an Kinderkrankheiten, sondern an multiplen Symptomen.

Da kommt ein Reiseveranstalter sehr plötzlich zur Erkenntnis, daß ein Luftverkehrsunternehmen nicht mehr vertrauenswürdig ist. Der Anlaß: Ein Flugzeug ist auf einem fernen Karibikflughafen zweimal kurz hintereinander mit Bodenfahrzeugen kollidiert. Wie man hörte, betrieb die Gesellschaft ein einziges Flugzeug, ein Flugzeug älterer Bauart, das geleast war.

Eine andere Luftverkehrsgesellschaft stellt nach vielversprechendem Eindringen in den europäischen Markt überraschend die Bedienung mehrerer Zielorte ein. Begründung: Allgemeiner Mangel an Flugzeugen und die Absicht, neue Ziele irgendwoanders in der Welt anzufliegen. Eine Boeing 737 rutscht beim Start in New York in den East River. Einige Passagiere werden getötet, andere verletzt. Erste Erklärung für diesen Unfall: Der Kapitän hatte nur wenig Erfahrung mit diesem Flugzeugtyp, und der Kopilot saß zum ersten Mal im Cockpit dieses Musters.

Udo G., 29, Fluglotse, wenige Sekunden vor dem Direkt-Landeanflug einer 727 auf den Tower.

Natürlich besteht zwischen diesen Ereignissen kein direkter Zusammenhang. Es wäre Unfug, sie einfach als Folgen der Deregulierung oder der in Europa laufenden Liberalisierung abzutun. Eines sind sie jedoch: Beunruhigende Symptome der Entwicklung des Luftverkehrs.

Beunruhigend sind sie nicht nur als Einzelereignisse, sondern müssen sie für alle Unternehmen sein, die vom Reisen leben, dem Wirtschaftszweig mit den derzeit größten Wachstumsaussichten. Denn vielleicht werden sie bald einer Kundschaft Rede und Antwort stehen müssen, die genauer als bisher über die Bestandteile des Reiseprodukts Auskusnft fordert.

Touristik Revue

TRADUCTION
A Choisissez la bonne traduction.

1 Da kommt ein Reiseveranstalter sehr plötzlich zur Erkenntnis, daß ein Luftverkehrsunternehmen nicht mehr vertrauenswürdig ist.

  a *Un voyagiste découvre soudain qu'une compagnie aérienne n'est plus fiable.*
  b *Un voyagiste se souvient tout d'un coup qu'une compagnie aérienne a disparu.*
  c *Un voyagiste découvre soudain qu'une compagnie aérienne a perdu la confiance du public.*

2 Eine andere Luftverkehrsgesellschaft stellt nach vielversprechendem Eindringen in den europäischen Markt überraschend die Bedienung mehrerer Zielorte ein.

    a *Une autre compagnie aérienne promet de pénétrer le marché européen et ainsi de desservir plusieurs autres destinations.*

    b *Après des débuts prometteurs sur le marché européen, une autre compagnie aérienne arrête de desservir plusieurs destinations.*

    c *Reniant les promesses qu'elle avait faites, une compagnie aérienne arrête de desservir plusieurs destinations.*

3 Denn vielleicht werden sie bald einer Kundschaft Rede und Antwort stehen müssen.

    a *Peut-être seront-t-elles (les compagnies aériennes) bientôt obligées de se justifier auprès des clients.*

    b *Elles seront bientôt en mesure de répondre à leur clientèle.*

    c *Il faudra bientôt que les clients leur posent des questions précises.*

B Traduisez en utilisant les expressions du texte.

1 *Cette compagnie aérienne a décidé de desservir de nouvelles destinations.*

....

2 *En cas d'accident la compagnie devra se justifier auprès des clients.*

....

3 *Dans le secteur touristique les prévisions de croissance sont très prometteuses.*

....

4 *A ce moment là, la compagnie n'avait qu'un appareil en fonction.*

....

Modell des supermodernen Flughafens
"Marinair"

Marinair

On estime que les trois aéroports de Londres sont déjà saturés. Pour des raisons d'environnement, il semble impossible de les agrandir. Une société, la Thames Estuary Airport Company, a proposé au gouvernement britannique de construire un aéroport dans l'estuaire de la Tamise.

Il s'agit d'une véritable île qui serait reliée à Londres par autoroute et par des navettes de trains ultrarapides. Le ministre de l'aviation a accueilli favorablement cette initiative car les aéroports existants ne pourront plus d'ici l'an 2000 faire face à une augmentation de trafic. Le nom de ce projet: Marinair.

L'intérêt du projet réside dans le fait qu'il serait possible de maintenir le trafic 24 heures sur 24 sans déranger les riverains. Les experts estiment que la capacité de ce nouvel aéroport sera de 45 millions de passagers par an soit 6 millions de plus qu'à Heathrow aujourd'hui. Un hôtel de 250 lits permettra d'accueillir les passagers en transit.

Marinair pourrait être opérationnel en 5 ans et l'ensemble aéroportuaire entièrement terminé en 10 ans. Si l'on sait que le nombre des passagers empruntant les aéroports londoniens doit doubler au cours des 15 prochaines années, on comprend l'intérêt d'un tel projet.

Les dirigeants des aéroports londoniens voient d'un très bon oeil le projet Marinair qui pourra également être utilisé comme véritable plaque tournante intercontinentale à moins d'une heure de vol du centre de l'Europe.

Heute schon gelten die drei Londoner Flughäfen als ausgelastet. Aus Umweltgründen scheint es unmöglich, sie zu erweitern. So hat eine Gesellschaft, die Thames Estuary Airport Company, der britischen Regierung das Projekt vorgelegt, einen Flughafen in der Thamesmündung zu errichten.

Es handelt sich um eine wirkliche Insel, die mit einer Autobahn und superschnellen Pendelzügen mit London verbunden sein soll. Der Flugfahrtminister hat diese Initiative gutgeheißen, denn die vorhandenen Flughäfen sind bis zum Jahr 2000 nicht mehr in der Lage, einer Verkehrszunahme nachzukommen. Der Name dieses Projektes: *Marinair*.

Der Vorteil des Projektes besteht darin, daß der Verkehr rund um die Uhr erhalten werden könnte, ohne die Anlieger dabei zu stören. Fachleute schätzen die Auslastung dieses neuen Flughafens auf 45 Mio. Fluggäste pro Jahr, das heißt 6 Mio. mehr als heute in Heathrow. Ein Hotel mit 250 Betten soll die Transitgäste beherbergen können.

Marinair könnte in 5 Jahren einsatzfähig sein und das Gesamtprojekt in 10 Jahren vollendet werden. Wenn man weiß, daß die Zahl der die Londoner Flughäfen benutzenden Fluggäste sich im Laufe der nächsten 15 Jahre verdoppeln wird, versteht man den Vorteil eines solchen Projektes.

Die Londoner Flughafenleiter sehen das *Marinair*-Projekt sehr gerne. Es könnte wirklich als internationale Drehscheibe - nur eine knappe Flugstunde vom Zentrum Europas entfernt - benutzt werden.

Revue Touristique

Soulignez dans la version allemande les expressions correspondant à celles en caractères gras du texte français.

TRADUCTION

1 *La plupart des aéroports sont saturés et ne peuvent plus faire face à l'augmentation du trafic aérien.* ....

....

2 *L'intérêt de* Marinair *réside surtout dans le fait qu'il représente une plaque tournante en Europe, où le trafic aérien sera possible 24 heures sur 24 sans inconvénients pour les riverains.* ....

....

....

3 *Les passagers en transit auront à leur disposition un hôtel ainsi que des liaisons ferroviaires ultrarapides jusqu'au centre de Londres.* ....

....

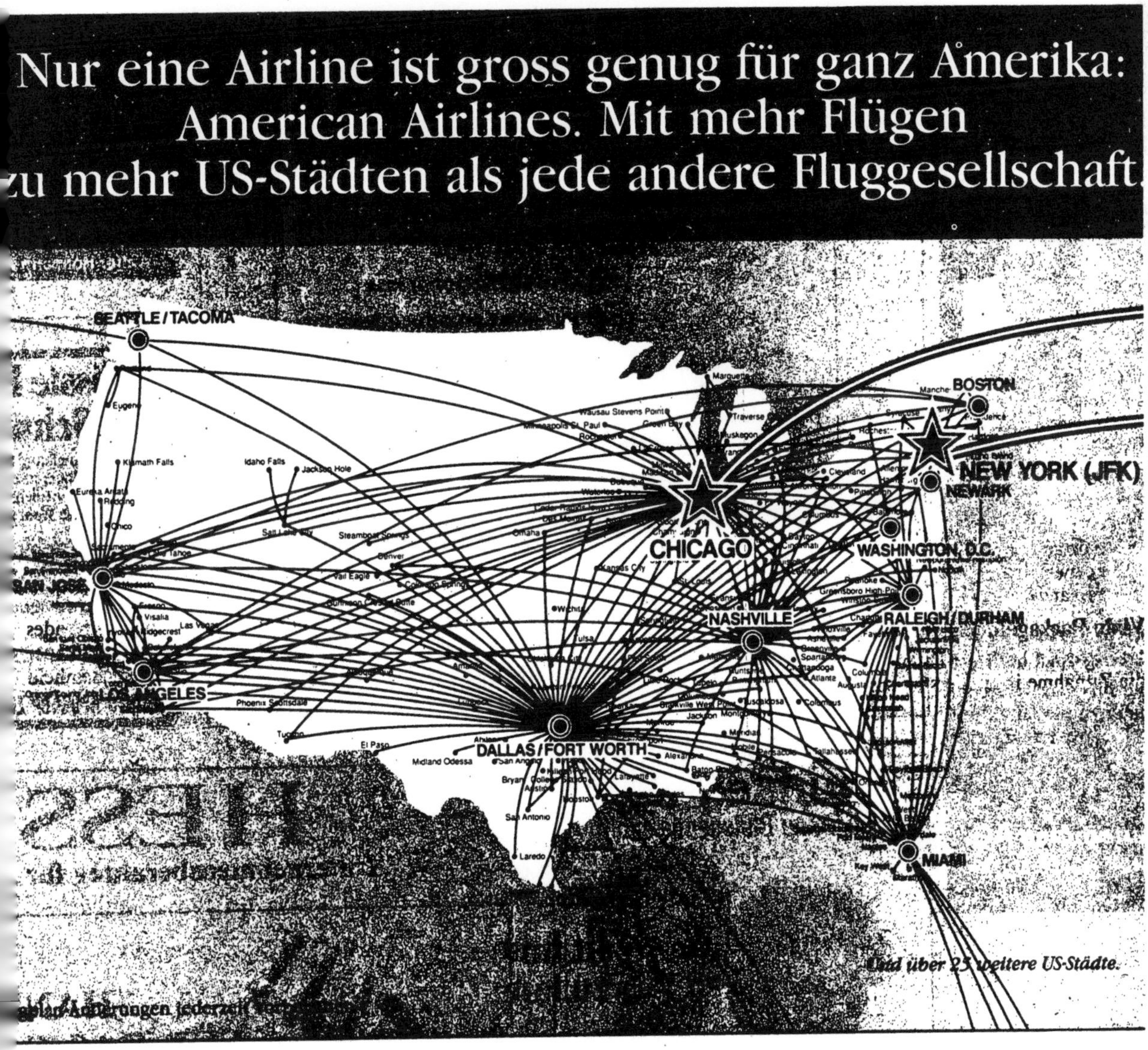
Nur eine Airline ist gross genug für ganz Amerika:
American Airlines. Mit mehr Flügen
zu mehr US-Städten als jede andere Fluggesellschaft.
SEATTLE/TACOMA
BOSTON
NEW YORK (JFK)
NEWARK
CHICAGO
WASHINGTON, D.C.
NASHVILLE
RALEIGH/DURHAM
LOS ANGELES
DALLAS/FORT WORTH
MIAMI
Und über 25 weitere US-Städte.

Touristen auf den Mond?

Bei einigen amerikanischen Reisebüros liegen schon fertig ausgefüllte und angezahlte Tickets für Touristenausflüge zum Mond.

COMPREHENSION
Remettez les paragraphes A à H dans l'ordre qu'il convient

Ein gewisses Problem könnte beim Passagier-Mondflug die Weltraum-Krankheit sein, von der erfahrungsgemäß etwa die Hälfte aller Menschen betroffen wird. Nach drei Tagen voller Spannung zünden schließlich die Bremsraketen. Die Mondfähre schwenkt in einen Mondorbit ein, bevor sie nach einem weiteren Manöver in der Basis landet.

Der für eine Mond-Reise erforderliche "Luna-Jet" wird sicher ganz anders aussehen als die Apollo-Fahrzeuge, mit denen die Amerikaner vor 20 Jahren die ersten Astronauten auf den Mond brachten. Denkbar ist, daß die Reisenden zunächst mit einem dem Shuttle ähnlichen Gerät zu einer Raumstation im Erdorbit gebracht werden und dort erst in die eigentliche Mondfähre umsteigen.

C
Der Aufenthalt in der kleinen, unter einer Plastikkuppel gegen die Umgebung abgekapselten Mond-Stadt ist für die Besucher von der Erde sehr angenehm, ähnlich wie in einem Luxushotel mit Panoramaaussicht auf die fantastische Steinwüste des Mondes. Im Aussichts-Restaurant gibt's spezielle Astronauten-Menüs. Getränke dürfen nur in geschlossenen Flaschen serviert werden, damit die Flüßigkeit nicht überschwappt.

D
Nach einigen weiteren Stunden, in denen sich die Reisenden die Videofilme vom eigenen Mondbesuch auf einem kleinen Monitor in der Rückenlehne des Vordersitzes ansehen können, müssen die Sicherheitsgurte festgeschnallt werden: Das Bremsmanöver steht bevor. Dann erscheint auch schon die Raumstation und

wenige Minuten später legt die Mond-fähre sicher im Hangar für Mondschiffe an. Erschöpft, aber voller einmaliger Eindrücke, schweben die Passagiere aus der Kabine zur Paßkontrolle bei der internationalen Weltraum-Polizei.

E Dann ist die Zeit für den Rückflug gekommen. Mit einem kleinen Mondstein im Handgepäck als Souvenir zwängen sich die Mond-Touristen wieder in die enge Fähre. Dann wird erst einmal der in den letzten Tagen versäumte Schlaf nachgeholt.

F Der Zentralkörper dieses Gerätes müßte für die 20 oder 30 Passagiere groß sein. Vielleicht könnte das Innere aussehen wie die Kabine des Überschallflugzeuges Concorde, allerdings mit engeren Sitzen und schmaleren Gängen. In einer abgetrennten Fitneßecke müssen sich die Fluggäste mit einfachen Übungen an den Schwebezustand gewöhnen. Referate der Flugbegleiter über Astronomie, Raumfahrt

und das Leben in der Mondbasis runden das Vorbereitungsprogramm ab.

G Je nach Entfernung des Ausflugsziels werden die Touristen auch mit einem Elektroauto über hunderte Kilometer Entfernung transportiert. Der "Spaziergang" in der staubigen Mondlandschaft dürfte sicher der Höhepunkt der gesamten Exkursion sein. Für die auf der Erde zurückgebliebenen staunenden Verwandten und Bekannten fotografieren sich die Männer und Frauen auf dem Mond rasch noch gegenseitig.

H Das interessanteste Freizeit-Vergnügen in der Mondbasis ist sicher die Beobachtung der 384.000 km entfernten Erde durch leistungsfähige Teleskope. Für eine größere Gebühr können die Mond-Touristen auch einen Ausflug in die weitere Umgebung der Basis buchen, vielleicht zu einem großen bekannten Krater oder zu einem der Apollo-Landeplätze.

Crosstalk

VOCABULAIRE
Retrouvez dans le texte et mémorisez les mots qui signifient:

avion supersonique d...	*fusée*	d... ....
dossier de fauteuil d...	*couloir*	d... ....
ceinture de sécurité d...	*espace*	d... ....
bagage à main d...	*taxe*	d... ....
observation d...	*désert*	d... ....

REFLEXION
Finden Sie dieses Mondreise-Angebot attraktiv, utopisch? Warum?

....

....

....

....

Schiffahrten

das Schiff (-e)	die Mannschaft
der Dampfer	die Reederei
der Kreuzfahrer	die Ein-/Ausschiffung
die Jacht (-en)	die Anlegestelle
der Segler (-)	die Schleuse
die Kabine	
das Deck	überseeisch
das Heck	seekrank
der Bug	an Bord
die Kreuzfahrt (-en)	ein-/ausschiffen
die Überfahrt	einen Hafen anlaufen
der Törn (-s)	vor Anker liegen
die Besatzung	den Anker lichten

Die Köln-Düsseldorfer

Ganz gleich, mit welch... unser... acht Kreuzfahrtschiffe Sie reisen, jed... bietet Ihnen ein Höchstmaß an Komfort und Service. D... elegant... Bordrestaurant, d... gemütlich... Bar, d... geräumig... Aussichtssalon, d... groß... Sonnendeck mit d... temperiert... Schwimmbad, dazu Lesezimmer mit TV- und Videogerät sowie d... gut sortiert... Bordladen - es ist alles vorhanden, was Sie von ein... schwimmend... First-Class-Hotel erwarten. Selbstverständlich ein... Klimaanlage und auf einig... Schiffen auch Sauna, Solarium und Trimmgeräte.

Auch d... Kabine wird all Ihr... Erwartungen erfüllen. Tagsüber ein... freundlich... Wohnraum, in d... Sie sich zwischendurch mal zurückziehen können, verwandelt sie sich zur Nacht in Ihr... behaglich... Schlafzimmer. Alle Kabinen sind übrigens Außenkabinen mit Fenster zur Wasserseite.

An Bord unser... Kabinenschiffe erwartet Sie ein vorzüglich... Service. Alle unsere Mitarbeiter sind bemüht, Ihnen d...

Aufenthalt so angenehm wie möglich zu machen. Wenn Sie Sonderwünsche haben, zögern Sie nicht, sich an d... Gästebetreuerin oder d... Obersteward zu wenden.

Küche und Keller an Bord werden allen Ansprüchen gerecht. D... Getränke im Restaurant, Aussichtssalon und in d... Bar sind überaus preiswert.

Bei uns an Bord kommt kein... Langeweile auf. Sie erleben vom Liegestuhl auf d... Sonnendeck aus oder im klimatisiert... Aussichtssalon d... vorüberziehend... Landschaften, lernen bei interessant... Landausflügen Städte und Sehenswürdigkeiten kennen und verbringen d... Abende an Bord oder an Land. Folklore-Veranstaltungen und ein Abschied-Tanzabend werden auf fast all... länger... Reisen angeboten. Ein... Bordkapelle bzw. ein Bordmusiker begleitet Sie während d... ganz... Fahrt. Wenn Sie aber lieber ganz in Ruhe einige Tage ausspannen möchten - Sie finden bei uns an Bord immer ein "ruhig... Plätzchen".

Broschüre der Köln-Düsseldorfer

COMPREHENSION
Faites précéder chaque paragraphe d'un des sous-titres suivants:

- Lassen Sie sich bei uns an Bord so richtig verwöhnen
- Genießen Sie alle Annehmlichkeiten eines First-Class-Hotels
- Auch für Unterhaltung haben wir gesorgt
- Kabinenkomfort - wie Sie ihn sich wünschen

GRAMMAIRE: *Déclinaisons*
Lisez ce texte à haute voix en rétablissant les terminaisons des articles et des adjectifs.

VOCABULAIRE: *Fremdwörter*
Ajoutez l'article défini.

d... Bar	d... Buffet	d... Büro	d... Club
d... Folklore	d... Garage	d... Hotel	d... Komfort
d... Magazin	d... Personal	d... Route	d... Salon
d... Sauna	d... Service	d... Standard	d... Terminal
d... Tour			

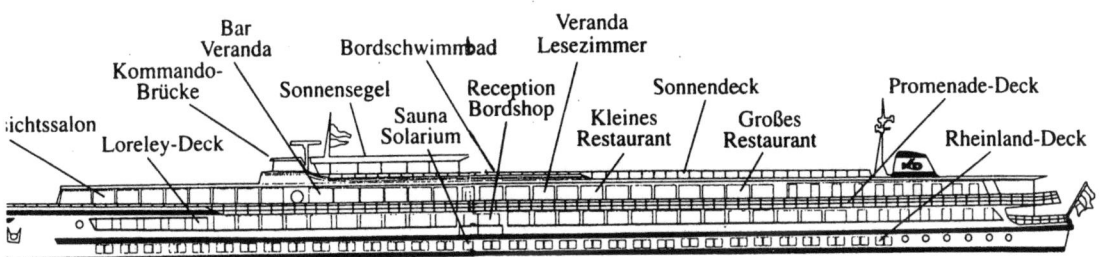

Passagierschiff der Kölner-Düsseldorfer

EXPRESSION ORALE
Donnez en allemand une définition pour chacun des mots suivants:

1 Aussichtssalon

....

2 Sonnendeck

....

3 Bordladen

....

4 Sonderwunsch

....

5 Gästebetreuerin

....

≡ Costa Marina: un gratte-ciel flottant ≡

Un long fuselage blanc planté de grandes verrières qui le font ressembler à un mini gratte-ciel horizontal et flottant, c'est le Costa Marina juste avant son départ pour les Caraïbes. Son alter ego s'appellera le Costa Allegra.

Allégresse, plaisir, fête. Ce sont bien, en effet les mots qu'il faudrait choisir pour caractériser cette série de «nouveaux paquebots» que la Costa fait construire.

Il s'agit moins d'une nouvelle croisière, puisque Costa s'attache à garder à la fois tous les avantages et certains charmes de la grande tradition maritime, que d'une nouvelle clientèle. Celle qui a l'habitude de prendre de courtes mais dynamiques vacances dans les clubs ou les bons hôtels - exotiques en hiver, méditerranéens en été, et qui va, de plus en plus découvrir que le paquebot peut être aussi un «produit vacances» au moins aussi avantageux qu'un séjour en Tunisie ou aux Seychelles.

Le Costa Marina est en effet d'abord un superbe hôtel, très lumineux. Les baies vitrées sont omniprésentes. Même la discothèque du pont Galaxy possède son dôme transparent.

La répartition de l'espace se veut à la fois simple et sophistiquée. Un grand pont panoramique avec toutes les piscines, jacuzzi et autre fitness club. En dessous, un autre pont-galerie (200 m² de boutiques) savamment réparti entre plusieurs bars, salons, casino et salles de spectacles. Un bon goût qui se retrouve dans la gastronomie du bord «italo-internationale» et une décoration chaleureuse et claire.

Les cabines sont vastes et lumineuses. Presque toutes semblables, avec un grand lit. La clientèle est, en effet, de plus en plus jeune et la Costa lance en France les croisières pour voyages de noces qui marchent déjà très bien en Italie. Même les cabines intérieures sont agréables. Partout, les salles de bains sont remarquablement équipées du plus récent matériel sanitaire.

Bref, le véritable hôtel-club flottant, mais avec lequel on profite en même temps de tous les avantages de la croisière. C'est l'hôtel qui se déplace pour vous, et les excursions viennent directement à votre porte.

Aux Caraïbes, deux itinéraires traditionnels, le meilleur étant certainement celui qui mène jusqu'au Mexique. En Méditerranée, il est prévu toute une série de mini-croisières et de croisières d'une semaine, aptes à satisfaire tous les désirs pour un agréable «break-vacances en mer».

Tour Hebdo

EXPRESSION
Répondez en allemand.

1 Auf welche Kundschaft zielt die Costa?
2 Was unterscheidet die Costa Marina von den traditionellen Passagierdampfern?

REDACTION
Rédigez en allemand un court texte publicitaire (50 mots) vantant les qualités du bateau décrit dans l'article ci-dessus.

VOCABULAIRE: *faire faire*
Ex: Die Costa Linie hat eine Reihe neuer Kreuzfahrtschiffe *bauen lassen.*
Traduisez:

1 *La chaîne hotelière* Accor *a fait construire cette année en France cinq nouveaux hôtels.*
2 *Les compagnies aériennes font contrôler les appareils très régulièrement.*
3 *Vous devez faire prolonger* (verlängern) *votre passeport avant le départ.*
4 *Faites établir* (ausstellen) *la facture au nom* (auf den Namen) *de Monsieur Schmidt.*

Glossar

Mit dem Zug fahren

der Anschluß ("sse)	*correspondance*
der Bahnhofsvorsteher	*chef de gare*
das Gleis (-e)	*quai*
das Kursbuch ("er)	*horaire*
der Schaffner	*contrôleur*
der Schalter	*guichet*
die Schiene	*rail*
der Zuschlag ("e)	*supplément*
die Liege	*couchette*

Eurocity

sich etwas einfallen lassen	*avoir une idée*
der Vorrang	*priorité*
gewährleisten	*permettre*
einsetzen	*utiliser*

Schlafen auf Schienen

der Behinderte	*personne handicapée*
ablösen	*remplacer*
ausstatten mit	*équiper de*
betreuen + A	*s'occuper de*
umwandeln in + A	*transformer en*

Intelligenter reisen

sich schleichen,i,i	*se glisser*
einholen	*rattraper*
der Inbegriff	*symbole*

Der Straßenverkehr

die Zufahrtstraße	*route d'accès*
die Mautstraße	*route à péage*
der Fahrstreifen	*voie de circulation*
der Seitenstreifen	*bande d'urgence*
die Umleitung	*déviation*
der Stau (-e)	*bouchon*
die Raststätte	*aire de repos*
der Abschleppdienst	*service de dépannage*

Stau, Stau, Stau

die Hiobsbotschaft	*mauvaise nouvelle*
der Abschnitt (-e)	*section, tronçon*

Der Flugverkehr

der Abflug ("e)	*décollage*
die Bestätigung	*confirmation*
der Fluglotse	*aiguilleur du ciel*
die Landung	*atterrissage*
das Fahrgestell (-e)	*train d'atterrissage*
das Triebwerk (-e)	*réacteur*
anfliegen,o,o	*desservir*

Swissair

befördern	*transporter*
zulegen	*augmenter*
betragen,u,a,ä + A	*s'élever à*
die Mitteilung	*communiqué*

die Einbuße	*perte*
lediglich	*seulement*

Vor der Rückreise bestätigen

bestätigen	*confirmer*
die Spalte	*colonne de texte*
versäumen	*négliger*
ausdrücklich	*expressèment*
gebräuchlich	*habituel*
in Anspruch nehmen	*occuper*
die Niederlassung	*succursale*

Der Massenluftverkehr

es ist nicht mehr zu übersehen	*il n'y plus de doute*
vertrauenswürdig	*digne de confiance, fiable*
der Anlaß ("sse)	*raison*
die Bauart	*type*
eindringen,a,u	*pénétrer*
einstellen	*cesser*
der Unfug	*bêtise*
abtun,a,a + D	*attribuer à*
Rede und Antwort stehen	*donner des explications*

Touristen auf dem Mond

erfahrungsgemäß	*l'expérience le prouve*
die Bremsrakete	*rétrofusée*
die Mondfähre	*vaisseau lunaire*
abgekapselt	*isolé*
der Schwebezustand	*état d'apesanteur*
abrunden	*compléter*

Die Schiffahrt

der Dampfer	*paquebot*
der Kreuzfahrer	*bateau de croisière*
das Heck	*poupe*
der Bug	*proue*
der Törn (-s)	*croisière à la voile*
die Reederei	*compagnie de navi-gation*
die Anlegestelle	*embarcadère*
die Schleuse	*écluse*
überseeisch	*d'outre mer*
einen Hafen anlaufen ie,a,ä	*entrer dans un port*
vor Anker liegen	*être à l'ancre*
den Anker lichten	*mouiller l'ancre*

Die Köln-Düsseldorfer

geräumig	*spacieux*
gut sortiert	*avec des articles choisis*
das Trimmgerät	*appareil de gymnastique*
behaglich	*confortable*
vorzüglich	*de première qualité*
überaus	*extrêmement*

4

Urlaub aktiv

Sport
Culture
Animation

Anzeigen

Diese neun Anzeigen aus dem Reiseteil der "Zeit" bieten verschiedene Urlaubsformen, die als "aktiv" bezeichnet werden können.

COMPREHENSION

Remplissez la grille ci-dessous selon le modèle.

Anzeige Nr.	URLAUBSORT			ANGEBOT					INSERENT				
	Land	Region	Sport	Besichtigungen	Veranstaltung	Lehrgang	Erholung	Verkehrsamt	Reisebüro	Verband	Hotel	Privatperson
1	D	Bayern		X				X				
2												
3												
4												
5												
6												
7												
8												
9												

EXPRESSION ORALE: *jeu de rôles*

En vous adressant à votre groupe, vantez les mérites de ces offres. Vos partenaires vous posent des questions précises, à vous d'y répondre!

Sportarten

VOCABULAIRE

Ecrivez à côté de chaque pictogramme le sport ou l'installation sportive qu'il représente.

Bogenschießen	Bowling	Dressurreiten	Eisbahn
Fliegerclub	Golf	Hafen	Höhlenforschung
Kayak	Klettern	Langlaufski	Minigolf	Motorboot
Mountain Bike	Radweg	Rollschuhbahn	Ruder	Schwimmbad
Segelboot	Skate-Board	Skifahren	Squashhalle
Springreiten	Tennisplatz	Tretboot	Wasserski
		Windsurf	

EXPRESSION

Construisez des phrases au passif en combinant les sports cités et les verbes ci-dessous selon le modèle:

In der Halle **wird** Tennis **gespielt**.

1 schwimmen..

2 fahren   ....

3 fliegen   ....

4 klettern   ....

5 laufen   ....

6 mieten   ....

7 radeln   ....

8 reiten   ....

9 rudern   ....

10 schießen ....

11 spielen   ....

12 wandern ....

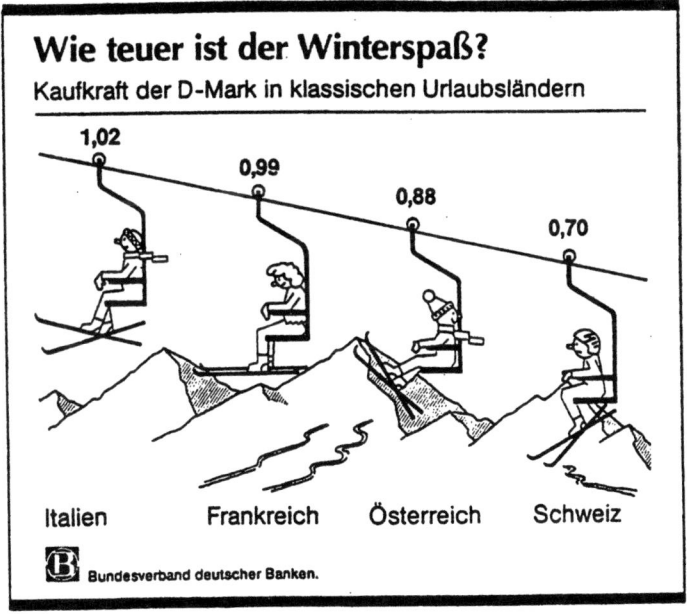

Wie teuer ist der Winterspaß?

Kaufkraft der D-Mark in klassischen Urlaubsländern

1,02   0,99   0,88   0,70

Italien   Frankreich   Österreich   Schweiz

Ⓑ Bundesverband deutscher Banken.

Saisonpaß

Für Vielskifahrer, die viel .... haben, gibt es nun ein "grenzenloses Skivergnügen" in Österreich und der Schweiz. Die Seilbahngesellschaften von Saas Fee (Wallis), Lenzerheide (Graubünden), Silvretta-Nova (Montafon), Ischgl (Tirol) und Sölden (Ötztal) bieten unter dem Begriff "Feriensternpartner" einen .... Saison-Skipaß an.

Und sie offerieren Schneegarantie für den Skipaßbenutzer dieser maximal 550 Kilometer auseinanderliegenden Skiregionen. Denn sie liegen in .... zwischen 1000 und 3500 Metern und zwei davon haben Gletschergebiete. .... können in diesen Skigebieten mit der Saisonkarte mehr als 800 Kilometer Pisten absolviert werden. Die Initiatoren .... : "Früher stand oft das Amortisieren der Tageskarten durch möglichst .... Benutzung der Liftanlagen im Vordergrund. Heute legen die .... jedoch vermehrt Wert auf Genuß und .... Man fährt wieder zum Vergnügen".

Der Saison-Skipaß, der bis 30. April gilt, ... für Erwachsene 750 Franken, für Senioren 650 und für Kinder 450 Franken. Die "Feriensternpartner" wollen in .... auch auf weiteren Freizeitgebieten zusammenarbeiten.

Süddeutsche Zeitung

COMPREHENSION

Replacez les mots manquants du texte en les accordant, si nécessaire.

Erlebnis	Freizeit	gemeinsam	häufig	Höhe
insgesamt	kosten	meinen	Skifahrer	Zukunft

VOCABULAIRE

Faites correspondre les mots français et leur traduction allemande précédée de "Ski-" en ajoutant articles et pluriels.

combinaison de ski	d..		-anzug	(....)
cours de ski	d..		-fahrer	(....)
domaine skiable	d..		-gebiet	(....)
école de ski	d..		-kurs	(....)
forfait	d..	**Ski**	-lehrer	(....)
moniteur de ski	d..		-lift	(....)
piste	d..		-paß	(....)
remonte-pente	d..		-piste	(....)
skieur	d..		-schule	(....)

EXPRESSION

Répondez:

1 An welche Urlauber wendet sich der Saisonpaß?

2 Wer sind die Initiatoren dieses Angebotes?

3 Was hat sich im Verhalten der Skifahrer geändert?

Arosa und die Nichtskifahrer

Viele Gäste des Kurortes in Graubünden bevorzugen andere Wintersportarten, wie Eislauf, Langlauf oder Skitouren. Wahrheitsgemäß rühmt Arosa sich seiner Lage im Talschluß ohne Durchgangsverkehr: Gute Argumente für Ruhebedürftige, Familien mit kleinen Kindern, Autoaussteiger.

"Nichtskifahrer": Dieses abwertende Wort ist wahrscheinlich von der Lobby der Skifahrer erfunden worden mit dem alleinigen Zweck, alles als unsportlich abzustempeln, was nicht Tag für Tag, Stunde für Stunde die Pisten rauf- und runterfährt.

Es ist primitiv, die Skifahrer gegen die sogenannten Nichtskifahrer, die sportlichen Gäste gegen die unsportlichen ausspielen zu wollen. In Arosa wird schon praktiziert, was in vielen anderen Wintersportplätzen jetzt eilends aufgegriffen wird: Angesichts der Wahrscheinlichkeit, daß die Winter wärmer und nicht mehr das sein werden, was sie einmal waren, hat man den Reiz der Abwechslung entdeckt und reagiert flexibel auf veränderliche Verhältnisse. Das ist jedenfalls sinnvoller, als mit der hektischen Installation von Beschneiungsanlagen den Lauf der Welt aufhalten zu wollen.

Arosa ist eben sportlich auf seine Art. Eisläufern stehen vier Eisbahnen zur Verfügung, auf denen auch Curling und Eishockey gespielt werden können. 30 Wanderwege warten auf Interessenten. Nicht zu vergessen: Drei Hallentennisplätze, elf zum Teil öffentliche Hotelhallenbäder, Taxiflüge für Deltaflieger, zwei Rodelbahnen.

Außerdem erfüllen die sanften, sahnigen, sonnigen Hänge oberhalb der Waldgrenze den Traum vom weißen Paradies. Es hätten schon einmal mehr Abfahrten werden sollen. Die Pläne für eine neue Skischaukelverbindung müssen für Wachstumsideologen und Geschäftemacher aller Art eine faszinierende Vorstellung gewesen sein. Die Gemeinde hat sich schließlich diesem Projekt ebenso versagt wie der Vergrößerung ihrer Kapazität von 12.000 auf 20.000 Betten, die auch einmal zur Diskussion stand.

Süddeutsche Zeitung

VOCABULAIRE

A Retrouvez dans le texte et écrivez les mots qui signifient:

canon à neige	d...	*tennis couvert*	d... ....
hockey sur glace	d...	*patinoire*	d... ....
pente	d...	*piscine couverte*	d... ....
piste de luge	d...	*piste de ski alpin*	d... ....
piste de ski de fond	d...	*sentier de randonnée*	d... ....

B Soulignez dans le texte les adverbes et adjectifs en "-lich" puis utilisez-les pour compléter les phrases suivantes:

1 Niemand weiß, in welches Hotel er abgestiegen ist; .... im Arosa-Palace.

2 Nichtskifahrer mögen nicht als .... zu gelten.

3 Die .... Wetterverhältnisse bereiten vielen Winterskiorten große Sorgen.

4 Wir haben lange gesucht, bis wir .... das fanden, was wir wollten

5 Für uns sind Skiferien der Ausgleich zum .... Leben der Großstadt.

Der typische Golfer

Befragungen bei Schweizer Golfern haben ergeben, daß der typische Aktive und mithin auch der ausländische Gast sich mit jener Klientel decken, die Hotels und Kurvereine am liebsten besuchen: treu, wohlhabend, ausgabefreudig.

Da Golf gerade bei uns noch ein recht teures Vergnügen ist, gehören seine Anhänger hier überwiegend der oberen Kaufkraftklasse an. In Großbritannien, den USA oder Japan, wo wie etwa in Frankreich zahlreiche öffentliche Plätze zur Verfügung stehen, ist Golf hingegen längst Volkssport, wobei weniger begüterte Golfer kaum zu Golfreisen in die Schweiz aufbrechen dürften.

Die allermeisten Ferien-Golfer bevorzugen Hotels der obersten Klassen. Eine überwiegende Mehrheit macht ausdrücklich Golfferien; beliebt sind Kurzferien und das Bespielen von mehreren, relativ nahe beieinander liegenden Plätzen. Golfer und ihre Angehörigen schätzen ein breites touristisches Angebot, von Vorteil sind sogenannte Indoor-Anlagen, die es ermöglichen, gewissermaßen im Trockenen zu spielen.

Hotel Revue

COMPREHENSION

Replacez les affirmations dont le sens correspond au texte, dans l'ordre où elles apparaissent (1 à 9)

A Dieser kleine Artikel aus der *Hotel Revue* erwähnt die Ergebnisse einer Befragung über Schweizer Golfer.

B In England ist Golf schon lange ein populärer Sport.

C Indoor-Anlagen stellen eine gute Alternative dar.

D Die Schweizer Golfer verfügen über eine relativ hohe Kaufkraft.

E Die überwiegende Mehrheit der befragten Golfer bespielen mehrere nahe beieinander liegende Plätze.

F In der Schweiz gilt Golf noch als teurer Sport.

G Indoor-Practices ermöglichen bei jedem Wetter zu trainieren.

H Die meisten Schweizer Golfer nehmen an Golfferien teil.

I Die Befragung hat ergeben, daß die Golfer meistens Kunden der Luxus-Hotels sind.

GRAMMAIRE: *Relatives*

Donnez la définition des mots suivants en utilisant une relative.

Ex: Ein **wohlhabender** Tourist ist ein Tourist, **der ein Vermögen besitzt.**

1 Ein **ausgabefreudiger** Kunde ....

2 Ein **öffentlicher** Golfplatz ....

3 Eine **Golfreise** ....

4 Eine **Indoor**-Golfanlage ....

5 Ein **breites** touristisches Angebot ....

TRADUCTION

Traduisez les expressions suivantes à l'aide du texte:

1 *Les enquêtes ont révélé que ...* ....

2 *Les adeptes du golf sont en général des gens fortunés.*

....

3 *En France, de nombreux golfs publics sont à la disposition des sportifs.*

....

4 *La plupart des golfeurs préfèrent les hôtels de luxe.*

....

5 *Les golfeurs suisses apprécient les séjours courts.*

....

═ Veloferien in Holland und Dänemark ═

Mancher weiß, daß er eigentlich etwas für seine Gesundheit tun sollte. Velofahren ist eine der Möglichkeiten, aber wenn man daran denkt, daß die erste Steigung fast schon vor der eigenen Haustüre beginnt, dann schwindet die Motivation sehr schnell wieder.

Völlig anders präsentiert sich die Situation in Holland und Dänemark: Gut ausgebaute Radwege ziehen sich kreuz und quer durchs Land. Die beiden flachen Länder sind ein Paradies für Velofahrer! Für aktive Feriengäste gibt es in Holland Möglichkeiten im Überfluß, denn das Radwegnetz umfaßt nicht weniger als rund 10.000 Kilometer. Ohne durch Autos behindert zu werden, führen diese Wege zu den schönsten Flecken des Landes. Der niederländische Automobilclub hat rund 60 Radtouren ausgearbeitet, deren Strecken zwischen 25 und 50 Kilometern variieren und zu denen es genaues Kartenmaterial gibt.

Auch in Dänemark gibt es ein dichtes Netz von kleinen Nebenstraßen, die vom Autoverkehr kaum berührt werden. Die Entfernungen sind relativ kurz, und fast immer befindet man sich in der Nähe des Meeres.

Sehr erholsam ist eine Fahrt durch die Wälder, die von Radtouristen dürfen befahren werden, für Autofahrer jedoch verboten sind. In jedem der lokalen Verkehrsbüros bekommt der Individualreisende Streckenvorschläge, und an vielen Orten können Fahrräder gemietet werden. Sowohl in Holland als auch in Dänemark läßt das Angebot an Pauschalreisen - vom komplett zusammengestellten Arrangement mit Übernachtungen in einem Hotel, einer Pension oder einer Jugendherberge bis zum Velo-Wochenende in einem bestimmten Gebiet auf eigene Faust - dem Gast viele Varianten zur Wahl.

Touristik Revue

REDACTION

Rédigez un texte court (100 mots) vantant les agréments des randonnées à bicyclette en Hollande. Utilisez pour cela les mots et expressions suivants:

das Radwegnetz	aktiv	gut ausgebaute Radwege
die Nebenstraße	erlebnisreich	etwas für die Gesundheit tun
die Strecke	radeln	
dieSteigung	mieten	

══ Angeln nach Sporturlaubern ══

Fast alle deutschen Urlauber haben während der "schönsten Zeit des Jahres" mindestens eine und im Durchschnitt sogar 2,2 Sportarten ausgeübt. Wie aus der Analyse des Studienkreises für Tourismus hervorgeht, ist die Intensität steigend, bei einigen sportlichen Urlaubsaktivitäten ganz besonders. So wurden beim Radfahren und bei der Gymnastik in den letzten fünf Jahren deutliche Zuwächse registriert, während es beim Wandern - das aber immer noch von 46% aller Urlauber betrieben wird - einen Rückgang gab. Weiterhin vor n liegen Schwimmen und Baden, was während der Sommerferien rund 70% betreiben. Nur 16% der 32,6 Millionen Reisenden haben letztes Jahr keinerlei Freizeitsport ausgeübt.

Auf diesen sportlichen Trend setzt das Reiseland Bayern jetzt ganz gezielt. "Wo anders als in Bayern kann man die von Gästen so gefragte Verbindung von Erholung, sportlicher Betätigung und kulturellem Angebot in so großer Fülle vorfinden?" So fragt der Geschäftsführer des Landesfremdenverkehrsverbands. Mit eigenen Katalogen über Angeln, Radeln, Reiten und Wassersport will Bayern diesem Verlangen entgegenkommen.

Die Pflege des modernen Sporturlaubs ist aber nicht nur eine Aufgabe für Staat und Gemeinden, sondern eine Herausforderung für das ganze Fremdenverkehrsgewerbe. Hoteliers beispielsweise sollten sich überlegen, wie sie ihre - durchschnittlich nur von zehn Prozent der Gäste genutzten - Hallenbäder und Fitneßanlagen besser anbieten könnten. Sport im Urlaub braucht neue Formen der Animation.

nach K. Stankiewitz, *Süddeutsche Zeitung*

VOCABULAIRE: *Adverbes au superlatif*

mindestens - wenigstens - höchstens - meistens - frühestens - spätestens

Traduisez en utilisant un de ces averbes à la place de l'expression en caractères gras.

1 *Venez avec nous en Bavière,* **au moins** *pendant quelques jours.*

....

2 *Les piscines des hôtels sont utilisées* **tout au plus** *par 10% des clients.*

....

3 *La plupart du temps les jeunes pratiquent un sport pendant leurs vacances.*

....

4 *La location de votre appartement de vacances se termine* (enden) *le samedi à 12 heures* **au plus tard***.*

....

5 *Les arrhes* (Anzahlung) *s'élèvent à* (betragen + A) *10%* **minimum** *du prix de la location.*

....

GRAMMAIRE: *Während* préposition+G et conjonction

A Soulignez les phrases ou expressions du texte comportant *während* et traduisez-les en français.

B Connaissez-vous un autre sens de cette conjonction? Trouvez vous-même une phrase dans laquelle *während* a le sens de *pendant que*.

Malta: Aktiver Langzeiturlaub

Geheimnisvolle Tempelbauten künden von Siedlern aus vorchristlicher Zeit. Auch Römer, Araber, Normannen und Kreuzritter, Franzosen und Engländer zog es auf die Insel im Mittelmeer, südlich von Sizilien und östlich von Tunesien.

Die Zeit der Besatzungen ist jetzt Geschichte. Geblieben sind die steinernen Zeuge der Vergangenheit: Tempel, Festungsmauern und Gräber; in den Gesichtern der Einheimischen finden sich noch die Züge der früheren Eroberer.

Malta, eine der südlichsten Bastionen Europas vor den Toren Afrikas, ist immer noch Anziehungspunkt für Fremde. Kamen im Jahr 1960 nur 20.000 Touristen, so zieht es heute fast 800.000 Menschen jährlich auf die Kreuzritterinsel - davon etwa zehn Prozent Deutsche.

Zu einem "aktiven Langzeiturlaub" wollen jetzt Reiseveranstalter auch im Winter Gäste nach Malta locken und präsentieren eine Alternative zu herkömmlichen Überwinterungsangeboten. Der Pauschalurlaub auf der Kreuzritterinsel ist speziell für rüstige Senioren konzipiert, die im Urlaub lieber Land und Leute kennenlernen möchten, statt - wie viele andere ältere Winterflüchtlinge - auf dem Hotelbalkon den Frühling zu erwarten.

In den drei oder vier Wochen Langzeiturlaub soll der Gast das Inselleben selbständig erkunden. Ein Englischkurs mit je vier Wochenstunden, Videovorführungen sowie vier ganztägige und drei halbtägige Ausflüge in die geschichtsträchtige Umgebung gehören zum abwechslungsreichen Angebot.

Besonderer Clou ist ein Vortragsprogramm, das speziell die Interessen älterer Menschen berücksichtigen soll: So geht es in der ersten Woche um altersgerechte und gesunde Ernährung, weitere Themen sind Sozialpolitik sowie Sport im Alter.

Das Projekt Langzeiturlaub auf Malta soll im Februar starten - in der kältesten Jahreszeit, wenn auf der Insel allerdings die Sonne lacht. Das Klima dort ist das ganze Jahr über mild, auch im Winter regnet es kaum.

Rheinischer Merkur

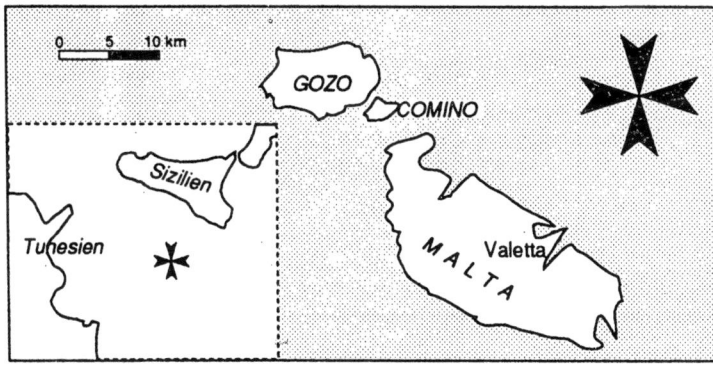

Malta

REFLEXION

Répondez:

1 Was versteht man unter Langzeiturlaub?

2 Aus welchen Gründen stellen die Senioren mehr denn je eine für den Tourismus besondere Kundschaft dar?

3 Auf welche Eigenschaften und Interessen der älteren Leute setzen die Reiseveranstalter?

4 Warum ist die Insel Malta ein für Langzeiturlauber ideales Ziel?

Exotisches Thailand

GRAMMAIRE: *Déclinaisons*

En lisant l'annonce de la page de gauche à haute voix, rétablissez les terminaisons des articles et adjectifs.

VOCABULAIRE

A Complétez les phrases suivantes avec les expressions verbales:

sich etwas wünschen	sich eignen für
sich in Verbindung setzen mit	es geht um

1 .... Sie sich. .... mit unser.. Filiale in Frankfurt !

2 Die Insel Phuket .... bestens .... Wassersport.

3 Was .... Sie .... für Ihre nächste Reise?

4 Oft .... dem Kunden mehr .... d... Qualität als .... d.. Preis.

B Trouvez un substantif correspondant à chaque verbe.

anbieten	d... .... (.....)	ermöglichen d... .... (.....)
angeben	d... .... (.....)	erwarten	d... .... (.....)
beobachten	d... .... (.....)	fliegen	d... .... (.....)
einkaufen	d... .... (.....)	helfen	d... .... (.....)
entdecken	d... .... (.....)	treffen	d... .... (.....)
erleben	d... .... (.....)	unternehmen d... .... (.....)

EXPRESSION ORALE

Terminez les phrases en utilisant le(s) verbe(s) qui convient. Plusieurs réponses sont possibles.

	auf schwimmenden Märkten	
	im herrlichen Grand Palace	
	hervorragende Unterkunftsmöglichkeiten	beiwohnen
	in die nördliche Städte	beobachten
	hochgelegene Tempel	besichtigen
	zu malerischen Dörfern	einkaufen
Thailand-	in zeltüberdachten Basaren	entdecken
Besucher	das große Elefanten-Treiben	fliegen
können	an Tauchexpeditionen	genießen
	die unschlagbare Vielfalt des Landes	teilnehmen
	einen herzlichen Service	unternehmen
	Entdeckungsreisen	vorfinden
	alten Tänzen	wandern
	an Dschungel-Wanderungen	wohnen
	Khmer-Tempel	
	den bunten Meeresgrund schwimmend	

══════ Mehr zu sehen in Versailles ══════

.... von Versailles drohte in den vergangenen Jahren an seinen Besuchern zu ersticken. .... führt man jetzt eine obligatorische und kostenpflichtige Reservierung für Gruppen bis zu dreißig Personen ein. .... zu verkürzen, wurden außerdem mehrere Eingänge geschaffen, so daß nunmehr individuelle Besucher, Gruppen und Schulklassen getrennt das Schloß betreten. .... wurden die Öffnungszeiten um über zwei Stunden verlängert, so ist Versailles jetzt von Dienstag bis Sonntag von 9 bis 19 Uhr geöffnet.

.... können die sogenannten Großen Appartements und der Spiegelsaal ohne Führung angeschaut werden, hingegen muß man sich zur Besichtigung der vollständig renovierten privaten Wohnräume zu festen Zeiten einer Führung anschließen. .... wurden auch 21 neue Räume im Nordflügel für das Publikum geöffnet, die mit Gemälden und Skizzen Auskunft über die Geschichte des Schlosses und das Leben während der Herrschaft Ludwigs XIV. geben.

.... liegenden Lustschlösser haben andere Öffnungszeiten: Grand Trianon 9.45 bis 12 und 14 bis 17 Uhr; Petit Trianon 14 bis 17 Uhr. .... ist von 7 Uhr bis zum Einbruch der Dunkelheit zugänglich.

die Zeit

COMPREHENSION

Les débuts de phrases ayant été supprimés, à vous de compléter le texte avec les éléments suivants:

Nach wie vor	Schließlich	Der Park	Um die Wartezeiten
Die im Park	Deshalb	Das Schloß	Im Zuge der Reorganisation

VOCABULAIRE

Soulignez dans le texte les mots relatifs au vocabulaire de la visite d'un monument ou d'un musée puis traduisez les phrases suivantes:

1 *Certaines salles du château de Versailles ont été complétement rénovées.*

....

2 *La galerie des glaces peut être visitée sans guide.*

....

3 *Les visiteurs ne sont pas obligés de suivre une visite organisée.*

....

4 *Le parc du château est accessible de 7 heures du matin à la tombée de la nuit.*

....

5 *Les heures d'ouvertures ont été rallongées de plus de deux heures.*

....

6 *On a créé plusieurs accès de façon à diminuer l'attente des visiteurs.*

....

7 *Dans l'aile nord, de nouvelles salles ont été ouvertes au public.*

....

8 *Des tableaux et des dessins informent les visiteurs sur la vie à Versailles pendant le règne de Louis XIV.* ....

....

GRAMMAIRE: *Déclinaison des noms de personnes célèbres.*
   Ex: Die Herrschaft Ludwigs XIV. (se prononce: Ludwigs des Vierzehnten).

Traduisez:

1 *Le couronnement de Charlemagne* (Karl der Große) *a eu lieu en l'an 800.*

   ....

2 *Nous visiterons les appartements de Louis XIV.*

   ....

3 *Ce château appartenait à François I.*   ....

4 *Cette sonate pour flûte est attribuée* (zugeschrieben) *à Frédéric le Grand.*

   ....

5 *C'est ici que Sissi a rencontré son cousin* (Vetter) *Louis II de Bavière.*

══════════ Kunst als Beruf ══════════

Baumeister	Bildhauer	Choreograph
Dichter	Dirigent	Dramatiker
Filmregisseur	Komponist	Maler
Sänger	Schauspieler	Schriftsteller
Tänzer		

VOCABULAIRE

Complétez les phrases suivantes en utilisant les mots du cadre.

1 Wer hat nie von Picasso, dem spanischen .... gehört?

2 Für viele Menschen sind Bach und Mozart die Haupt........................... der abendländischen Musik.

3 Die .... der gotischen Kathedralen sind meistens unbekannt geblieben.

4 Während der .... Gedichte schreibt, schafft der .... Theaterstücke.

5 Obwohl sein Werk in Frankreich erst in den 40er Jahren bekannt wurde, zählt Franz Kafka zu den bedeutendsten .... des 20. Jh.

6 Maria Calas wird noch lange als die berühmteste Oper........................... gelten.

7 Bei den Balettproben verlangt der .... die größte Konzentration seiner ....

8 Während der Dreharbeiten eines Films muß sich der .... oft mit seinen .... auseinandersetzen.

9 Die Statuen von Rodin, dem großen französischen .... sind weltbekannt.

Architektur

Les termes architecturaux suivants sont regroupés par genre et par époque.
C'est à vous de retrouver les équivalents français.

I Sakrale Bauten

die Form
gerade
krumm
rund
oval
länglich
elliptisch
dreieckig
viereckig
rechteckig
quadratisch
pentagonal
hexagonal
oktogonal
flach
erhaben
bogenförmig
kreisförmig
kreuzförmig
kuppelförmig
kugelförmig
stufenförmig
der Grundriß (e)
der Aufriß
das Ausmaß (e)
die Antike
antik
griechisch
römisch
bizantinisch
frühchristlich
karolingisch
ottonisch
der Tempel
die Basilika (en)
die Säule (en)
dorisch (1)
ionisch (2)
korinthisch (3)

das Kapitell (e)
die Kannelüre (n)
kanneliert
der Pfeiler
der Wandpfeiler
der Bündelpfeiler
die Arkade (n)
die Treppe (n)
die Freitreppe
die Stufe (n)
das Tympanon (s)
die Kuppel (n)
die Figur (n)
die Statue (n)
das Relief (s)

die Romanik ca.800-1250 n.J.C.
romanisch
vorromanisch
hochromanisch
spätromanisch

die Gotik ca.1220-1450 n.J.C.
gotisch
frühgotisch
hochgotisch
spätgotisch
die Kapelle (n)
die Kirche (n)
die Wallfahrtskirche
die Kathedrale (n)
der Dom (e)
das Münster
das Schiff (e)
das Hauptschiff (1)
das Seitenschiff (2)
das Querschiff (3)
das Joch (e) (4)
der Chor ("e) (5)
die Vierung (6)
der Chorumgang(7)
die Apsis (8)
die Vorhalle (9)

1

2

3

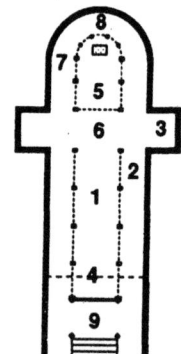

das Portal

das Hauptportal

das Rosenfenster (1)

das Maßwerk (2)

der Wimperg (3)

die Wölbung (4)

die Fiale (n) (5)

das Tympanon (a)(6)

der Türsturz (7)

der Türpfeiler (8)

die Gewändefigur (9)

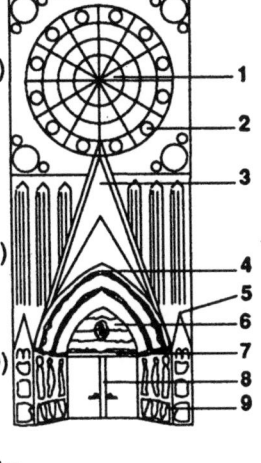

das Gewölbe

dasTonnengewölbe

das Kreuzgratgewölbe

das Kreuzrippengewölbe

der Grat (e)

das Sterngewölbe

das Fächergewölbe

das Klostergewölbe

das Strebewerk

der Strebepfeiler

der Strebebogen

der Bogen (")

der Flachbogen (3)

der Rundbogen (1)

der Spitzbogen (2)

der Kielbogen (4)

der Kleeblattbogen (5)

der Gurtbogen

der Triumphbogen

der Schlußstein (e)

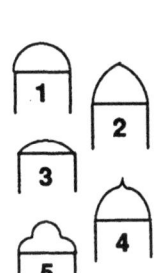

der Turm ("e)

der Glockenturm

die Glocke (n)

der Kampanile

das Türmchen

der Turmhelm (e)

der Pinakel

der Wasserspeier

die Glasmalerei

das Maßwerk

Innenausstattung

die Empore (n)

das Triforium (ien)

das Gesims (e)

der Lettner

der Chorstuhl

der Beichtstuhl

der Altar ("e)

der Hauptaltar

der Flügelaltar

der Baldachin

der Leuchter

die Kanzel (n)

der Lesepult (e)

das Reliquiar

der Schrein (e)

die Reliquie (n)

das Gebein (e)

das Sakramentshaus

der Weihwasserkessel

das Baptisterium

der Taufstein

das Standbild (er)

die Gewändefigur (n)

die Skulptur (n)

das Kapitell (e)

das Würfelkapitell

die Wandmalerei

das Gemälde

der Pflaster

die Krypta (en)

die Gruft ("e)

das Grabmal (e)

der Sarkophag (e)

die Schatzkammer (n)

der Schatz ("e)

der Orden

die Zisterzienser

die Benediktiner

die Dominikaner

die Franziskaner

die Jesuiten

das Kloster (")

die Priorei

die Abtei

der Stift (e)

die Einsiedelei

die Kartause

der Kreuzgang ("e)

die Zelle (n)

die Klausur

der Kapitelsaal (Säle)

das Refektorium (ien)

das Dormitorium

das Parlatorium

die Sakristei

der Friedhof ("e)

die Renaissance ca.1520-1620

die Seitenkapelle

der Giebel

der Dreieckgiebel (1)

der Segmentgiebel (2)

der Wellengiebel (3)

gesprengt (4)

verkröpft (5)

das Ornament (e)

das Gesims (e)

die Nische (n)

der Pilaster

die Kartusche (n)

die Maske (n)

die Volute (n)

der Barock ca.1650-1700

barock

das Rokoko ca.1700-1770

der Zwiebelturm

die Ellipse (n)

die Perspektive (n)

die optische Täuschung

die Figur (en)

der Putto (i)

die Stuckatur (en)

die Kassette (n)

elliptisch

konkav

bunt

übertrieben

verziert

der Klassizismus ca.1780-1830

der Historismus ca.1830-1920

die Art Nouveau

der Jugenstil ca.1890-1920

die Moderne

II Profane Bauten

das Haus ("er)

das Wohnhaus

das Herrenhaus

das Zunfthaus

das Kaufhaus

der Bau (ten)

das Mauerwerk

der Steinbau

der Backsteinbau

das Fachwerk

der Balken

das Dach ("er)

das Pultdach (1)

das Satteldach (2)

das Zeltdach (3)

das Walmdach (4)

das Helmdach (5)

das Mansardendach (6)

das Gebälk

der First

die Rinne (n)

der Dachstuhl

der Schornstein (e)

der Dachbelag ("e)

das Ziegeldach

das Schieferdach

das Strohdach

das Schindeldach

die Fassade (n)

der Verputz

der Giebel

der Treppengiebel

das Fenster

der Ochsenauge

das Zwillingsfenster

die Luke (n)

die Fensterrahmung

das Gitter

das Maßwerk

der Laden (")

die Treppe (n)

die Stufe (n)

das Treppenhaus

die Wendeltreppe

der Balkon (s)

die Terrasse (n)

die Balustrade (n)

der Stock (-werke)

der Keller

das Erdgeschoß

der Dachboden

die Wand ("e)

getäfelt, bespannt, angestrichen

das Wandgemälde

die Wandbespannung

die Decke (n)

das Deckengemälde

der Kamin (e)

der Spiegel

das Mobiliar

das Möbelstück

die Intarsia (ien)

intarsiert

der Wandteppich (e)

die Pfalz

die Festung

die Burg

der Bergfried (1)

der Verlies (2)

die Zinne (3)

der Palas (se) (4)

die Kemenate (n) (5)

der Brunnen (6)

die Schießscharte (n) (7)

die Burgkapelle (8)

der Torturm (9)

die Pechnase (n) (10)

das Fallgitter (11)

die Zugbrücke (12)

der Wächterturm (13)

der Pfahlzaun (14)

der Wartturm (15)

das Burgtor (16)

die Wehrmauer (17)

der Wassergraben (18)

der Wehrgang (19)

das Schloß ("sser)

der Palast ("e)

die Residenz (en)

der Mittelbau

der Flügel

der Saal (Säle)

das Vorzimmer

der Salon (s)

das Kabinett (e)

die Galerie

die Passage

der Hof ("e)

der Ehrenhof

der Innenhof

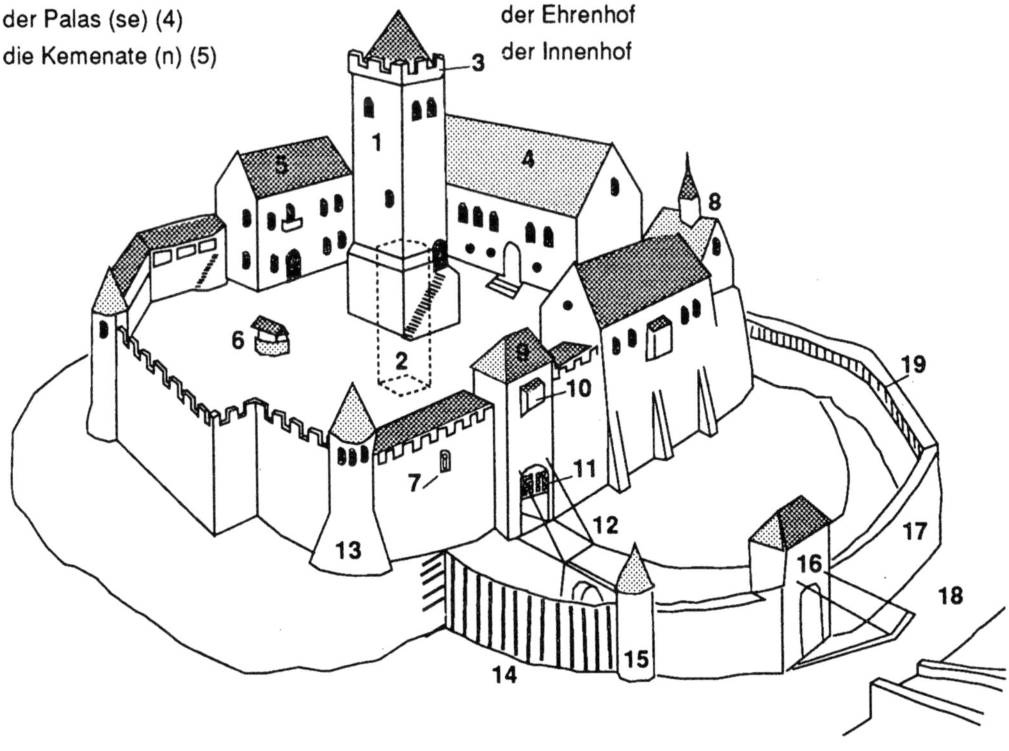

Beschreibung eines Baues

VOCABULAIRE *Verbes* (Niveau 1)

A Etudiez chacune des phrases suivantes et soulignez le verbe.

1 Diese Kirche stammt aus der Mitte des 15. Jh.
2 Hier gründeten die Benediktiner eine Priorei.
3 Der heutige Turm wurde erst Ende des 19.Jh. errichtet.
4 Im 15. Jh. wurde die Anlage wesentlich erweitert.
5 Der Bauherr konnte sein Werk nicht beenden.
6 Wie viele bayerische Kirchen wurde auch diese barockisiert.
7 Die zahlreichen barocken Ornamente erinnern an die Macht der Kirche.
8 Ein Brand vernichtete den ganzen Chor.
9 Nach dem Krieg mußte die Apsis abgebaut werden.
10 Erst in den 60er Jahren konnte der Kreuzgang wiedererrichtet werden.
11 Im 19.Jh. wurde das Dach zum letzten Mal restauriert.
12 Ein Friedhof umgibt die Kapelle.
13 Die ganze Klosteranlage wirkt sehr eindrucksvoll.
14 Das Münster wurde mehrmals umgebaut.
15 Die Monumentalität der Basilika beeindruckt den Besucher.
16 Im Nordchor befindet sich der St Johannesaltar.
17 Eine Kuppel überragt den Chor.
18 Die Radialkapellen gruppierten sich um die Krypta.
19 Die Fassade ist von zwei Seitentürmen flankiert.
20 Die prachtvolle Fassade spiegelt Geist und Mentalität des Mittelalters wieder.
21 Eine Freske stellt Christi Passion dar.
22 Figurengruppen krönen die Giebel.
23 Das Tympanon ist außerordentlich verziert.
24 In der Gruft ruhen mehrere Kaiser.
25 Die Schatzkammer wurde mit Kelchen aus benachbarten Kirchen ergänzt.
26 In der Hofmitte erhebt sich eine Mariensäule.

B Retrouvez les verbes allemands soulignés.

agrandir	....		*se grouper*	....
baroquiser	....		*impressionner*	....
compléter	....		*orner*	....
couronner	....		*produire un effet*	....
dater de	....		*rappeler*	....
démolir	....		*reconstruire*	....
détruire	....		*refléter*	....
dominer	....		*reposer*	....
s'élever	....		*représenter*	....
entourer	....		*restaurer*	....
ériger	....		*terminer*	....
flanquer	....		*transformer*	....
fonder	....		*se trouver*	....

Niveau 2

Mêmes exercices que précédemment.

1 Die Abtei unterstand einem Abt.

2 Der Einfluß des Stiftes verbreitete sich über das ganze Land.

3 Den Grundriß entwarf ein italienischer Bauherr.

4 Verlängert wurde das Langhaus erst nachträglich.

5 Der quadratische Chor schließt den Bau nach Osten ab.

6 Dem Chorumgang wurden Kapellen beigefügt.

7 Der Chor ist von einer Kuppel bekrönt.

8 Der oktogonale Glockenturm ruht auf einer Vorhalle.

9 Die Fassade ist von zwei Türmchen gerahmt.

10 Zahlreiche Reliefsteine sind in die Außenwand eingefügt.

11 Ein Schüler des Bauherren vollendete den Bau.

12 Der Flügelaltar wurde im Auftrag des Kaisers ausgeführt.

13 Den emaillierten Schrein schuf ein österreichischer Künstler.

14 Das Gitter wurde von einem italienischen Künstler angefertigt.

15 Über dem Innentor wurde der Königswappen angebracht.

16 Zwei mächtige Säulen fassen das Portal ein.

17 Ein entzückender Arkadenhof breitet sich dem Eingang gegenüber aus.

18 Die Fresken verherrlichen die Taten des Heiligen.

19 Der Dom wurde 1683 zum ersten Mal beschädigt.

20 Das Mittelschiff wurde zum Teil abgerissen.

21 Viele Kirchen und Klöster wurden in der Revolution verwüstet.

22 Mansart wurde im Versailler Schloß mit Erweiterungen beauftragt.

23 Er ersetzte die Terrasse des Mittelbaus durch den Spiegelsaal.

24 Le Nôtre legte Gärten und Parks an.

25 Das Schloß verfiel, bis man es in ein Museum umwandelte.

26 Das Palais Farnese in Rom beherbergt heute die französische Botschaft.

abriter	....	encadrer	....
achever	....	enchâsser	....
ajouter	....	endommager	....
aménager (jardin)	....	s'étendre	....
apposer	....	exécuter	....
charger	....	fabriquer	....
clore	....	glorifier	....
concevoir	....	rallonger	....
créer	....	remplacer	....
démolir	....	se répandre	....
dépendre de	....	reposer sur	....
dévaster	....	tomber en ruine	....
encadrer	....	transformer en	....

Adjectifs et adverbes

1 Der Schutz der Gebäude gegen Umweltschaden ist ein **aktuell**... Thema.

2 **Beachtenswert**... ist die noch gut erhaltene Wehrmauer.

3 Eine Madonna aus **bemalt**... Stein ist in der Sakristei zu sehen.

4 Die Flachreliefs des Chorgestühls sind mit **biblisch**... Szenen geschmückt.

5 Die Stadtmauer wurde im 12. Jh. errichtet; in der **damalig**... Zeit ...

6 Im **ehemalig**... Rittersaal ist eine Gemäldegalerie untergebracht.

7 In Venedig ist die Aussicht auf den Markus Platz recht **eindrucksvoll**.

8 Der Brunnen ist das Werk eines **einheimisch**... Schmiedes.

9 Der Platz zeichnet sich durch seine **einheitlich**... Architektur aus.

10 Der Chor ist der **einzig**... erhaltene Bauteil.

11 Die Farben der Fresken sind von **einzigartig**... Leuchtkraft.

12 Die Spanische Reitschule in Wien ist in ein... **gewaltig**... Barockbau untergebracht.

13 Das wunderschöne Mosaik ist bis zum **heutig**... Tag intakt geblieben.

14 Eine **künstlerisch**... Harmonie in den Formen fällt auf.

15 Das Treppenhaus ist mit **künstlich**... Marmor verziert.

16 Die Bestien-Kapitelle wurden sehr **kunstvoll**... ausgeführt.

17 Die einst von Mauern geschützte Stadt war eine **mächtig**... Festung.

18 Den **majestätisch**... Mittelbau schuf Fischer von Erlach.

19 Viele Aushängeschilder schmücken die **malerisch**... Stadtgassen.

20 Man sieht deutlich, daß die Turmhelme **nachträglich** angebracht wurden.

21 Der Spiegelsaal in Versailles ist der **prächtigst**... Raum des Schlosses.

22 An der Kanzel ist eine **raffiniert**... Blätterdekoration angebracht.

23 Die romanischen Kirchen von Burgund sind meist **schlicht**... verziert.

24 Die Westfassade wird von zwei **symmetrisch**... Türmen flankiert.

25 Die optische Täuschung ist ein **typisch**... Barockelement.

26 Der **ursprünglich**... Bau aus dem 9. Jh. war eine Basilika.

27 Auf dem **weiträumig**... Heldenplatz steht das Denkmal des Kaisers Franz II.

28 Der Thron Karl des Großen ist ein besonders **wertvoll**... Gegenstand.

**A Complétez les terminaisons de l'adjectifs et assurez-vous que vous connais-
sez le vocabulaire de ces phrases.**

B Apprenez à ne pas confondre:

künstlerisch	....	damalig	....
kunstvoll	....	ehemalig	....
künstlich	....	alt	....
einzigartig	....	heutig	....
einzig	....	aktuell	....
bemalt	....		
malerisch	....		

Vérifiez le sens de ces mots dans le dictionnaire.

Biblische Darstellungen

VOCABULAIRE

A Retrouvez et écrivez l'équivalent français des sujets ci-dessous:

Szenen aus dem Alten bzw. Neuen Testament

Szenen aus dem Leben Christi bzw. Mariä

die Verkündung	die Grablegung
die Geburt Christi (Christi Geburt)	die Auferstehung
die Anbetung der Könige	die Himmelfahrt
die Taufe Christi	das Jüngste Gericht
das Abendmahl	die Madonna mit Kind
Christus am Ölberg	Christus in Majestät
die Passion	die Krönung Mariä
der Kreuzweg	Mariä Himmelfahrt
die Kreuzigung	die Heilige Familie
die Beweinung	

Die Flucht nach Ägypten

Florenz:
St. Giovanni

B *darstellen / Darstellung*

Traduisez:

1 *Ce tableau représente la mise au tombeau.*

....

2 *Ici, le peintre a voulu représenter la Cène dans l'esprit du 17ème siècle.*

....

3 *Cette représentation de l'adoration des mages est surprenante.*

....

Glossar

Anzeigen

die Anzeige	*annonce*
der Inserent (-en)	*annonceur*
die Veranstaltung	*manifestation*
der Lehrgang ("e)	*stage*
der Verband ("e)	*association*

Sportarten

das Bogenschießen	*tir à l'arc*
das Klettern	*escalade*
der Langlaufski	*ski de fond*
die Eisbahn (-en)	*patinoire*
die Höhlenforschung	*spéléologie*
das Tretboot (-e)	*pédalo*
das Ruder	*aviron*

Arosa

der Durchgangsverkehr	*transit*
der Ruhebedürftige (-n)	*avide de repos*
der Autoaussteiger	*celui qui renonce à sa voiture*
abstempeln	*étiqueter*
ausspielen	*opposer*
eilends	*de toute urgence*
aufgreifen,i,i	*saisir*
angesichts + G	*vu, eu égard à*
die Beschneiungsanlage	*canons à neige*
die Rodelbahn	*piste de luge*
versagen	*refuser*

Der typische Golfer

wohlhabend	*aisé*
ausgabefreudig	*peu regardant*
der Anhänger	*adepte*
die Kaufkraftklasse	*niveau de pouvoir d'achat*
begütert	*fortuné*
aufbrechen,a,o,i	*partir pour*
der Angehörige	*qui accompagne*

Veloferien

die Steigung	*pente*
im Überfluß	*à foison*
behindern	*gêner*
der Flecken	*endroit*
ausarbeiten	*mettre au point*
auf eigene Faust	*de sa propre initiative*

Angeln nach Sporturlaubern

setzen auf + A	*miser sur*
entgegenkommen + D	*aller au devant de*
die Herausforderung	*défi*

das Gewerbe	*profession*
die Fitneßanlage	*installation de remise en forme*

Malta

der Siedler	*occupant*
der Kreuzritter	*croisé*
die Besatzung	*occupation*
herkömmlich	*habituel*
überwintern	*hiberner*
rüstig	*robuste*
geschichtsträchtig	*chargé d'histoire*
altersgerecht	*adapté à l'âge*

Versailles

ersticken	*étouffer*
kostenpflichtig	*payant*
sich anschließen,o,o + D	*se joindre à*
die Herrschaft	*règne*
das Lustschloß	*trianon*
der Einbruch der Dunkelheit	*tombée de la nuit*

Architektur

(même ordre que dans la liste p.98 et suiv.)

erhaben	*élevé*
bogenförmig	*en forme d'arc*
kuppelförmig	*de coupole*
kugelförmig	*de boule*
der Grundriß (-sse)	*plan*
der Aufriß	*élévation*
das Ausmaß (-e)	*dimension*
der Wandpfeiler	*pilastre*
der Bündelpfeiler	*pilier fasciculé*
die Freitreppe	*perron*
die Wallfahrtskirche	*église de pélérinage*
das Joch (-e)	*travée*
die Vierung	*croisée des transepts*
die Vorhalle	*narthex*
der Pfeiler	*pilier*
das Maßwerk	*remplage*
der Wimperg (-e)	*gâble*
die Wölbung	*voussure*
die Fiale	*clocheton pinacle*
der Türsturz	*linteau*
die Gewändefigur	*statue-colonne*
das Gewölbe (-)	*voûte*

das Tonnengewölbe	*voûte en berceau*
das Kreuzgratgewölbe	*voûte d'arêtes*
das Kreuzrippengewölbe	*v. en croisée d'ogive*
das Sterngewölbe	*voûte en étoile*
das Fächergewölbe	*en éventail*
das Klostergewölbe	*arcs de cloître*
der Strebepfeiler	*contrefort*
der Strebebogen	*arc-boutant*
der Gurtbogen	*arc-doubleau*
der Schlußstein (-e)	*clé de voûte*
der Turmhelm (-e)	*flèche*
der Wasserspeier	*gargouille*
die Empore	*tribune*
das Gesims (-e)	*corniche*
der Lettner	*jubé*
der Chorstuhl	*stalle*
der Beichtstuhl	*confessionnal*
der Flügelaltar	*retable*
der Schrein (-e)	*châsse*
das Gebein (-e)	*ossement*
der Weihwasserkessel	*bénitier*
der Taufstein (-e)	*fonts baptismaux*
der Pflaster	*pavement*
die Gruft	*caveau*
der Stift (-e)	*collégiale*
die Einsiedelei	*ermitage*
die Kartause	*chartreuse*
der Kreuzgang	*cloître*
die Zelle	*cellule*
der Giebel	*fronton*
der Segmentgiebel	*fronton curviligne*
der Wellengiebel	*ondoyant*
gesprengt	*interrompu*
verkröpft	*brisé*
die optische Täuschung	*trompe-l'oeil*
übertrieben	*exagéré*
verziert	*orné*
das Herrenhaus	*hôtel particulier, maison de maître*
das Zunfthaus	*maison de corporation*
das Mauerwerk	*maçonnerie*
der Backstein	*brique*
das Fachwerk	*colombage*
der Balken	*poutre*
das Pultdach ("er)	*toît en appentis*
das Satteldach	*en bâtière*
das Zeltdach	*en pavillon*
das Walmdach	*en croupe*
das Helmdach	*en poivrière*
das Gebälk	*poutraison*
der First	*faîte*
die Rinne	*gouttière*
der Dachstuhl	*charpente*

der Ziegel	*tuile*
der Schiefer	*ardoise*
der Schindel	*bardeau*
der Verputz	*crépi*
die Luke	*lucarne*
das Gitter	*grille*
der Laden	*volet*
das Treppenhaus	*cage d'escalier*
die Wendetreppe	*escalier en colimaçon*
getäfelt	*lambrissé*
bespannt	*tendu de tissu*
angestrichen	*peint*
die Intarsia (-en)	*marquetterie*
die Pfalz	*château impérial*
die Zinne	*créneau*
der Palas	*logis seigneurial*
die Kemenate	*appartements*
die Schießscharte	*meurtrière*
die Pechnase	*machicoulis*
der Wehrgang	*chemin de ronde*

Biblische Darstellungen

die Verkündung	*annonciation*
die Taufe	*baptême*
das Abendmahl	*Cène*
das Ölberg	*mont des oliviers*
die Grablegung	*mise au tombeau*
die Auferstehung	*résurrection*
die Himmelfahrt	*ascension*
das Jüngste Gericht	*jugement dernier*

5
Gastgewerbe

Hébergement
Restauration

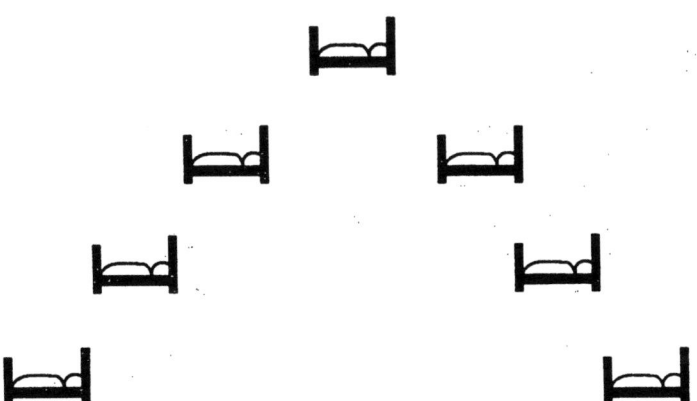

Im Hotel

VOCABULAIRE
Ecrivez à côté de chaque pictogramme la fonction qu'il représente.

Aufzug / Bad / behindertengerecht / Bettenzahl / Dusche / Fernsehen / Garage /
Hallenschwimmbad / Kelgelbahn / kinderfreundlich / Konferenzraum / Kreditkarte /
Minigolf / Restaurant / Sauna / Telefon / Tennisplatz / Thermalanwendung

EXPRESSION ORALE

Posez en allemand les questions suivantes:

1 *Quel est le nombre de chambres?*
2 *Les chambres ont-elles un téléviseur couleur?*
3 *Y-a-t-il une piscine couverte dans l'hôtel?*
4 *L'hôtel dispose-t-il de salles de conférence?*
5 *L'hôtel possède-t-il un ascenseur?*
6 *Les chambres ont-elles toutes le téléphone?*
7 *Combien coûte une nuit en chambre double avec bain?*
8 *La carte VISA est-elle acceptée?*
9 *L'accès de l'hôtel est-il facilité aux handicapés?*
10 *Y-a-t-il un restaurant ouvert au public?*
11 *L'hôtel offre-t-il des facilités aux enfants?*

Kongreß-Hotel Europe

Kongreß-Hotel Europe
am Stuttgarter Killesberg

D-7000 Stuttgart 30, Siemensssstraße 26-28
Tel:(0711) 81 50 91

---

155 Zimmer
Alle Räume vollklimatisiert,speziell schallisoliert;
mit Bad oder Dusche, WC, Radio
Selbstwähltelefon, Minibar und Fernseher

Frühstücks-Buffet
Spezialitäten-Restaurant "Granada"
Bar Europe
Veranstaltungsräume
Sauna, Dampfbad, Solarium, Fitneßraum
Parkplätze im Haus
5 Gehminuten zum Killesberg/Messegelände
5 Autominuten zur Innenstadt/Hauptbahnhof
10 Autominuten zur Autobahn
20 Autominuten zum Flughafen

Tarif ab 1990
Zimmer une Frühstücks-Buffet

Einbettzimmer mit Dusche/WC	150,-
Einbettzimmer mit Bad/WC	180,-/200,-
Zweibettzimmer mit Bad	220,-/250,-
Extrabett	41,- inkl. Frühst.
Extra Frühstück	14,-

Kinder (bis zu 12 Jahren	**frei**
im Zimmer der Eltern	
(Frühstück wird extra berechnet)	

Sauna/Solarium	9,50
Hund	8,-
Etagenservice	5,-
Garage	7,-

Die Zimmer-Reservierung gilt bis 18.00 Uhr, wenn
keine spätere Ankunftszeit angegeben wird. Abreise
bis 15.00 Uhr.

Veranstaltungsräume

Sitzung, Vortrag	10-250 Personen
Cocktail, Empfang, Bankett	10-200 Personen

Die Preise enthalten Bedienungsgeld und 14%
Mehrwertsteuer

Preisänderungen vorbehalten.

Das Kongreß-Hotel am Killesberg
verwöhnt seine Gäste: 200 Zimmer
mit 300 Betten, alle schallisoliert,
vollklimatisiert, Bad/Dusche, TV mit
Video-Programm, Mini-Bar.
Täglich das beliebte "EUROPE-Früh-
stücksbuffet.
Restaurant GRANADA mit
schwäbischen und internationalen
Spezialitäten.
Bar EUROPE, der gemütliche Treffpunkt.
7 Konferenzräume für 10 bis 250
Personen - für alle Anläße.
Tiefgarage für 220 Pkw.

COMPREHENSION
Répondez à l'aide des informations de la brochure.

1 Eignet sich das Hotel Europe für eine
   Seminargruppe von 20 Personen?
2 Ist das Hotel behindertengerecht?
3 Müssen Kinder das Frühstück extra
   bezahlen?
4 Ist das Messegelände zu Fuß erreichbar?
5 Gibt es ein Hallenschwimmbad im
   Hotel?
6 Sind alle Zimmer mit einer Klimaanlage ausgestattet?
7 Gibt es ein öffentliches Restaurant?
8 Ist es möglich, einen Empfang für 300
   Personen zu veranstalten?
9 Dürfen die Gäste ihr Zimmer bis14.00
   Uhr behalten?

TRADUCTION
Traduisez en français le texte de droite.

VOCABULAIRE
Retrouvez dans le texte de la brochure les expressions qui signifient:

1 chambre à 2 lits	....	4 salle de réunion	....
2 lit supplémentaire	....	5 TVA	....
3 buffet de petit déjeuner	....	6 prix sous réserve	....

Kategorie : Zwei Sterne

Seit jeher gilt Frankreich als das Land der mittelständischen Familienhotels; jetzt boomen die Hotelketten, speziell in den Ein- und Zwei-Sterne-Kategorien. So begegnen dem Urlaubsreisenden in unserem westlichen Nachbarland heute immer wieder Namen und Logos, mit denen vertraut zu machen sich aber lohnt.

Zu den am meisten verbreiteten Ketten gehört «IBIS», die zusammen mit ihren in den Stadtzentren gelegenen Häusern, den "URBIS"-Hotels, über insgesamt etwa 200 Häuser verfügt. Geboten wird Zwei-Sterne-Komfort mit Bad und WC, Radio, Farbfernseher und Telephon. Das reichhaltige Frühstücksbuffet steht Frühaufstehern ab 6.30 Uhr offen. Kinder unter acht Jahren schlafen kostenlos im Zimmer der Eltern mit.

An den meisten großen Verbindungsstraßen Frankreichs (wie auch in anderen europäischen Ländern) haben sich Hotels der Gruppe "CAMPANILE" angesiedelt, die es mittlerweile auf 225 Häuser der Zwei-Sterne-Kategorie bringt. Allen Hotels ist die verkehrsgünstige, nicht unbedingt ruhige und schöne Lage in Stadtrandgebieten gemeinsam. Sie sind leicht zu finden und verfügen über ausreichende Parkmöglichkeiten. Die Zimmer fallen durch helle, freundliche Ausstattung auf und bieten den üblichen Zwei-Sterne-Komfort. Zu jedem Campanile-Hotel gehört ein Grill-Restaurant mit traditioneller Küche und Spezialitäten-Buffet. Die Häuser der Gruppe sind bestrebt, sich als "kinderfreundlich" zu profilieren. Für Kinder bis zu 12 Jahren wird ein Zusatzbett im Zimmer der Eltern kostenfrei aufgestellt. Bei der Abrechnung gibt es keine unangenehmen Überraschungen. Für die meisten Hotels gilt ein Einheitspreis von ca 70 Mark.

Familiären Charakter zu bewahren bemühen sich die Hotels der Gruppe "CLIMAT DE FRANCE". Für umgerechnet 49 Mark pro Person kann man im Doppelzimmer übernachten, ein üppiges Frühstücksbuffet inbegriffen. Kinder unter 13 Jahren werden gratis im elterlichen Doppelzimmer untergebracht, Kinder zwischen 13 und 18 in einem zweiten Doppelzimmer erhalten 50% Ermäßigung, allerdings nicht in der Hochsaison.

Im amerikanischen Südstaaten-Stil präsentieren sich die Hotels der Gruppe "CONFORTEL LOUISIANE". Ihre Architektur erinnert an Landsitze in Louisiana; auch die Speisekarte ist im franco-amerikanischen Stil gehalten. Die Kette ist in und um Paris sowie in ganz Frankreich vertreten. Preise pro Person im Doppelzimmer zwischen 56 und 75 Mark umgerechnet, Frühstück nicht inbegriffen.

Schließlich zwei Ketten der Ein-Stern-Kategorie: "FORMULE 1" ist ein sogenanntes Niedrigpreisprodukt (des Accor-Konzerns) mit ca. 140 Hotels. Zur einfachen Ausstattung der Zimmer gehören ein Doppelbett, ein Einzelbett, Fernseher, fließend warmes und kaltes Wasser und Klimaanlage; Dusche und WC befinden sich auf der Etage. Dafür zahlt der Gast auch nur 35 Mark umgerechnet pro Person, plus sechs Mark fürs Frühstück.

Bei "BALLADINS" haben die Zimmer auch Dusche und WC, dafür sind circa 50 Mark pro Person zu zahlen. Die Schlafquartiere liegen besonders verkehrsgünstig, oft am Rand von Autobahnen.

Süddeutsche Zeitung

COMPREHENSION
Remplissez le tableau à l'aide des indications de l'article.

	Lage	Bad/Dusche	WC	TV	Kinder	Preis/DM
IBIS CAMPANILE CLIMAT DE FRANCE CONFORTEL FORMULE 1 BALADINS						

EXPRESSION ORALE
Auf welches Publikum setzt jede obengenannte Hotelkette?
Répondez en tenant compte du caractère et des spécificités de chaque type d'hôtel.

═══ Arabella Airport Hotel ═══

Der Düsseldorfer Rhein-Ruhr-Flughafen, zweitgrößter Airport der Bundesrepublik und bekannt für seinen besonders hohen Anteil an Chartergästen, hat ein in vieler Hinsicht bemerkenswertes Hotel bekommen: Die Flughafengesellschaft hat dem Parkhaus 3 eine 200 Zimmer große Herberge aufs Dach gesetzt, von der aus man in weniger als fünf Minuten trockenen Fußes zum Abfertigungsschalter gelangt. Das in 22 Meter Höhe gelegene und im Bungalowstil um begrünte Innenhöfe gebaute Hotel heißt "Arabella Airport Hotel Düsseldorf".

Die Schallisolierung sorgt dafür, daß der Lärm des Flugbetriebes weitgehend draußen bleibt. Die Zimmer haben alle Bäder mit Fön, Hosenbügler, Farb-TV, Minibar und Direkttelefon. Sie kosten bei Einzelbelegung pro Nacht 144, für zwei Personen 168 Mark.

Charterfliegern macht man ein besonders günstiges Angebot: Bei Vorlage des Tickets kommen sie bereits für 120 bzw. für 140 Mark unter. Auch sechzehn Zwei-Zimmer-Suiten und zwei Behindertenzimmer sind vorhanden.

Für Tagungen in unmittelbarer Nähe des Flughafens gibt es sieben Räume, der größte Saal faßt maximal 190 Personen.

Direkt unter dem Hotel liegen 3700 Parkplätze - Tagespreis fürs Autoabstellen: 10 Mark. Die S-Bahn und der Lufthansa-Airport-Expreß halten sozusagen im Keller.

Die Zeit

COMPREHENSION
Reliez les éléments de phrases de façon logique en gardant le sens du texte.

Die S-Bahn	sind alle	mit Direktwahltelefon	
Sieben Räume	kostet	in 5 Min. zum Schalter	gelangen
Der Lärm des Flughafen	stehen	pro Nacht	draußen
Die Zimmer	bleibt	für Tagungen	des Flughafens
Man	kann	im Untergeschoß	zur Verfügung
Ein Zimmer	hält	dank Schallisolierung	ausgestattet

GRAMMAIRE: *qualificatives*

Formez des qualificatives avec les éléments suivants:

> **Ex:** das / direkt im Flughafen / Hotel / bauen
> = *das direkt im Flughafen gebaute Hotel*

1 die / aufs Dach / Herberge / setzen

....

2 die / pro Nacht / ca.150 Mark / Zimmer / teuer

....

3 alle / mit Farb-TV / Zimmer / ausstatten

....

4 mehrere / für Tagungen und Kongreße / Räume / einrichten

....

5 die / im Erdgeschoß / S-Bahn / halten

....

Garantiert reserviert

Ärger auf der ganzen Linie. Das Flugzeug hat sich verspätet, am Hotelempfang: "Nein, leider, das gebuchte Zimmer ist vergeben, es ist ja schon 19.30 Uhr". Die Ersatzunterkunft ist erheblich teurer. Für die Mehrkosten will das erste Hotel nicht aufkommen. Pech für den Reisenden. Geschäftshotels in den Städten halten weltweit ein reserviertes Zimmer nur bis 18 Uhr frei. Danach hilft auch nicht die schriftliche Bestätigung, die der Reisende vorweisen kann.

Dieses Risiko ist der Preis für die Freiheit, die Reservierung für ein Hotelzimmer noch bis zum Anreisetag kostenfrei zu stornieren. Damit kommen die internationalen Hotelketten ihrer vielreisenden Klientel entgegen.

Im internationalen Hotelgewerbe bedeutet eine Reservierung noch keine Garantie, daß das gebuchte Zimmer auch zu haben ist. Ein auf seinen guten Ruf bedachtes Haus wird zwar alles daran setzen, seinen Kunden noch unterzubringen oder bei der Suche nach einem Ersatz behilflich zu sein. Einem Stammkunden wird es wahrscheinlich noch weiter entgegenkommen. Aber in der Regel gehen die Extrakosten zu Lasten des verspäteten Gastes.

Mit einer "garantierten Reservierung" ist das anders. Mit dieser Zahlungszusage kann man sich gegen Eventualitäten - wie etwa verspätete Ankunft - absichern. Die Hotels verpflichten sich mit dieser Garantie, das gebuchte Zimmer die ganze Nacht freizuhalten. Allerdings wird der Gast dafür in die Pflicht genommen. Das heißt, er zahlt entweder die erste Nacht im voraus, oder er wählt den bequemeren Weg über die Kreditkarte. Den Hotelreservierungsbüros reicht schon die Angabe der Kartennummer und des Gültigkeitsdatums. Fast alle Hotelketten wie Ramada, Hyatt und Meridien praktizieren dies.

Vor bösen Erfahrungen sind professionelle Vielreisende nie sicher. Mal ist das Hotel überbucht - zu Messezeiten passiert das häufig -ein anderes Mal hat sich kurzfristig ein Staatsbesuch auf zwei Hoteletagen ausgebreitet. Auch das sind Fälle, in denen eine garantierte Reservierung mehr Schutz bietet. Die Sicherheit kostet die Reisenden keine Mark mehr, solange sie das Zimmer wie gebucht beziehen. Umgekehrt schützt sich das Hotelgewerbe gegen säumige Kunden, die nicht einmal die Reservierung rückgängig machen.

Die Zeit

VOCABULAIRE

Traduisez et mémorisez les expressions du texte suivantes:

1 eine schriftliche Bestätigung ....
2 im voraus zahlen ....
3 ein Hotelzimmer stornieren ....
4 ein Hotelzimmer beziehen ....
5 ein Hotelzimmer freihalten ....
6 einem Kunden entgegenkommen ....
7 jemandem behilflich sein ....
8 die Kosten gehen zu Lasten des Kunden ....
9 sich absichern gegen etwas ....
10 sich verpflichten, etwas zu tun ....
11 eine Reservierung rückgängig machen ....

EXPRESSION

Traduisez les phrases interrogatives suivantes:

1 *En quoi puis-je vous être utile?* ....

2 *Jusqu'à quelle heure est-il possible d'annuler la réservation?*
....

3 *Est-ce que l'hôtel prend en charge les frais supplémentaires?*
....

4 *Vous êtes-vous engagé à payer d'avance?*
....

5 *Pourquoi n'avez-vous pas éxigé de confirmation écrite?*
....

6 *Vous êtes-vous assuré contre le «surbooking»?*
....

7 *Pourquoi ces frais devraient-ils incomber à l'agence de voyage?*
....

8 *Pouvez-vous retenir trois chambres à deux lits jusqu'à 18h?*
....

TRADUCTION
Service Réservation Campanile

Votre chambre vous sera réservée jusqu'à 19 heures. En cas de retard, veuillez prévenir l'hôtel afin que votre réservation soit maintenue jusqu'à votre arrivée.
Lorsque vous arrivez chez Campanile, le patron vous reçoit. Vous réglez votre chambre, il vous remet la clef, vous êtes chez vous. Les Campanile sont ouverts de 7 heures à 23 heures. Il est donc sage d'emporter votre clef lorsque vous sortez le soir et devez rentrer après 23 heures.
Veuillez noter aussi que:
- les chambres doivent être libérées à 12 heures;
- si, au moment de faire votre réservation, vous prévoyez déjà que vous arriverez après 23 heures à l'hôtel, il vous sera demandé un acompte selon les habitudes hôtelières.

hôtel
★★
gril

Campanile

Andere Gäste, andere Sitten

In einer Broschüre, die für das Hotel- und Gastgewerbe gedacht ist, hat das Niederländische Büro für Tourismus (NTB) die charakteristischen Eigenschaften von Touristen beschrieben.

So erfahren nun Hollands Zimmervermieter, was einen Italiener vom typischen Belgier und den wiederum vom typischen Deutschen unterscheidet. Deutsche Touristen bevorzugen keine Museen, sind aber verrückt nach Wasser und Wassersport, nach Ausflugs-Attraktionen und Zoos. Die Deutschen bevorzugen ein kräftiges Frühstück, mögen keine Haute Cuisine, jedoch holländische Kost. Während des Diners .... Deutsche schlafen am liebsten in einem großen Bett. Sie wollen anständig und gerecht behandelt werden.

Belgier trinken gern Wein zum Essen, sind bescheiden und schlafen am liebsten in Zweipersonenbetten. Qualität geht ihnen über Quantität.

Die Engländer lieben durchgebackenes Fleisch und wünschen, ... Franzosen sind kulturbezogene Besucher. Wein und Wasser .... Sie bevorzugen geräumige Zweipersonenbetten. Sie sind ein höfliches Volk, heißt es in der Broschüre. Im Gegensatz zu den Engländern bezahlen sie bar.

Schweden und Norweger lieben das Nachtleben und haben einen alkoholischen Nachholbedarf. Schweden mögen keine Erbsen und Karotten. Zum Essen trinken sie gern Wein. Sie schlafen in getrennten Betten, ...

Schweizer sind Perfektionisten, haben an allem Interesse und lieben Kaffee mit viel Milch. .... , haben sie kein Interesse an Fischgerichten. Ein Schweizer erwartet, daß sein Hotelzimmer sauber ist. Und wenn er um 7.30 Uhr gewecki werden will, ... Italiener sind an Kultur interessiert, besuchen gern Konzerte und Opern; sie wollen gern ....

Österreicher sind beleidigt, ... Sie essen viel Schweinefleisch, wenig Fisch und zum Diner darf die Suppe nicht fehlen. Spanier wollen am Abend gern tanzen und wünschen auf dem Hotelzimmer einen handgeschriebenen Willkommensgruß. Gegessen wird gegen 21.30 Uhr. Sie lieben eine ausgedehnte Siesta und geben Trinkgelder.

Amerikaner sind überzeugte Antiraucher, wollen wissen, ... , und schlafen in einem großen Bett. Eiswasser darf bei keinem Essen fehlen. Kanadier essen schnell, Australier bevorzugen ein Steak zum Frühstück und Japaner geben gern Geschenke, ...

"Wir wollen", so der Verfasser dieser Broschüre, "mit diesem Heft globale Tips geben. Natürlich wissen wir, daß es auch Deutsche gibt, die Museumsbesuche schätzen"

Süddeutsche Zeitung

COMPREHENSION
Complétez l'article ci-dessus avec les éléments de phrase suivants:

1 dürfen bei keiner Mahlzeit fehlen
2 trinkt man selbstverständlich Bier
3 daß die einzelnen Gänge flott serviert werden
4 die aber nicht in ihrer Anwesenheit geöffnet werden dürfen
5 dann nicht zwei oder drei Minuten später

6 die aber nebeneinander stehen müssen
7 weil sie das Meer nicht kennen
8 wo das nächste Konsulat ist
9 in ihrer Sprache angesprochen werden
10 wenn sie mit Deutschen verwechselt werden

VOCABULAIRE: *lieben, mögen, gern haben, bevorzugen*
Traduisez:

1 *Les touristes allemands donnent la préférence aux sports aquatiques.*

....

2 *Les Scandinaves aiment la vie nocturne.*

....

3 *Les Français aiment les lits à deux places.*

....

4 *Les Australiens aiment bien manger un steack au petit déjeuner.*

....

5 *Les Italiens aiment qu'on s'adresse à eux en italien.*

....

Hotel Revue

EXPRESSION ORALE

Les 6 dessins A à F racontent deux histoires. Retrouvez l'ordre des dessins et racontez les deux situations décrites.

1	2	3	4	5	6

Die "Paradores"

Sonne, Strand und Meer - dieses weckt bei vielen bundesdeutschen Urlaubern das europäische Reiseland Nummer eins. Doch Spanien hat mehr zu bieten als ewig blauen Himmel und ein vielleicht gar nicht mehr so blaues Meer, davon sind die spanischen Touristik-Manager überzeugt. Sie haben eine neue Urlauberschicht im Visier und setzen verstärkt auf jene Touristen, die nicht den ganzen Tag am Strand liegen, sondern lieber eine Art Bildungs- oder Kultururlaub in den verschiedenen Regionen Spaniens machen wollen. Diese Gäste, lehrt die Erfahrung, verabscheuen in der Regel Hotelburgen.

Ein adäquates Quartier sollen anspruchsvollere Gäste in den "Paradores" finden, jener Hotelkette, die dem Staat selbst gehört. 86 gibt es davon auf der Halbinsel. Ein gutes Drittel sind alte Schlösser, Burgen, Klöster oder andere historische Gebäude, die zu Hotels umfunktioniert wurden. Sie haben eine Pilotfunktion, um ein Gebiet für den Fremdenverkehr zu öffnen.

Das erste "Parador" wurde bereits 1928 gegründet, in der Nähe von Madrid. Viele der jetzigen Hotels waren früher Herbergen, in denen der Kutscher die Pferde wechseln und die Passagiere nächtigen konnten. Heute herrscht in manchen der "Paradores" Massenbetrieb - 800 000

Übernachtungen konnten die ganzjährig geöffneten Betriebe dieses Jahr verzeichnen. Das entspricht einer Auslastung von 56% und das Netz wächst von Jahr zu Jahr.

Allerdings sind Übernachtungen in den Staatshotels kein billiges Vergnügen: Von 150 Mark an aufwärts kostet in der Regel ein Doppelzimmer. Dafür kann man, etwa in Carmona in der Nähe von Sevilla in einem Schloß residieren, das auf einem Hügel thront und einen weiten Blick übers Land eröffnet.

Die Zeichen der Zeit - weg vom Hotelklotz, hin zu kleineren Einheiten - berücksichtigen die staatlichen Hoteliers zunehmend auch bei Neubauten. Ein Beispiel dafür ist das "Parador" in Mazagon: Die winkelförmig errichtete Anlage fügt sich gut in die Landschaft ein, die Zimmer wurden in zweigeschossigen Flügeln untergebracht. Was fehlt, ist das mehr oder weniger historische Ambiente anderer "Paradores", dafür gibt es zwei Konferenzräume, einen Pool und Tennisplatz.

Ganz in der Nähe von Mazagon haben die Behörden übrigens einen Schwarzbau am Strand abreißen lassen, was für die Ernsthaftigkeit des neuen Touristikkonzeptes spricht: Spanien - Sonne, Strand und mehr.

Otto Fritscher
Süddeutsche Zeitung

COMPREHENSION *Ja/Nein*

Ces affirmations correspondent-elles au texte?

1 Die Touristik-Manager sind davon überzeugt, daß die Urlauber in Spanien vor allem Sonne, Strand und Meer suchen.
2 Die "Paradores" wurden in der Regel für sonnenhungrigen Urlauber umgebaut.
3 Die "Paradores" sind eine staatliche Angelegenheit.
4 Ein Drittel dieser Hotels sind in modernen Gebäuden untergebracht.
5 Erst nach dem Zweiten Weltkrieg wurde das erste "Parador" geöffnet.

REFLEXION

1 Warum wollen Spaniens Tourismusmanager verstärkt Kultururlauber ansprechen?

2 Wie erklären Sie den Erfolg der "Paradores"?

═══════ Wie der König im Loiretal ═══════

Frankreichs Herrscher wußten schon, warum sie sich im Tal der Loire niederließen. Die Burgen und Schlösser, in denen sie Hof hielten, verleihen dem "Garten Frankreichs" jedenfalls noch heute Glanz. Kein Wunder, daß zwischen Orléans und Angers in einem Gebiet, das die Täler der Loire-Nebenflüsse Cher, Indre und Vienne einschließt, zahlreiche Schloß- und Parkanlagen beliebte Reiseziele der Franzosen sind.

An die Loire der Schlösser wegen ist mittlerweile auch für viele Ausländer die Feriendevise, vor allem für die, denen ein Kultururlaub Anregung und zugleich Erholung bedeutet.

Manche der Architekturdenkmäler dieser Region waren Schauplatz großer französischer Geschichte. So findet man noch Zeugnisse aus der Zeit der Kreuzzüge: prunkvoll gearbeitete Waffen und Rüstungen, Tapisserien, Möbel aus seltenen Hölzern, Schnitzereien aus Elfenbein oder große Bibliotheken und Gemäldegalerien. In stolzen Burganlagen, in denen Jeanne d'Arc geweilt hat, oder in mauerbewehrten Kleinstädten entdeckt man Spuren des Hundertjährigen Krieges gegen England. Im Umfeld der Könige und Herzöge lebten Beamte, Künstler, Baumeister und der Landadel in dem verschwenderischen Stil, der den Boden für die Französische Revolution bereiten half. Manche hatten die Mittel dazu, andere mußten sich mit einer bescheideneren Behausung begnügen.

Viele dieser Herrensitze, Jagd- und Lustschlößchen, Domänen und Relais beherbergen heute Touristen: Sie sind in Hotels oder Pensionen umgewandelt worden. Mehr als 50 der 365 in ganz Frankreich verteilten Schloß-Hotels stehen im Loiretal. Oft gehört es zum Stil dieser Häuser, daß die Besitzer mit ihren Gästen gemeinsam speisen. Da für Amerikaner eine Loire-Tour zu den Höhepunkten jeder Frankreich-Reise gehört, sind viele Gastgeber bemüht, sich auf ausländische Gäste sprachlich einzustellen: "English spoken" ist gewiß auch vielen deutschen Besuchern ein willkommener Hinweis.

Süddeutsche Zeitung

COMPREHENSION: *Ja/Nein*

Les affirmations suivantes se trouvent-elles dans l'article ci-dessus?

1 Das Loire-Tal wird "der Garten Frankreichs" genannt, weil einst viele Herrscher dort ihren Hof hielten.

2 Auch für Franzosen sind die Schlösser an der Loire ein beliebtes Reiseziel.

3 Die Loire-Schlösser stammen vorwiegend aus der Zeit der Kreuzzüge.

4 Viele dieser Herrensitze stellen Kunstgegenstände aller Art aus.

5 Die Geschichte der Jungfrau von Orléans hat in dieser Region Spuren hinterlassen.

6 Viele Herrenhäuser beherbergen heute zahlende Gäste, die zugleich Entspannung und Kultur suchen.

7 Es kommt vor, daß die Schloßbesitzer mit ihren Gästen am selben Tisch essen.

8 Daß in vielen Schloß-Hotels englisch gesprochen wird, ist auch für deutsche Gäste von Vorteil.

Gesundwerden im "Römerbad"

Das Hotel "Römerbad" in Bad Klein-kirchheim, nur wenige Autominuten vom Flughafen Klagenfurt entfernt, will mehr bieten als nur Essen und Unterkunft. *In der unverbauten Bergwelt Kärntens werden überarbeitete Geschäftsleute mit Vollwertkost und individuellem Fitneßtraining zu neuem Leben erweckt.*

Wer allerdings Wunder erwartet, wird enttäuscht; denn zaubern kann Ingrid Putz die Hotelbesitzerin nicht - nur Anregungen geben.

Den Lebensstil zuhause müssen die Gäste schon selber ändern: "Was nütz's, wenn sich jemand hier stundenlang die Füsse massieren läßt und weiterhin seine 20 bis 30 Zigaretten im Tag raucht?"
Im 60-Betten-Hotel arbeiten 20 Ange-stellte. Sie haben, verglichen mit anderen Arbeitskräften im Gastgewerbe, eine Sonderstellung, weil sie mehr wissen und mehr können. *Sie kennen das Produkt und die Zusammenhänge zwischen Nah-rung und Gesundheit. Zusammenhänge, die mittlerweile auch immer mehr Ärzte erkennen.*
Doch das Hotel "Römerbad" lockt nicht nur mit seiner vorzüglichen und gesun-den Küche.
Schon in der Eingangshalle versinkt man in eine gediegene Gemütlichkeit. Und beim ersten Rundgang durchs Haus merkt man: Es ist alles da, man braucht nur zuzugreifen. Massage, Kosmetik, Sauna und Dampfbad, Mountain Bikes, Feder-ball und Tischtennis.
Sicher, das meiste ist auch zuhause zu bekommen - aber im "Römerbad" stören keine Gedanken an wichtige Termine, kein Knattern der Motoren. Ganz ent-spannt und ruhig liegt man unter den Händen des Masseurs und hört dem Wind in den Tannen zu.

Dans le site montagneux de Carinthie, épargné par les promoteurs immobiliers, les hommes et femmes d'affaires surme-nés s'initient à un mode de vie nouveau avec nourriture intégrale et programme de mise en forme individualisé.
Toutefois, ceux qui s'attendent à des mi-racles courent à la déception. En effet, Ingrid Putz n'est pas magicienne; elle se contente de suggérer et de stimuler.

Ils connaissent le produit ainsi que les rapports existant entre nutrition et santé. De ces rapports, le corps médical est de plus en plus convaincu.

Dans le hall de réception, on baigne dans une ambiance toute d'élégance et de con-vivialité.

Crosstalk

TRADUCTION
Complétez la version française de cet article.

REFLEXION
Warum werden viele Städter von dieser Hotelkategorie angelockt?

Anfällige Hotellerie

Wie überall in der Industrie hat die Hotellerie Probleme, die ihr eigen sind. Größtenteils sind es dieselben für die Stadthotellerie wie für die Saisonhotellerie. Die Hauptprobleme sind die Wirtschaftsrisiken.

Die Saisonhotellerie muß in zwei oft kurzen Saisons einen so hohen Umsatz erzielen, um die Fixkosten eines ganzen Jahres decken zu können. Der zweite Grund für die Anfälligkeit der Saisonhotellerie ist ihre Wetterabhängigkeit. Nach mehreren Wintern ohne Schnee weiß man um die Problematik.

Es ist auch zu beachten, daß die Saisonhotellerie innerhalb der Preispolitik keine große Freiheit hat. Dabei ist auch auf die Reaktionen der Reisebüros zu achten. Es kommt vor, daß Reisebüros Verträge wegen Schneemangels annullieren.

Die Stadthotellerie hat in diesem Sinne weniger Probleme, da öfter Reservationen durch Geschäftsleute erfolgen, deren Kosten durch die Firma übernommen werden. Ebenfalls ist die Stadthotellerie vom wichtigen Risikofaktor Wetterabhängigkeit nicht betroffen.

Außerdem läßt die Konjunkturlage mit der Inflation die Geschäfte kaum wachsen, besonders nicht diejenigen der Stadthotellerie. Der Vorteil der Stadthotels liegt jedoch in ihrem größeren Spielraum in der Preisgestaltung. Dem gegenüber stehen aber höhere städtische Bodenpreise und Investitionskosten, eine schwierigere Personalrekrutierung und das Problem, Unterkünfte fürs Personal zu finden.

Hotel Revue

VOCABULAIRE

A l'aide de cet article, retrouvez et mémorisez les expressions idiomatiques suivantes:

1 *faire un chiffre d'affaires*
2 *faire attention à*
3 *couvrir les frais*
4 *être touché par*

5 *prendre en charge des frais*
6 *l'avantage réside dans*
7 *il arrive que*
8 *en ce qui concerne*

COMPREHENSION

Warum sind Saison- und Stadthotellerie anfällig?
Classez les raisons de cette fragilité.

	Saisonhotellerie	*Stadthotellerie*
Ex.:	Kürze der Saison	....
	....	....
	....	....
	....	....
	....	....

GRAMMAIRE: *weil, denn, wegen + G*

Formulez l'exercice précédent en utilisant *wegen+ génitif* ou bien une subordonnée introduite par *weil* ou *denn*.

Ex.: Saisongebundene Hotels haben Schwierigkeiten **wegen** der Kürze der Saison.

Wer ist der Größte in Deutschland?

Einer deutschen Hotelzeitschrift ist es zu verdanken, daß man stets weiß, welches unter den in Deutschland bestehenden Hotels denn nun das größte sei.

Das Blatt .... alljährlich zu diesem Zweck 100 Unternehmen, wobei hier nur die ersten zehn mit den Umsätzen aufgeführt werden. Deutlich ist bei der Untersuchung geworden, daß die Berliner Hotels von den neuen Verhältnissen in Deutschland am meisten .... haben; sie .... nun auch mit ihrem erzielten Umsatz in vorgerückten Positionen. Ein Plus ergab sich für den Schweizer Hof, der vom Platz 15 auf den Platz 11 rutschte.

Die 100 Hotels haben mit rund 31.000 Hotelzimmern drei Milliarden DM .... , was einem Plus von 14% .... Dieser Zuwachs wird auch darauf .... , daß deutsche Urlauber im vergangenen Jahr offensichtlich auch wieder vermehrt deutsche Ziele .... haben.

Hotel Revue

COMPREHENSION

Complétez par les verbes accordés:

aufsuchen   entsprechen   profitieren   rangieren
            umsetzen   untersuchen   zurückführen

EXPRESSION

Erklären Sie auf Deutsch, was folgende Zahlen bedeuten:

31.000 Hotelzimmer   ....

3 Milliarden DM   ....

14%   ....

Die zehn größten Hotels			
Rang	**Betrieb**	**Umsatz 1990 in Mio DM**	**Auslastung der Zimmer**
1	*Sheraton Hotel*, Frankfurt	111,6	88,8 %
2	*Bayerischer Hof*, München	81,4	70,8
3	*Intercontinental*, Berlin	79	82,9
4	*Intercontinental*, Frankfurt	59,4	71,5
5	*Sheraton Hotel*, München	56,7	70,3
6	*Frankfurter Hof*, Frankfurt	54,8	65,9
7	*Hotel Park Hilton*, München	54,4	70,9
8	*Vier Jahreszeiten*, München	52,7	76,2
9	*Maritim*, Köln	52,3	62,5
10	*Bristol Hotel*, Berlin	51,8	87,2

Le "Lanzarote Village"

A Lanzarote, l'île la plus impressionnante de l'archipel des Canaries, le club de vacances Horizonte a ouvert son premier centre hôtelier.

Sur les îles Canaries (Lanzarote, Fuerteventura, la Grande Canarie, Tenerife, La Gomera, La Palma et El Hierro), il n'y a ni hiver glacial ni été brûlant, ni printemps pluvieux ni automne de vent et de grisaille. Pendant toute l'année subsiste un climat qu'on peut qualifier d'éternel printemps. Il fait chaud et sec, les vents alizés évitent qu'il fasse trop chaud.

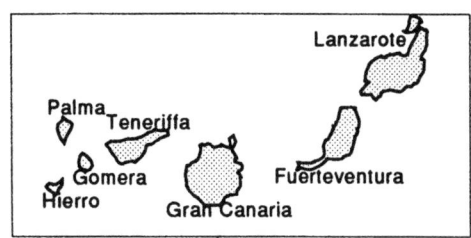

Les Canaries

Peter Wagner, administrateur de Horizonte, se félicite de l'ouverture de ce complexe: «Les îles Canaries connaissent une nette reprise. Avec le *Lanzarote Village*, nous avons pu satisfaire le désir d'une destination idéale toute l'année. En outre, l'île de Lanzarote est relativement vite atteinte. Une demi-heure après son arrivée, le visiteur peut s'installer dans sa chambre d'hôtel. Au cas où il désire tout de suite se baigner, pas de problème, la plage de sable se trouve juste à notre porte.»

Le *Lanzarote Village* est une installation hôtelière de 212 appartements, construite dans le style pueblo espagnol. Tous les appartements sont pratiques et aménagés avec goût; ils comportent deux lits, un coin séjour, une salle de bain, douche et WC, une cuisinette, radio, TV, téléphone, air conditionné et tous disposent d'un grand balcon avec vue sur la mer.

Détail intéressant: pour des raisons d'économies d'énergie, le courant ne peut être enclenché que lorsque le porte-clé est fiché dans une petite boîte à côté de la porte d'entrée. Quand un hôte quitte sa chambre, il doit sortir la clé pour fermer. Ainsi le courant est interrompu automatiquement. Sachant par expérience que nombre de visiteurs laissent régulièrement les lumières allumées, ce petit aménagement permet de contribuer un peu à la protection de l'environnement.

L'établissement possède son propre bassin de natation relié à une installation d'épuration de l'eau de mer. Un restaurant, un bar, différentes salles de séjour, une pizzeria et un nightclub complètent cette offre. Ceux qui ont envie de faire du sport peuvent jouer au tennis sur le court de l'hôtel, suivre un cours de gymnastique, voire s'entraîner les muscles dans la salle de remise en forme. Une école de surf, de plongée et de voile se trouve aussi à proximité immédiate.

Que se cache-t-il encore derrière ce terme de «centre hôtelier»? Les centres sont des établissements qui jouissent d'une situation privilégiée dans les sites touristiques les plus attrayants de la planète. «Nous voulons satisfaire une clientèle de classe moyenne supérieure et lui offrir de bonnes possibilités de sport et de divertissement», c'est ainsi que Peter Wagner précise la philosophie Horizonte. «Mais l'hôte peut décider lui-même dans quelle mesure il veut participer. Car ses désirs personnels de repos et les occasions de se réaliser ne doivent pas être limitées pendant les plus belles semaines de l'année.

Notre gastronomie constitue également un évènement. Pour le petit déjeuner est servi un buffet varié placé sous le signe de «savourer la forme». Cela signifie par exemple que nous faisons nous-mêmes le pain complet. A midi, les visiteurs peuvent manger individuellement à la carte au restaurant, ou aller à l'extérieur. Le soir un buffet offrant un choix très riche propose des plats typiques du pays.»

Construire

REDACTION
A l'aide de cet article rédigez en allemand la fiche signalétique du Lanzarote Village envoyée aux futurs visiteurs de langue allemande.

═══ Esquisse pour un hôtel du futur ═══

L'Association internationale de l'hôtellerie (AIH), qui représente plus de 300.000 hôtels dans 142 pays, a confié à l'institut Horwath & Horwath la tâche de préparer une étude qui donnerait à ses membres les moyens d'évaluer leur exploitation et de prévoir une stratégie capable de faire face aux défis du XXIème siècle. Cette étude se veut être un outil de travail pour les hôteliers du monde entier. Voici donc, dans les grandes lignes, ce que devrait être l'hôtellerie du futur.

L'étude rappelle que d'énormes changements bouleversent l'environnement social et le monde des affaires aujourd'hui. En vrac: le droit aux congés payés, la hausse de fréquentation des voyages, l'évolution du profil de la population mondiale, l'augmentation dans les pays industrialisés de la moyenne d'âge, la domination probable par les retraités d'un certain nombre de marchés clés, l'augmentation du nombre de femmes au sein de la vie active, etc.

Dans ce contexte, il est clair que la prospérité économique, les changements démographiques ou l'accroissement du temps libre ne sont pas les seuls facteurs qui vont influencer les tendances futures du marché du voyage et de l'hôtellerie. Les changements qui affectent les transports aériens, la croissance de ce mode de transport, son prix ainsi que la congestion de l'espace aérien devront à l'avenir également être pris en compte. Pour le secteur touristique, tous ces changements contribueront finalement à une modification en profondeur de sa structure et de ses performances dans les prochaines années. L'industrie hôtelière, qui a connu une croissance rapide au cours des dernières années, est naturellement placée en premières lignes et devra s'y adapter.

Situation actuelle

Selon les données de l'OMT, on estime à 10,5 millions le nombre de chambres d'hôtels et d'établissements similaires dans le monde, dont 50% situées en Europe et près de 80% réparties entre l'Europe et l'Amérique du Nord. Le parc hôtelier international a ainsi augmenté de 16% entre 1981 et 1990. Ceci ne met pourtant pas en relief les grandes disparités existant entre les régions.

Le nombre de voyageurs d'affaires a passé en huit ans de 42 à 58% et le nombre de participants aux congrès a augmenté de 11 à 13%. Quoiqu'il en soit, les tendances varient selon les régions. La demande purement touristique représente seulement 33% en Afrique et au Moyen Orient, mais atteint 55% en Amérique latine et dans les Caraïbes.

Le nombre d'hôtels rattachés à une chaîne est en hausse, avec en quinze ans une augmentation du nombre de chambres affiliées aux vingt plus grandes chaînes mondiales. On estime par ailleurs que 60% de l'ensemble des hôtels des Etats-Unis sont affiliés à une chaîne. Il apparaît maintenant certain que la mutation des structures de l'industrie hôtelière internationale obligeront à l'avenir de plus en plus les hôtels indépendants à s'associer à une organisation de marketing afin de pouvoir faire face à la concurrence.

L'hôtel du futur

Recommandation

Le rapport constate en priorité la nécessité d'améliorer l'image de marque de l'industrie hôtelière auprès des gouvernements et des populations, et suggère que les associations hôtelières nationales mettent en place des programmes continus destinés à améliorer cette image de marque.

Quel sera alors finalement l'hôtel du futur? A ce propos, deux tendances sont en train de se dessiner. L'une d'elles consiste à offrir une qualité supérieure des services et une amélioration des équipements et des activités de loisirs. La seconde est de fournir un meilleur rapport qualité-prix en réduisant, dans la mesure du possible, les espaces communs publics, ce qui implique une augmentation des installations «self-service».

On notera en particulier les influences suivantes:

- Les changements démographiques et sociaux devront être suivis de très près par les hôteliers de façon à fournir les types de produits et de services appropriés et à exploiter avec succès les nouveaux marchés.

- L'hôtel de l'avenir devra tenir compte de la demande du marché. Pour ce faire, une spécialisation sera probablement nécessaire.

- Les hôtels de vacances bénéficieront de saisons plus longues.

- L'hôtel du futur devra être mieux conçu du point de vue esthétique, du confort et de l'efficacité opérationnelle. Il devra d'autre part être en harmonie avec son environnement.

Chambres d'hôtels et restaurants

La chambre d'hôtel sera mieux conçue et deviendra plus fonctionnelle. Dans certains cas elle devra comporter un équipement de bureau complet. La télévision aura de nombreuses fonctions qui incluront les formalités de départ, les informations de base, la communication avec l'intérieur et l'extérieur de l'hôtel et un large éventail de divertissements. La tendance aux espaces non-fumeurs est appelée à se maintenir. L'on prévoit également une amélioration des installations pour la clientèle féminine.

Les installations et équipements pour les sports, la santé et les loisirs dans les hôtels représentent un phénomène relativement récent qui tend à prendre de l'ampleur. Les hôteliers devront prendre conscience de l'importance de ces équipements en tant que promotion des ventes et amélioration de la rentabilité.

Quant aux hôteliers des villes de passage recevant fréquemment des vols longue distance, ils devront se doter d'installations pour les enregistrements des arrivées à toute heure. Concernant la question des services personnalisés qui devront être fournis dans le futur,

il faut s'attendre à ce qu'ils soient réduits, en partie aussi grâce aux progrès technologiques. Dans les hôtels fournissant un service humain de haute qualité, les progrès technologiques seront canalisés en vue d'améliorer le service plutôt que de réduire le nombre d'employés.

Marketing

Le marketing dans l'industrie hôtelière est en train de changer très rapidement. De formidables systèmes internationaux de réservation sont en train de se développer, basés sur les technologies les plus récentes. Ces systèmes recouvrent non seulement les hôtels dans le monde entier, mais aussi toutes les formes possibles de réservations, comprenant bien évidemment les transports aériens, les locations de voitures, les excursions etc.

Ces «méga-systèmes» prennent une importance telle que les chaînes hôtelières auront à décider si elles rejoignent ou non ces systèmes, et comment. Devant l'ampleur de ce phénomène, les concepteurs de l'étude «Hôtel du futur» suggèrent les mesures suivantes:

- Les hôteliers indépendants devraient envisager de rejoindre un consortium de marketing afin d'améliorer leur position sur le marché.

- Le marketing du futur devrait mieux cibler les segments du marché.

- L'Association internationale de l'hôtellerie devrait contrôler les principaux développements des systèmes de réservation informatisés dans le monde et en informer rapidement ses membres.

La question de la classification des hôtels est un thème d'avenir controversé. Les grandes chaînes estiment généralement que la segmentation de leurs produits et le développement de la marque ont rendu les systèmes de classification dépassés, en particulier lorsque la marque est mondialement établie et qu'elle se trouve face à un éventail de classifications nationales différentes.

Concernant les paiements, le liquide deviendra de plus en plus rare, les transferts de fonds seront plus usités. Il est certain que les développements technologiques amélioreront les méthodes de paiement en général.

Hotel Revue

RESUME: Soulignez les passages qui vous paraissent les plus importants et résumez en allemand cet article en 500 mots environ.

Von Artischocke bis Zwetschge

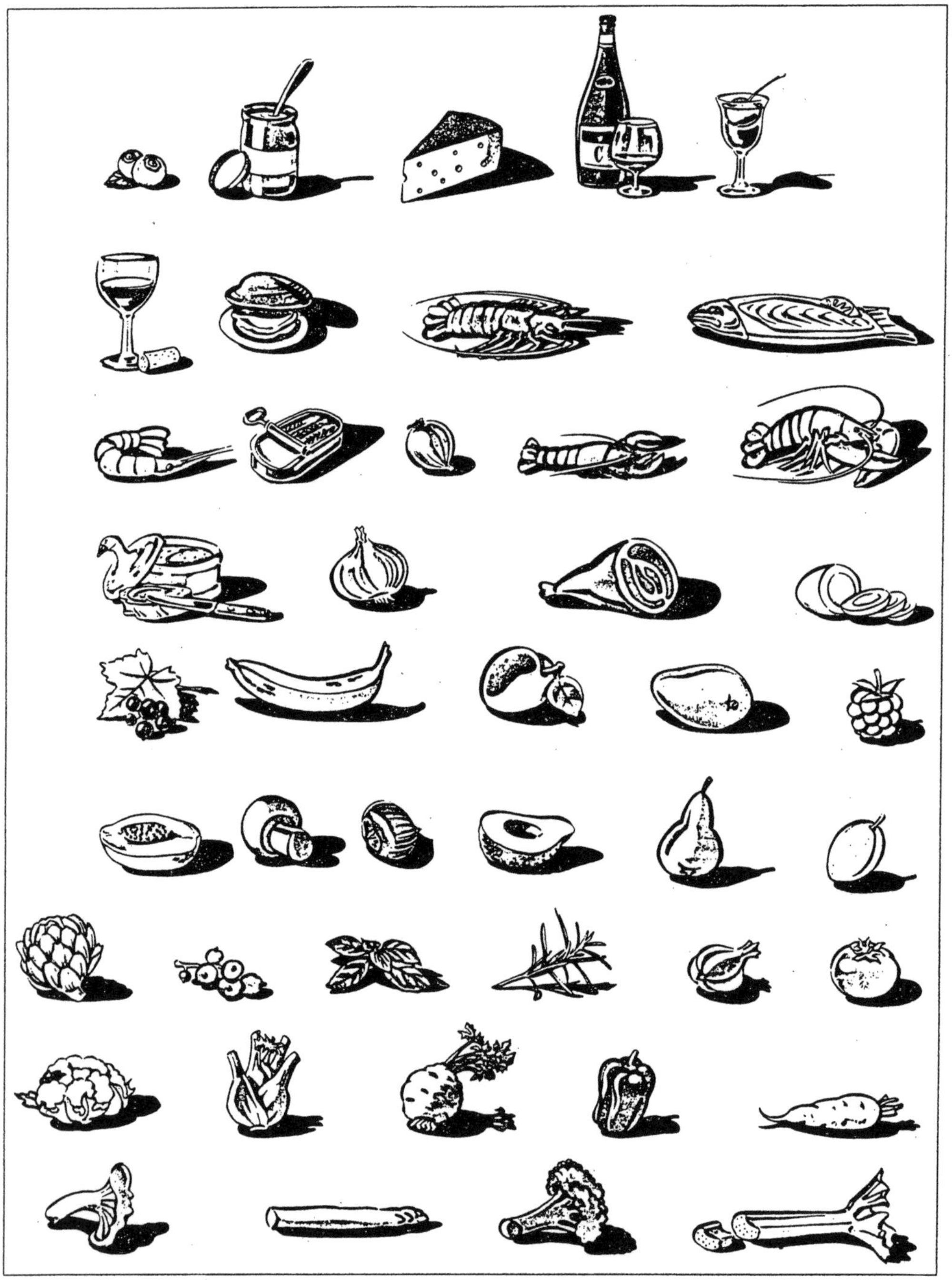

VOCABULAIRE

A Ecrivez sous chaque dessin ce qu'il représente en vous aidant de la «salade»
d'éléments et de votre dictionnaire. N'oubliez pas les articles!

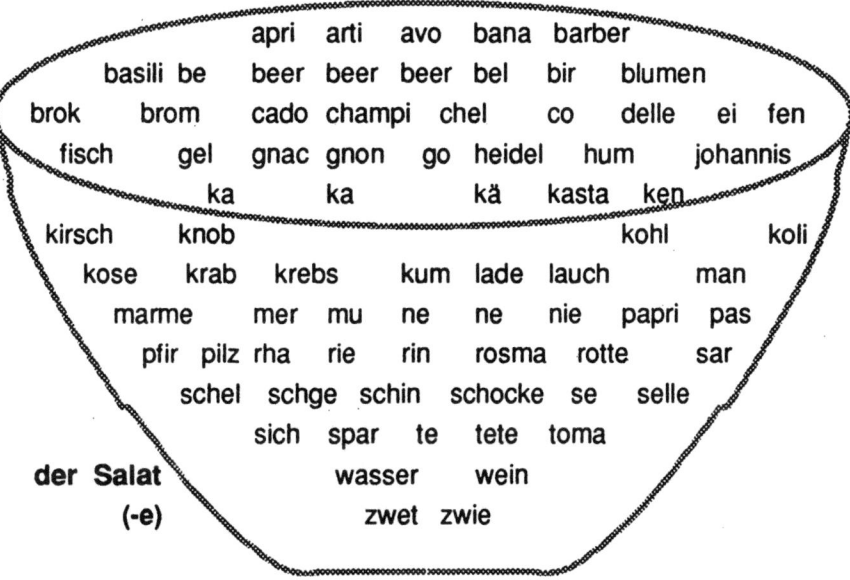

apri arti avo bana barber
basili be beer beer beer bel bir blumen
brok brom cado champi chel co delle ei fen
fisch gel gnac gnon go heidel hum johannis
ka ka kä kasta ken
kirsch knob kohl koli
kose krab krebs kum lade lauch man
marme mer mu ne ne nie papri pas
pfir pilz rha rie rin rosma rotte sar
schel schge schin schocke se selle
sich spar te tete toma
wasser wein
zwet zwie

der Salat
(-e)

B Cherchez la signification et l'article de:

1 das Gemüse
d.. Bohne
d.. Chicoree
d.. Endivie
d.. Erbsen (Pl.)
d.. Gurke
d.. Kartofel
d.. Kohl
d.. Kräuter (Pl.)
d.. Kürbis
d.. Lauch
d.. Linsen (Pl.)
d.. Morchel
d.. Pfifferling
d.. Radieschen
d.. Rettich
d.. Rosenkohl
d.. Rübe
d.. Salatkopf
d.. Spinat
d.. Steinpilz
d.. Trüffel
d.. Zucchini

2 das Obst
d.. Ananas
d.. Apfel
d.. Brombeere
d.. Erdbeere
d.. Feige
d.. Haselnuß
d.. Himbeere
d.. Kirsche
d.. Mandel
d.. Melone
d.. Nuß
d.. Orange
d.. Pflaume
d.. Preiselbeere
d.. Quitte
d.. Traube
d.. Zitrone

3 das Fleisch
Kalbfleisch
Schweinefleisch
Hammelfleisch
Lammfleisch
Rindfleisch

d.. Kotelett
d.. Rippe
d.. Ragout
d.. Braten
d.. Keule
d.. Frikadelle
d.. Leber
d.. Wurst
d.. Blutwurst
d.. Wild
d.. Fasan
d.. Hase
d.. Hirsch
d.. Kaninchen
d.. Rebhuhn
d.. Reh
d.. Wildschwein
d.. Geflügel
d.. Ente
d.. Flügel
d.. Gans
d.. Hähnchen
d.. Huhn
d.. Hühnchen
d.. Perlhuhn
d.. Schenkel
d.. Truthahn

4 der Fisch
d.. Süßwasserfisch
d.. Aal
d.. Felchen
d.. Forelle
d.. Hecht
d.. Karpfen
d.. Lachs
d.. Seefisch
d.. Hering
d.. Makrele
d.. Seezunge
d.. Thunfisch

5 die Schalentiere
d.. Auster
d.. Garnele
d.. Hummer
d.. Krabbe
d.. Krebs
d.. Languste
d.. Muschel

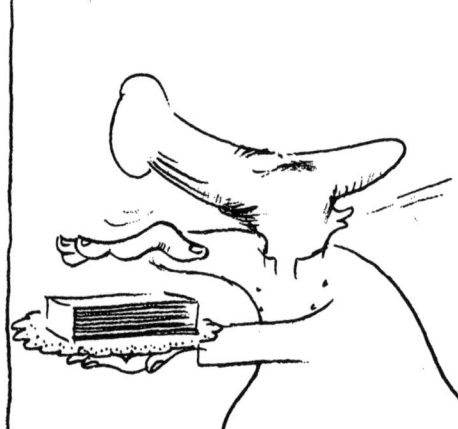

Blätterteigkuchen

C Faites correspondre les expressions culinaires suivantes

auf Bauernart	A	1	*aigre*
auf Förster Art	B	2	*aigre-doux*
auf Müllerinart	C	3	*amère*
auf Wiener Art	D	4	*au bleu*
bestäubt	E	5	*bouilli*
bitter	F	6	*braisé*
blau	G	7	*épicé*
eingelegt	H	8	*étuvé*
flambiert	I	9	*farci*
gebacken	J	10	*flambé*
gebraten	K	11	*forestière*
gedünstet	L	12	*fort*
gefüllt	M	13	*fumé*
gehackt	N	14	*gratiné*
gekocht	O	15	*grillé*
geräuchert	P	16	*haché*
geschmort	Q	17	*mariné*
gewürzt	R	18	*meunière*
paniert	S	19	*panné*
pochiert	T	20	*passé au four*
provenzalisch	U	21	*paysan*
sauer	V	22	*poché*
scharf	W	23	*provençal*
süß	X	24	*saupoudré*
süßsauer	Y	25	*sucré*
überbacken	Z	26	*viennois*

Hotel Ibis

Das Ibis-Restaurant steht allen offen...

Ob Sie im Hotel Ibis schlafen; ob Sie auf der Durchreise sind oder in der Nähe arbeiten ... machen Sie bei der kundenfreundlichen Karte halt!

Erfrischend: das ....
Wenn Sie den Tag richtig beginnen wollen, ob Sie nur einen kleinen oder einen großen .... , kurze 5 Minuten oder viel Zeit haben, lassen Sie sich vom reichhaltigen .... verführen. Das Programm: frische Croissants, Brot oder ...., Butter, Konfitüre, ..., Cornflakes, Obst je nach Jahreszeit, ..., Kaffee, Tee nach Wahl, Schokolade, Milch ...

Entspanntes oder vergnügtes Mittag- oder Abendessen
Vertrauen Sie unserem ....

Schätzen Sie seine leichte, ständig neue Küche, die .... des Tages und das .... Kindermenü.

Die 17 Uhr ....
Haben Sie Lust, am Nachmittag eine Pause einzulegen? Genießen Sie in der .... unser Tagesgebäck mit einem Tee, Kaffee, oder einem frischen ....

Sandwiches und ....
für den kleinen Hunger gibt es für die Hotelkunden immer eine Lösung. Wenden Sie sich an den ....

Complétez avec les termes de votre choix.

B Notez les articles puis apprenez les termes suivants:

1 das Restaurant	2 die Mahlzeit
d.. Bar	d.. Frühstück
d.. Café	d.. Mittagessen
d.. Gasthaus	d.. Kaffeetrinken
d.. Imbißstube	d.. Abendessen
d.. Kneipe	d.. Abendbrot
d.. Konditorei	d.. Gericht
d.. Raststätte	d.. Menü
d.. Selbstbedienung	d.. Tageskarte
d.. Wein-/Bierstube	d.. Spezialität
d.. Kellner	d.. Gang
d.. Kellnerin	d.. Vorspeise
J.. Koch	d.. Hauptgericht
d.. Ober	d.. Beilage
d.. Wirt	d.. Nachtisch
	d.. Süßspeise

EXPRESSION

Ecrivez un petit dialogue entre un maître d'hôtel et une cliente en utilisant les expressions suivantes:

bestellen	passen zu	auf der Karte stehen
zur Wahl haben	kosten	schmecken

═══ Phantasie beim Kochen ═══

nourriture	Die Asiaten, für die das .... einen zentralen
cuisine	Platz einnimmt, verwerten beim .... alles, was
pousser, nager	in der Natur .... , ... , kreucht und
griller, hacher	fleucht. Sie .... , ... , fritieren,
étuver	.... es, geben es in Suppen, Eintöpfen, in den
four, goût	.... , mischen es je nach .... mit
fort, sucré	.... , Saurem, ... , Sanftem. So weit,
	Teile von Tieren oder Meeresbewohnern noch lebendig
	zu verspeisen oder kurz nach dem Töten, wollen und
	können wir aus christlich-ethischen Gründen nicht gehen
cuisine	- doch etwas mehr Phantasie und Mut beim ....
mets	und beim Zusammenstellen von .... würde
	unsere geschmacklich verarmte Küche wahrhaftig
	bereichern!

Hotel Revue

Complétez avec les mots de la marge.

HUNGER IST DER BESTE KOCH.

Die Getränke

d.. Milch
d..Trinkwasser
d.. Mineralwasser
d.. Sprudel
d.. Saft ("e) (Apfelsaft, Orangensaft)
d.. Limonade
d.. Tonic
d.. Wein (Rot-, Weißwein, Rosé)
d.. Portwein
d.. Champagner
d.. Sekt
d.. Most oder Apfelwein
d.. Bier
d.. Schnaps
d.. Obstler (Kirschwasser, Himbeergeist)
d.. Cognac
d.. Weinbrand
d.. Whisky

d.. Tee
d.. Kaffee (Espresso, Cappuccino)
d.. heiße Schokolade
d.. Kakao

alkoholisch
alkoholfrei
cofeinfrei
trinkbar
gespritzt
herb
süß
trocken
gekühlt
kalt
mit Eis

VOCABULAIRE

A Cherchez l'article et le sens des mots que vous ne connaissez pas.

B Faites correspondre les expressions françaises et allemandes.

A Das ist nicht mein Bier!
B Das ist kalter Kaffee!
C Öl ins Feuer gießen.
D Den Braten riechen.
E Da haben wir den Salat!
F Das Wasser läuft mir im Mund zusammen.
G Jemandem klaren Wein einschenken.
H Das habe ich für ein Stück Brot gekauft.
I Er hat sich die besten Rosinen herausgepickt.
J Das ist weder Fisch noch Fleisch!

1 Il s'est choisi les meilleurs morceaux.
2 C'est du réchauffé!
3 Ce n'est ni du lard ni du cochon!
4 Dire à quelqu'un la vérité toute crue.
5 Cela me fait venir l'eau à la bouche.
6 Je l'ai acheté pour une bouchée de pain.
7 Jeter de l'huile sur le feu.
8 Ce ne sont pas mes oignons!
9 Nous sommes dans de beaux draps!
10 Flairer la chose.

Glossar

Kongreß-Hotel

verwöhnen	*gâter*
die Schallisolierung	*isolation phonique*
der Anlaß ("sse)	*occasion*

Kategorie: Zwei Sterne

mittelständisch	*de classe moyenne*
sich ansiedeln	*s'établir*
die Abrechnung	*facture*
umgerechnet	*équivalent*
üppig	*copieux*
der Landsitz (-e)	*propriété*

Arabella

der Fön	*sèche-cheveux*
der Hosenbügler (-)	*presse à pantalon*
bei Einzelbelegung	*si l'on est seul*

Garantiert reserviert

erheblich	*considérablement*
aufkommen für	*subvenir à*
das Pech	*malchance*
stornieren	*annuler*
der Stammkunde (-n)	*client régulier*
zu Lasten + G	*à la charge de*
die Zusage (-n)	*acceptation*
säumig	*négligent*

Andere Gäste

die Eigenschaft	*caractère*
anständig	*correctement*
bescheiden	*modeste*
durchgebacken	*bien cuit*
geräumig	*vaste*
höflich	*poli*
bar zahlen	*payer comptant*
der Nachholbedarf	*besoin de se rattraper*
beleidigt	*vexé*
ausgedehnt	*long*
flott	*rapidement*

Die Paradores

die Schicht (-en)	*couche, type*
verabscheuen	*détester*
der Kutscher	*cocher*
die Auslastung	*occupation*
der Klotz ("e)	*bloc*
der Winkel (-)	*angle*

Wie der König

verleihen,ie,ie	*conférer*
die Anregung	*stimulation*
der Schauplatz	*théâtre*
der Kreuzzug ("e)	*croisade*
die Rüstung	*armure*
das Elfenbein	*ivoire*
verschwenderisch	*prodigue*
die Behausung	*demeure*

Anfällige Hotellerie

anfällig	*fragile*
die Preisgestaltung	*élaboration des prix*

Phantasie beim Kochen

alles was kreucht und fleucht	*tout ce qui*
= alles was kriecht und fliegt	*bouge*

6

Touristische Produkte

Circuits
Séjours
Croisières
Parcs d'attraction

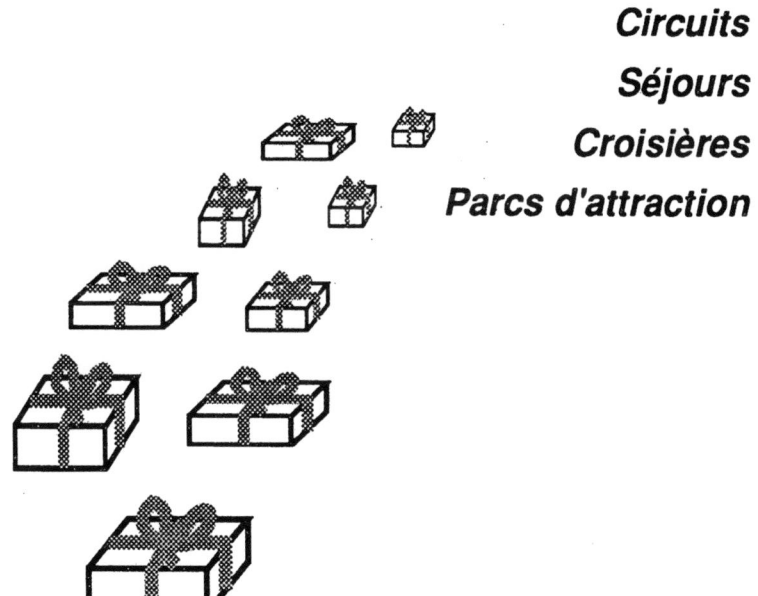

Große China-Reise

14 Tage schon für Fr. 3890.-
Verlängerungswoche in Thailand Fr. 560.-

"Einmal sehen ist besser als hundert mal hören".
Diese chinesische Weisheit bestätigt Ihnen unsere
abwechslungsreiche Rundreise zu den   bekann-
testen Sehenswürdigkeiten.

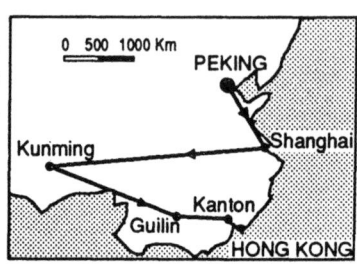

VOCABULAIRE
Complétez le texte de cette brochure avec la traduction allemande des mots de la marge (n'oubliez pas de les accorder!).

Ihr Reiseprogramm

vol direct

chinois

d'une journée

curiosité

grande muraille
édifice
tombeau

vol vers

tour de ville
flânerie
vieille ville

éternel
province
doux

unique

compter parmi

plaine
inoubliable
pittoresque
chute d'eau

1. Tag: Zürich-Peking. Am Abend Abflug an Bord einer DC-10 der Swissair. .... nach Peking.

2. Tag: Peking. Am Abend Landung in der .... Haupt-stadt.

3. Tag: Peking. Eine .... Stadtrundfahrt macht Sie mit der Metropole des bevölkerungsreichsten Landes bekannt. Besucht werden die berühmten .... wie etwa der Kaiserpalast in der Verbo-tenen Stadt, der Himmelstempel und der Sommerpalast.

4. Tag: Große Mauer. Ein Ganztagesausflug führt Sie zur 80 km außerhalb Pekings gelegenen .... , dem bekanntesten .... Chinas. Auf der Rückfahrt Besuch der Ming .... und der Allee der Tiere. Am Abend überraschen wir Sie mit einem Peking-Ente-Essen.

5. Tag: Peking-Shanghai. .... Shanghai. Die 12-Millio-nen-Metropole am Huang-Pu-Fluß ist die größte Stadt der Volksrepu-blik. Am Abend nach Möglichkeit Besuch einer Zirkusvorstellung.

6. Tag: Shanghai. Ganztägige .... mit Besuch der wichtigsten Sehenswürdigkeiten. Eindrucksvoll ist ein .... durch die malerische .... mit einem Besuch im Garten des Mandarin Yü. Nach der Besichtigung des Jade-Buddha-Tempels Ge-legenheit zum Einkaufsbummel auf der Nangking Straße.

7. Tag: Shanghai-Kunming. Flug nach Kunming, der "Stadt des .... Frühlings". Die im Südwesten Chinas gelegene Hauptstadt der .... Yünnan erfreut sich selbst im Winter eines .... Klimas.

8. Tag: Kunming-Shilin-Künming. Kunming ist Ausgangspunkt für den Besuch des berühmten Steinwaldes von Shilin. Dieses Naturphäno-men mit seinen Tausenden von einzigartigen Steinformationen, Teichen, Pagoden und Höhlen ist ....

9. Tag: Kunming-Guilin. Flug nach Guilin im subtropischen Süden Chinas. Die Landschaft von Guilin .... den schönsten Chinas. Zu Hunderten ragen bizarr geformte Berge aus der .... empor, durch die sich der Li-Fluß schlängelt. Eine .... Bootsfahrt auf dem Li-Fluß zählt zu denHöhepunkten jeder China-Reise. Das Schiff gleitet vorbei an .... Felsfor-mationen, grünen Hügeln, ... und Dörfern.

10. Tag: Guilin-Kanton. Flug nach Kanton, der größten Metropole Südchinas. Kanton ....als Ziel für .... und besitzt zahlreiche Handwerksateliers. Interessant ist auch ein Spaziergang durch den Freimarkt. | *passer pour + gourmet*

11. Tag: Kanton. Ganztägige Rundfahrt in der am Perl-Fluß .... Stadt, welche Besichtigungen wie zum Beispiel den Tempel der sechs Banyan Bäume einschließt. | *situé*

12. Tag: Kanton-Hong Kong. Eine .... Zugfahrt bringt uns nach Hong Kong und in eine andere Welt. Am Nachmittag .... zu einer fakultativen Stadtrundfahrt mit Besuch auf dem Victoria Peak, im Dschunkendorf Aberdeen und an den .... von Repulse Bay. | *varié* / *occasion* / *plage*

13. Tag: Hong Kong-Zürich. Der ganze Tag steht zu .... Wir .... Ihnen, an einer fakultativen Hafenrundfahrt teilzunehmen. Vom Meer bietet Hong Kong einen großartigen Anblick. Am Abend .... mit einem Jumbo Jet der Swissair in die Schweiz. Gäste mit Verlängerungsprogramm Thailand .... die Reise bei der Zwischenlandung in Bangkok. | *votre disposition* / *recommander* / *vol retour* / *interrompre*

14. Tag: Zürich. Am frühen Morgen .... in Zürich. | *arrivée*

Reisedaten und Pauschalpreise
21.12-3.1 / 8.2-21.2 / 1.3-14.3 / 22.3-4.4
Fr. 3990.- (Einzelzimmerzuschlag **Fr. 192.-**)

Dabei ist mehr als üblich inbegriffen:
- Linienflüge mit Swissair Zürich-Peking und zurück ab Hong Kong
- Innerchinesische Flüge Peking-Shanghai-Kunming-Guilin-Kanton .... Kanton-Hong Kong | *trajet en train*
- .... in China in guten Mittelklassehotels. Alle Zimmer mit Bad oder Dusche/WC | *hébergement*
- 1 Nacht in Hong Kong im Erstklasshotel
- Alle im Programm erwähnten Besichtigungen und Ausflüge
- .... inklusive .... in China | *pension complète +boisson*
- Amerikanisches Frühstück in Hong Kong
- Sämtliche Transfers und Taxen
- Erfahrene Reiseleitung sowie lokale Reiseführer
- .... Reisedokumentation. Flugtasche | *détaillé*

Anschlußprogramm Thailand
3 Tage Bangkok und 4 Tage .... am Golf von Siam für Fr. 560.- pro Person inkl. Swissair-Flug von Hong Kong nach Bangkok und zurück in die Schweiz. | *vacances balnéaires*
3 Nächte im Erstklasshotel Ambassador, Bangkok
4 Nächte im Erstklasshotel Regent am Golf von Siam
Unterkunft in Doppelzimmer mit Bad oder Dusche/WC
Amerikanisches Frühstück
Sämtliche .... | *transfert*
Zuschlag für Einzelzimmer Fr. 378.-, Flughafentaxe ca. Fr. 13.

USA: Im Westen viel Neues
15 Tage ab San Francisco mit dem Mietwagen

REISEPROGRAMM

1. Tag: Ankunft in San Francisco
Gegen Abend individuelle Ankunft in San Francisco. Übernahme Ihres Mietwagens und kurze Fahrt zum Hotel.

2. Tag: San Francisco - Pismo Beach (etwa 240 Meilen)
Einen fantastischen Auftakt zur Reise durch die Naturwunder des Westens bildet die heutige Fahrt nach Pismo Beach. Parallel zur Pazifikküste verläuft die Route am Nachmittag nach Süden zur Pismo Beach.

3. Tag: Pismo Beach - Santa Barbara - Los Angeles (etwa 200 Meilen)
Heute morgen genießen Sie bestimmt die herrliche Lage Ihres Hotels. Erfreuen Sie sich an einem Spaziergang entlang der wildromantischen Küste von Shell Beach. Gegen Mittag fahren Sie via Solvang, einem Städtchen mit dänischem Charme, nach Santa Barbara und Los Angeles.

4. Tag: Los Angeles
Schon geht's auf Entdeckungsfahrt. Los Angeles und Umgebung bieten viele Sehenswürdigkeiten; besuchen Sie die Universal-Filmstudios, Disneyland, Port of Call und die "Queen Mary".

6. Tag: Los Angeles - Phoenix - Scottsdale (etwa 380 Meilen)
Auf dem Interstate 10 fahren Sie heute ostwärts durch interessante Wüstenlandschaften. In Scottsdale bei Phoenix endet die heutige Etappe.

7. Tag: Scottsdale
Genießen Sie diesen Tag, um die faszinierende Wüstenlandschaft zu erkunden, Tennis zu spielen oder einfach zum Faulenzen.

8. Tag: Scottsdale - Sedona - Oak Creek Canyon - Grand Canyon (etwa 230 Meilen)
Ein ereignisreicher Tag steht bevor! An Tausenden von Kakteen vorbei fahren Sie zum Montezuma Castle, einer alten Indianer-Siedlung. Über Sedona und geht's weiter zum Grand Canyon.

9. Tag: Grand Canyon
Heute haben Sie genügend Zeit, das phantastische Naturwunder zu besichtigen. Sie haben auch die Möglichkeit, an einem Flug im Helikopter oder Kleinflugzeug teilzunehmen.

10. Tag: Grand Canyon - Las Vegas (etwa 290 Meilen)
Über Flagstaff und Kingman geht die Reise weiter. Unterwegs besichtigen Sie das gewaltige Bauwerk des Hoover-Staudamms. Las Vegas, die Stadt der Supershows und des Glückspiels, ist Ihr heutiges Tagesziel und bietet Ihnen viel Unterhaltung und Vergnügen.

11. Tag: Las Vegas - Mammoth Lakes (etwa 370 Meilen)
Die Fahrt durch das Death Valley wird sicher zu einem Höhepunkt. Die faszinierende Wüstenlandschaft wird Sie auch begeistern. Abends Ankunft im Mammoth Lakes, am Ostabhang der Sierra Nevada.

12. Tag: Mammoth Lakes - San Francisco (etwa 310 Meilen)
Über den Tioga-Paß gelangen Sie ins Yosemite Valley. Sie haben genügend Zeit, die Naturschönheiten im National Park zu bewundern. Am Nachmittag Weiterfahrt nach San Francisco.

13. bis 14. Tag: San Francisco
Zwei volle Tage zur freien Verfügung in dieser weltberühmten Stadt. San Francisco bietet unzählige Sehenswürdigkeiten. Wir empfehlen Ihnen auch einen Ausflug zu den Riesenbäumen von Muir Woods und zum romantischen Städtchen Sausalito; auch ein Besuch des bekannten Napa Valley, wo der kalifornische Wein herkommt, ist lohnenswert.

15. Tag: San Francisco - Flughafen.
Gegen Abend geben Sie Ihren Mietwagen am Flughafen von San Francisco zurück. Rückflug in die Schweiz oder Beginn Ihres individuellen USA-Programms.

Der Westen der USA

Inbegriffen sind:
- Avis-Mietwagen für 2 Wochen in der von Ihnen gewählten Kategorie, mit unlimitierten Meilen und Vollkasko-Versicherung.
- Unterkunft in guten Hotels bzw. Lodges, im Doppelzimmer mit Bad oder Dusche und WC.
- Ausführliche Dokumentation mit Routenbeschreibung und Karten.

Nicht inbegriffen sind:
- Eintritte in Nationalparks
- Mahlzeiten
- Benzin
- Strassenzölle
- US-State Tax, etwa 6,5% des Mietpreises

Hinweis
Wir möchten ausdrücklich darauf hinweisen, daß sich dieses Reiseprogramm, trotz organisierter Unterkunft und Route, speziell für fahrtüchtige, reiseerfahrene Kunden eignet.

Reisedaten

Mai	Juni	Juli	August	September	Oktober
8 15 22 29	5 12 19 26	3 10 17 24 31	7 14 21 28	4 11 18 25	2 9 16 23

Preise
Basispreis pro Person bei 4 Personen in 2 Doppelzimmern **1226 Schweizer Franken**
Im Basispreis ist der Mietwagen Kat. A eingeschlossen
Zuschläge für höhere Kategorien pro Mietwagen
Kat. B: **102 SFr**   Kat. C: **224 SFr**

Balair-Flüge pro Person

Hinflug ab Zürich:	8.5 bis 26.6	**690 SFr**
	3.7 bis 25.9	**820**
	2.10 bis 23.10	**690**
Rückflug:	15.5 bis 26.6	**690**
	3.7 bis 25.9	**920**
	2.10 bis 23.10	**820**

ORIENTATION
Zeichnen Sie auf die Karte die geplane Reiseroute.

COMPREHENSION: *Ein interessierter Kunde fragt:*
1 In welchem US-Staat beginnt und endet die Reise?
2 Wann und wo steht der Mietwagen zur Verfügung?
3 An welchen Etappen haben wir die Möglichkeiten, den Pazifik zu sehen?
4 Bei welcher Stadt liegt der Disney-Park?
5 Wieviel Nächte verbringen wir in Los Angeles, bzw. San Francisco?
6 Wieviel Meilen werden mindestens zurückgelegt? Was heißt es in Kilometern?
7 Geben Sie mir bitte den Preis pro Person für unsere Reise, wenn wir am 12. Juni abfliegen.

REDACTION et TRADUCTION
Rédigez deux phrases d'introduction en insistant sur les avantages d'un voyage individuel, puis ajoutez-y la version allemande du texte suivant:

Arrivé à San Francisco, il ne vous reste plus qu'à prendre en charge la voiture de location réservée. Nous avons préparé à votre intention un circuit de deux semaines, déjà réservé les hôtels pour chaque étape, et choisi l'itinéraire de sorte que vous puissiez visiter les curiosités les plus importantes. De plus, vous disposerez de suffisamment de temps libre pour découvrir à votre manière les régions traversées. Bref, nous avons presque tout prévu pour que votre voyage se passe le mieux possible.

Das Spiel der Konkurrenz

Als Reisebüroangestellte(r) fällt Ihnen die Beratung der Kunden zu. Es ist oft schwierig, sich im Broschüre-Dschungel zurechtzufinden, da es unter den Reiseveranstaltern eine harte Konkurrenz herrscht.
Sie sitzen jetzt vor einem Kunden, der für zwei Wochen nach Mexico reisen möchte. Sie haben Ihm bereits den Vorschlag zwischen zwei Reiseangeboten unterbreitet. Das erste stammt von Domino in Paris, das andere von Riesen-Reisen in Frankfurt. Sie sind dabei, beide Offerten zu vergleichen.

Le Mexique à ce prix-là? Caramba!

Qui n'a jamais rêvé de percer les secrets des Aztèques et des Mayas? Le Mexique d'aujourd'hui n'est pas moins fascinant: le charme des villes coloniales, la majesté des paysages montagneux et des côtes du Pacifique, sans oublier le gigantisme de Mexico. Le prix de ce voyage est à l'image de ce pays: incroyable: 11.560 Francs pour un circuit d'une semaine plus une semaine de vacances à Acapulco.

ITINERAIRE

1er jour: Paris-Mexico City
Le matin, envol de Lyon, Lille, Bordeaux, Toulouse jusqu'à Paris et de là, à bord d'un jumbo jet d'AIR FRANCE, vol à destination de Mexico City. Aterrissage dans la soirée.

2ème jour: Mexico-City
Un tour de ville vous fera découvrir cette gigantesque capitale. Une visite du célèbre musée anthropologique agrémentera le programme de cette journée.

3ème jour: Teotihuacan-Guadalupe
Une excursion d'un jour et visite du site de Teotihuacan. Lorsque les Aztèques découvrirent les temples en ruines de Teotihuacan, ils donnèrent à cet endroit le nom de «lieu des dieux». Ensuite nous nous rendrons à Guadalupe pour y visiter la basilique, l'un des lieux de pèlerinage les plus fréquentés du Mexique.

4ème jour: Mexico City
Cette journée est libre. Profitez-en pour parcourir la ville à votre gré. Les endroits à visiter ne manquent pas. La situation de votre hôtel est idéale pour faire un peu de shopping dans le quartier commerçant, la «zona rosa».

5ème jour: Mexico City-Taxco
Sur la route menant à Taxco, la ville de l'argent, nous vous ferons découvrir les jardins flottants de Xochimilco. Ce grand parc floral et potager est très prisé des Mexicains qui y passent le dimanche en famille. Puis nous ferons halte dans la Sierra Transversal, célèbre pour ses montagnes volcaniques: le Popocatépetl (5452m) et le Ixtaccihuatl (5268m).

6ème jour: Taxco
Classée monument historique, Taxco doit son renom aux importantes mines d'argent qu'un entrepreneur d'origine française, José de la Borda, découvrit et exploita à partir de 1716. Pour remercier Dieu de l'avoir rendu immensément riche, il fit construire l'église Santa Prisca, qui est l'un des plus beaux monuments de cette ville coloniale. Nous visiterons aussi le célèbre marché du dimanche.

7ème jour: Taxco
De nouveau une journée à votre disposition. Vous pourrez flâner à loisir dans le dédale des ruelles, sur les petites places bordées de magnifiques demeures du XVIIIème siècle et dans les petites échoppes des orfèvres.

8-14ème jours: Taxco-Acapulco
Nous poursuivrons notre route jusqu'à Acapulco, célèbre station balnéaire, où nous séjournerons à l'hôtel Hyatt Continental. Cet hôtel de 1ère catégorie, à l'atmosphère détendue, est situé sur la plage. Vous pourrez pratiquer de nombreux sports et profiter d'un large éventail de divertissements.

15 et 16ème jours:
Retour à Mexico-City puis vol à bord d'un jumbo d'AIR FRANCE via Paris à destination de votre ville de départ. Aterrissage dans la soirée du 16ème jour.

Date de voyages et prix forfaitaires par personne en chambre double
Départ les 4 et 18 septembre, 2, 16 et 30 octobre, 13 et 27 novembre.

Prix: **11.560 F.**
Supplément pour chambre individuelle: **2.352 F.**

Des prestations hors du commun

Vols de ligne depuis Lyon, Lille, Bordeaux, Toulouse via Paris à destination de Mexico City et retour

Repas à bord

Tous les transferts et les excursions décrits dans le programme

Hébergement à l'hôtel de classe moyenne ou de 1ère classe durant le circuit, avec le petit déjeuner

Une semaine à Acapulco, hôtel Hyatt Continental, 1ère classe, sans les repas

Guide Domino compétent

Assistance de guides locaux dans tous les endroits visités

Documentation

Suppléments

Assurance frais d'annulation obligatoire: 172 F

Taxe d'aéroport: environ 10 $ US

Dépenses personnelles et repas.

Ce voyage n'aura lieu que 7 fois! Réservez maintenant, nombre de places limité.

Viva Mexico

Mexico ist auch heute noch ein fernes, fremdes Land, ferner als die geographische Distanz vermuten läßt. Es ist ein Land der Extreme, der Gegensätze. In diesem fantastischen Land reichen sich Vergangenheit und Gegenwart die Hand und machen es vielleicht gerade deshalb für jeden Besucher zu einem einzigartigen Erlebnis.

REISEPROGRAMM

1. Tag: Frankfurt-Mexico City
Am Nachmittag Flug nach Mexico City. Ankunft am späten Abend und Fahrt zum Hotel.

2. Tag: Mexico City-Xochimilco
Besuch des weltbekannten Folkloreballetts im "Teatro de la Ciudad". Nach einem mexikanischen Mittagessen im Herzen der Stadt Fahrt nach Xochimilco, dem Ort, "wo die Blumen wachsen". Im 12.Jh. gegründet, ist er bekannt für seine schwimmenden Gärten. Bootsfahrt auf den Kanälen.

3. Tag: Mexico City - Teotihuacan
Sie haben heute die Möglichkeit, einen halbtägigen Ausflug nach Teotihuacan zu unternehmen, wo sich eine der eindruckvollsten Pyramidenanlagen befindet. Auf dem Rückweg nach Mexico City Halt bei der Villa de Guadalupe mit der Basilika der Jungfrau. Bedeutendster Wallfahrtsort Lateinamerikas.

4. Tag: Mexico City
Auf einer Stadtrundfahrt lernen Sie unter anderem die größte Kirche des Landes und eines der bedeutendsten Museen der Welt kennen.

5. Tag: Mexico City-Cuernavaca-Xochicalco-Taxco

Fahrt nach Cuernavaca, der Stadt des ewigen Frühlings mit den sehenswerten Kathedralen. Weiterfahrt nach Xochicalco, einer der interessantesten Ausgrabungsstätten im mexikanischen Hochland. Am Nachmittag erreichen Sie Taxco, bekannt vor allem wegen der einstigen Silberminen.

6. Tag: Taxco-Acapulco
Am Vormittag besichtigen Sie Taxco zu Fuß. Nachmittags Weiterfahrt nach Acapulco.

7. Tag: Acapulco
Zahlreiche Restaurants und Nachtclubs bieten herrliche Spezialitäten und viel Unterhaltung. Ein Muß während Ihres Aufenthaltes ist das Schauspiel der tollkühnen Quebrada-Taucher, die am Abend bei Fackelschein von den steilen Klippen ins Meer springen.

8./14. Tag: Badewoche in Acapulco
Erholung im Erstklasshotel Hyatt Regency.

15. und 16. Tag: Acapulco-Mexico City-Rückflug
Frühmorgens Fahrt zum Flughafen und Flug nach Mexico City. Gegen Mittag Rückflug nach Frankfurt.

Reisedaten

Jeden Samstag von September, Oktober und November (= 13 Reisedaten).

Preise
4266 DM, Zuschlag für Einzelzimmer:
1694 DM
        ...und das gehört dazu:
Transport
Flug Frankfurt-Mexico City und zurück
mit KLM
Flug Acapulco-Mexico City mit nationaler Fluggesellschaft
Unterkunft
In Mexico City und Acapulco in guten Ersteklassehotels mit Bad und WC, in Taxco im Mittelklassehotel mit Bad und WC.

Verpflegung
Amerikanisches Frühstück während der Rundreise
Mittagessen am 2. Tag in Mexico City.
Außerdem
- Begleitung der Rundreise durch einen lokalen Reiseleiter: bis 5 Personen englisch-spanischsprechend, ab 6 Personen deutschsprechend.
- Mindesteilnehmerzahl: 4 Personen.
- Betreuung am Flughafen in Mexico City
- Ausflüge und Besichtigungen gemäß Programm.

Nicht inbegriffen
Flughafentaxe
Mahlzeiten

Ein tolles Mexico-Erlebnis zu einem Riesen-Reisen-Super-Preis!

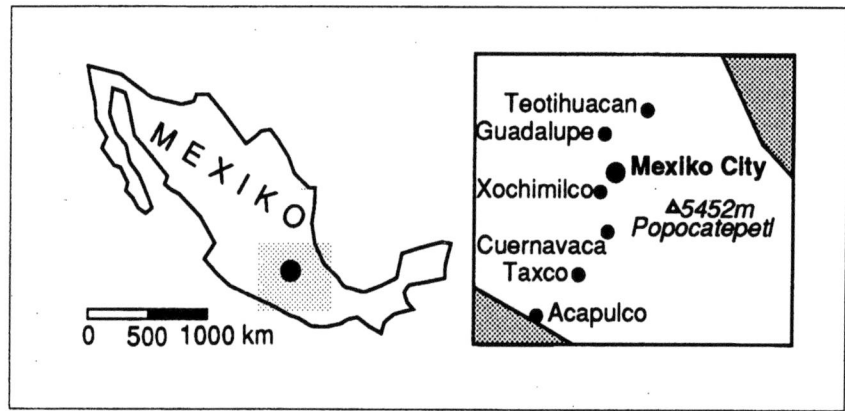

COMPREHENSION

A Lisez attentivement les deux offres ci-dessus.
B Indiquez zur la carte les circuits (excursions) proposés.
C Remplissez en allemand la fiche comparative (Auswertung, p.141)

EXPRESSION ORALE: *Jeu de rôle*

Sie versuchen Ihren Kunden zu überzeugen, daß das Riesen-Reisen-Angebot vorteilhafter ist, obwohl der Preis wesentlich höher liegt. Ihr Partner spielt die Rolle des Kunden.

TRADUCTION

Traduisez librement le programme Domino (jours 1 à 7).

Auswertung		
	DOMINO	*RIESEN-REISEN*
Flug ab:		
Unterkunft Anzahl der Übernachtungen in Mexico City Taxco Acapulco anderswo		
Verpflegung		
Betreuung		
Reiseprogramm 1. Tag 2. Tag 3. Tag 4. Tag 5. Tag 6. Tag 7. Tag 8.-14. Tag		
Preis in DM (1 DM = 3.60F) **Zuschlag EZ**		
Gesamtpreis (in DM)		

Nordwales aktiv entdecken

Nordwales, im Westen der britischen Insel gelegen, ist eine der landschaftlich eindrucksvollsten Gegenden Großbritanniens. Unser Zentrum liegt im Nationalpark Snowdonia, einer wildschönen Gebirgslandschaft mit stillen klaren Seen, benannt nach dem höchsten Gipfel von Wales.

UnserHaus

ist ein walisisches Landhaus, das komplett renoviert und zu einem Kunst- und Kurszentrum umgebaut wurde. Am See gelegen, in parkähnlicher Landschaft, bietet es herrliche Ausblicke auf das angrenzende Naturschutzgebiet von Snowdonia. Terrasse und Garten bieten die Möglichkeit zum Lesen, und zur Muße nach Wanderungen und Kursen.

Unterbringung und Verpflegung

Die Unterbringung erfolgt in Doppelzimmern, alle mit Bad bzw. Dusche/WC ausgestattet. Die Räume sind mit viel Geschmack, vorwiegend im antiken Stil möbliert.

Im Preis enthalten ist Vollpension: Ein reichhaltiges Frühstücksbuffet, mittags Lunch oder Lunchpaket, falls Ausflüge gemacht werden, und ein Menü am Abend. Die Küche des Zentrums bietet gesunde Kost und walisische Spezialitäten (Lamm, Lachs usw.), die von der Dorfköchin zubereitet werden.

Freizeitmöglichkeiten

- Wandern am See, im Bergland und in die typischen Dörfer sowie an den ca. 10km entfernten Sandstränden der walisischen Küste
- Rudern und Angeln auf dem direkt am Zentrum gelegenen See (2 Boote stehen zur Verfügung)
- Reiten

Ausflugsmöglichkeiten

- Chester, eine der schönsten englischen Städte
- Liverpool mit seinen berühmten Museen,

Theatern und Kunstgalerien
- Schlösser und Gärten von Wales

Abendprogramm

nach dem gemütlichen langen Abendessen:
- Gespräche am Kamin
- Harfen-Abende
- Singen und Tanzen
- Besuch von Pubs in den Dörfern
- Begegnung mit walisischen Künstlern
- Literatur-Abend

Im Preis enthalten ist wahlweise der Kurs Malen oder die Teilnahme an den Wanderungen. Bitte bei Anmeldung angeben, ob Sie Malen oder Wandern wählen.

5 geführte Wanderungen

- Leichte Wanderung (7 Meilen) durch liebliche Landschaft zum Museum und Grab des Staatsmannes David Lloyd George.
- Durch Landschaftsgärten und durch das Croesortal hinauf zum Berg Chnicht. Mittelschwer (bis zu einer Höhe von 950 m).
- Zur Halbinsel Lleyn über Küstenpfade, vorbei an steilen Klippen und Sandbuchten.
- Anspruchsvolle Wanderung durch Naturschutzgebiet mit interessanter Flora und Fauna. Aufstieg zur über 1.000 m hohen Glyder Bergkette.
- Großartigste Bergkamm-Wanderung in ganz Großbritannien zu den Gipfeln des Snowdon Massivs (höchster Punkt 1.082 m).

Ausrüstung: Wanderschuhe, wetterfeste Kleidung, Sonnenschutz, Tagesrucksack.

Malen im Atelier und in der Landschaft

Das Malatelier unseres Landhauses liegt direkt am See, wo sich der Maler Turner zu seinen berühmten Landschaftsbildern inspirieren ließ.

Die Schwerpunkte der Landschaftsmalerei werden Komposition, Licht und perspektivische Gestaltung sein.

Dieser Kurs (englisch-sprachig) ist gedacht für Anfänger und Fortgeschrittene. Das Atelier kann auch außerhalb der Unterrichtsstunden benutzt werden. Am Ende des Kurses findet eine Vernissage statt.

Kursdauer: 5 Tage à 4 Stunden.

Unterrichtsmaterial ist im Preis **nicht** enthalten.

Sprachkurs: Brush up your English!

Auffrischungs-Kurs, in entspannter Atmosphäre am Kamin. Neben dem Kursleiter werden auch Einheimische mit Ihnen Konversation üben.

Kursdauer: 8 x 90 Minuten

Kursgebühr: 180 DM

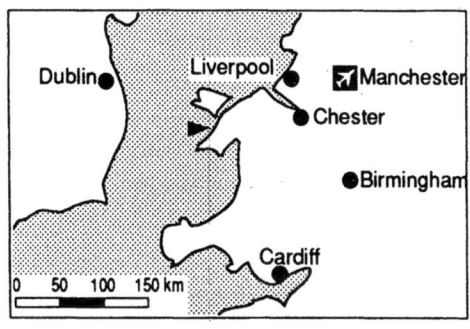

Nordwales

Progr.Nr.:	Termine	bei Eigenanreise	bei Flug ab Köln
91221	16.6-28.6	1.890,-	2.540,-
91222	30.6-12.7	2.090,-	2.740,-
91223	14.7-26.7	2.090,-	2.740,-
91224	28.7-9.8	2.090,-	2.740,-
91225	6.10-18.10	1.890,-	2.540,-

Im Preis enthalten:

- Unterbringung im Doppelzimmer mit Dusche/WC oder Bad für 12 Tage
- Vollpension beginnend mit Abendessen, endend mit Frühstück
- wahlweise: a) 5 geführte Wanderungen
  b) Malkurs
- Deutschsprachige Betreuung im Zentrum
- Reiserücktrittskostenversicherung

Bei Fluganreise zusätzlich enthalten:

- Flug von Köln nach Manchester und zurück
- Transfer vom Flughafen Manchester zum Zentrum und zurück

Einzelzimmerzuschlag für 12 Nächte: **240,- DM**

REISEANMELDUNG

Titel der Reise: ....

Programm Nr.:   von   bis

Eigenanreise per   ☐ PKW   ☐ Bahn   *Bitte ankreuzen!*

Doppelzimmer   ☐   Einzelzimmer   ☐

Bitte Zimmerzahl eintragen: ....

Leistungen	Preis	Personen	Gesamt		
Reisepreis	....	....	....		
EZ-Zuschlag	....	....	....		
Kursgebühr	....	....	....	=	.... DM

Anmelder

Name: ....   Vorname: ....

Anschrift: ....

PLZ + Stadt: ....   Land: ....

Telefon: ....

Kursanmeldung: A=Anfänger, M=Mittelstufe, F=Fortgeschrittene

Kurs Nr.: ....   ☐ A   ☐ M   ☐ F

Kurs Nr.: ....   ☐ A   ☐ M   ☐ F

Ich buche gleichzeitig für folgende Teilnehmer:

Name: ....   Vorname: ....

Anschrift: ....

PLZ + Stadt: ....   Land: ....

Telefon: ....

Kurs Nr.: ....   ☐ A   ☐ M   ☐ F

Kurs Nr.: ....   ☐ A   ☐ M   ☐ F

Name: ....   Vorname: ....

Anschrift: ....

PLZ + Stadt: ....   Land: ....

Telefon: ....

Kurs Nr.: ....   ☐ A   ☐ M   ☐ F

Kurs Nr.: ....   ☐ A   ☐ M   ☐ F

Name: ....   Vorname: ....

Anschrift: ....

PLZ + Stadt: ....   Land: ....

Telefon: ....

Kurs Nr.: ....   ☐ A   ☐ M   ☐ F

Kurs Nr.: ....   ☐ A   ☐ M   ☐ F

Die Reise- und Zahlungsbedingungen sind mir bekannt und werden anerkannt.

Datum: ....   Unterschrift des Anmelders:................................

☐

COMPREHENSION

A Füllen Sie die Reiseanmeldung unter Berücksichtigung folgender Angaben aus.

- Es handelt sich um zwei Ehepaare: Schmidts und Müllers, die von Bonn per PKW in der ersten Oktoberhälfte reisen.
- Müllers wollen am Malkurs teilnehmen. Sie haben keine Vorkenntnisse.
- Schmidts bevorzugen das Wandern, möchten aber gern ihr Schul-Englisch auffrischen.

B Unterzeichnen Sie im Broschüretext mit verschiedenen Farben die Stellen, die den Begriffen vom "sanften Tourismus" einerseits und vom "kreativen Urlaub" andererseits entsprechen.

VOCABULAIRE

Remettez les éléments suivants dans un ordre logique et accordez les adjectifs.

ein..	anstrengend..	Gespräch	führen
ein..	einheimisch..	Spezialität	genießen
ein..	gemütlich..	Sportjacke	machen
ein..	wetterfest..	Wanderung	mitnehmen

EXPRESSION

A Welches Publikum bzw. welche Altersklassen werden bevorzugt von einem solchen Angebot angesprochen? Warum?

B Verfassen Sie einen kurzen Einführungstext (ca. 70 Wörter) für die Broschüre "Land und Leute kennenlernen", wobei Sie auf die obengenannten Begriffe von "sanftem Tourismus" und "kreativem Urlaub" als Gegenstück zum "Massentourismus" bestehen.

....

....

....

....

....

....

....

....

....

....

Rund um den Erdball

Sie ist der Höhepunkt jedes Globetrotters: die Weltreise. Seit die Flugpreise weltweit zurückgegangen sind, ist diese Königin der Rundreisen auch für Normalverdiener erschwinglich geworden.

Wer sich im Reisebüro Unterlagen geben läßt, stellt fest: Das Angebot ist verwirrend breit. Vom Pauschalarrangement aus dem Katalog bis zum Graumarkt-Ticket für den Rucksacktouristen: jede mögliche Variante wird angeboten.

Wer sich seinen Traum erfüllen will, der muß zunächst eine Grundsatzentscheidung treffen. Linksherum oder rechtsherum? Die meisten Weltumrunder starten nach Osten, der Sonne entgegen. Der Grund dafür ist einfach: Es ist die Faszination, sein Leben scheinbar um einen Tag zu verlängern. Daß jeder Reisetag etwas kürzer ist als 24 Stunden, spielt keine große Rolle.

Sparsame Weltreisende - und manche Veranstalter - entscheiden sich dagegen für die Westrichtung. Sie kalkulieren genau und stellen fest: Auf diese Weise müssen sie zwei teure Hotelübernachtungen weniger bezahlen - und außerdem ist jeder Tag etwas länger als 24 Stunden.

Drei klassische "Rennstrecken" prägen den internationalen Flugverkehr: Europa-Fernost, Fernost-USA, USA-Europa. Australien gilt als Nebenstrecke, Afrika und Südamerika als fliegerische Sackgassen.

Mit diesem Basiswissen kann man sich nun ins Studium der Angebote stürzen. Drei grundsätzlich unterschiedliche Varianten sind es, unter denen man zu wählen hat: zum einen Pauschalpakete aus Flugschein, Hotel und Reiseleitung; als zweite Möglichkeit ein Flugticket zum sogenannnten Round-the-World-Tarif. Und drittens kombinieren manche Reisebüros noch Flugscheine mehrerer Fluggesellschaften zu einem "Haustarif", meist vom grauen Markt.

Der Pauschaltrip ist sicher die unproblematischste und keineswegs die teuerste Art, sich eine Weltreise zu leisten. Flüge und Hotels sind vorgebucht; für die kleinen Probleme des Reisealltags hat man einen Reiseleiter dabei, der auch gleich noch Sehenswürdigkeiten erklärt und Taxipreise aushandelt.

Die Preisskala beginnt bei rund 5.000 Mark für die zwölftägige "Blitz-Weltreise". Drei Wochen sind für 7.000 bis 8.000 Mark zu haben. In jedem Fall sollte, wer sich für das pauschale Weltreise-Abenteuer entschließt, darauf achten, was im Preis wirklich enthalten ist.

Ein paar Dollar mehr kostet die exklusivere Variante der organisierten Flugweltreisen. Firmen wie Hapag-Lloyd und Kuoni chartern gelegentlich ein komplettes Flugzeug für die Erdumrundung und rüsten es oft sogar noch mit bequemeren Sitzen aus. Der Preis für derlei Luxus: zwischen 14.000 und 20.000 Mark; beim alljährlichen Überschall-Trip von Kuoni mit einer Concorde der Air France summieren sich gar knapp 30.000 Mark.

Wer sich nicht in das pauschale Korsett zwängen lassen will, greift besser zu den Round-the-World-Sondertarifen der großen Fluggesellschaften. Damit lassen sich Route une Zwischenstopps selbst zusammenstellen - und die Dauer jedes Aufenthalts bestimmt man natürlich ebenfalls selbst.

Mit diesem RTW-Ticket, das aus einem Flugschein zum Festpreis besteht, hat der Fluggast prinzipiell freie Wahl, auf einer beliebigen Route einmal um die ganze Welt zu fliegen. Natürlich haben sich die ausstellenden Fluggesellschaften dazu eine Reihe von Einschränkungen einfallen lassen. Man ist auf die im Ticket fixierten Gesellschaft festgelgt, und die einmal eingeschlagene Richtung (Ost oder West) muß beibehalten werden. Start und Ziel der Weltreise müssen identisch sein. Bei manchen Airlines ist auch die Höchstzahl der Zwischenstopps eingeschränkt. Auch die Reisedauer ist festgelegt: Mindestens 14 oder 21 Tage, maximal ein halbes oder ein ganzes Jahr darf die Reise rund um den Globus dauern. Die letzte aber entscheidende Einschränkung kommt vom deutschen Bundesluftfahrtamt: Die Weltreise-Tickets kann man zwar in Deutschland buchen, abfliegen darf man aber nur im Ausland.

Zur Zeit beträgt der Durchschnittspreis für solche RTW-Angebote etwa 4.200 Mark in der Economy-Klasse ab London. Nach oben hin sind keine Grenzen gesetzt. Noch billiger als die günstigsten offiziellen Tarife sind Weltreisen vom grauen Markt: Schon für unter 2.500 Mark bekommt man von Spezialunternehmen eine Weltumrundung. Die Hotelkosten sollte man auf einer selbstorganisierten Weltreise nicht außer acht lassen - denn sonst kann die große Tour selbst mit einem supergünstigen Flugschein schnell sehr teuer werden.

Selbstverständlich hat der Traveller-Traum auch einen Haken. Geflogen wird nämlich mit weniger renommierten oder exotischen Airlines, die häufig nicht gerade für Pünktlichkeit bekannt sind. Meistens spielen die Spezialbüros auch mit verdeckten Karten: Verkauft wird die Streckenführung, die Fluggesellschaft erfährt man erst hinterher. Die einmal gewählte Route läßt sich nur noch mit großem Aufwand ändern. Solche Tickets sind also nur Globetrottern anzuraten, für die der Weg schon das Ziel ist.

Nach: D.Winkler, *die Zeit*

Jan Tomaschoff:
METROPOLITEN

COMPREHENSION: *Ja/Nein*

1 Weltreiseangebote gibt es in Hülle und Fülle.

2 Wenn man nach Osten startet, verlängert man sein Leben scheinbar um einen Tag.

3 Aus finanziellen Gründen lassen manche Veranstalter die Weltreise nach Westen starten.

4 Afrikanische Länder werden kaum von Weltreisetouristen berührt.

5 Pauschale Weltreisen sind meistens teurer.

6 Für 20.000 Mark kann man sogar mit dem Überschall-Fleugzeug Concorde fliegen.

7 Bei Round-the-World-Tickets werden so viele Einschränkungen gesetzt, daß es sich dann nicht mehr lohnt, seine Reise selber zu organisieren.

8 Wer mit weniger bekannten Fluggesellchaften reist, geht das Risiko ein, die Anschlüsse zu verpassen.

VOCABULAIRE: *Adjectifs et adverbes*

A Soulignez le(s) synonyme(s).

1 bequem	a stimmungsvoll	**3 gelegentlich**	a häufig
	b hübsch		b von Zeit zu Zeit
	c gemütlich		c ab und zu
	d komfortabel		d möglich

2 grundsätzlich	a regelmäßig	**4 erschwinglich**	a finanziell
	b ebenfalls		b viel zu teuer
	c verhältnismäßig		c von schlechter Qualität
	d prinzipiell		d das man sich leisten kann

B Assurez-vous que vous connaissez les expressions suivantes du texte et réutilisez-les chacune dans une phrase.

feststellen	eine Entscheidung treffen
achten auf + A	sich für etwas entschließen
bestehen aus	sich etwas einfallen lassen
ausstatten mit	sich etwas leisten

EXPRESSION ORALE
Geben Sie eine kurze Definition für:

A der Rucksackreisende   **B** der graue Markt

REDACTION
Fassen Sie diesen Zeit-Artikel in ca. 200 Wörter zusammen.

ZU DEN BILDERN
Was denken Sie von diesen Touristen?

Nilfahrt auf der "Osiris"

Sie fliegen nach Kairo und wohnen im "Ramses Hilton". Nach einem erholsamen Aufenthalt in Assuan unternehmen Sie eine erlebnisreiche Nilfahrt an Bord der "Osiris", deren gepflegte Atmosphäre, aber auch das umfassende Besichtigungsprogramm in kleinen Gruppen, bestens bekannt sind.

11 Tage ab Frankfurt/Hamburg/München. Abflug am Dienstag.

REISEPROGRAMM

1. Tag: Deutschland-Kairo
Am Mittag Flug nach Kairo. Hotel Ramses Hilton.

2. Tag: Kairo (Memphis, Sakkara, Pyramiden)
Ganztägige Besichtigungsfahrt nach Sakkara, Memphis und Gizeh.

3. Tag: Kairo
Stadtrundfahrt und Besuch des Ägyptischen Museums.

4. Tag: Kairo-Assuan
Vormittag zur freien Verfügung. Am Nachmittag Flug nach Assuan. Unterkunft im Hotel Oberoi auf der Elephantine-Insel.

5. Tag: Assuan
Am Vormittag fakultativer Ausflug nach Abu Simbel (Buchung in Deutschland). Am Nachmittag Besichtigung des Isis-Tempels, des Staudammes und des unvollendeten Obelisken.

6. Tag: Assuan
Vormittag zur freien Verfügung. Am Nachmittag Einschiffung auf die "Osiris". Anschließend Bootsfahrt zur Kitchener-Insel.

7. Tag: Assuan-Kom Ombo-Edfu-Esna
Fahrt auf dem Nil über Kom Ombo nach Edfu. Unterwegs Besichtigung der beiden Tempelanlagen. Fortsetzung der Nilfahrt bis Esna.

8. Tag: Esna-Luxor
Besichtigung des Chnum-Tempels und Fahrt nach Luxor. Am Nachmittag Besichtigung von Karnak, anschließend des Luxor-Tempels.

9. Tag: Luxor-Qena (Abydos)-Dendera-Luxor
Frühmorgens Nilfahrt nach Qena und Busfahrt zu den Tempelanlagen von Abydos und Dendera. Rückfahrt nilaufwärts nach Luxor.

10. Tag: Luxor-Theben-Kairo
Am Morgen Besichtigung von West-Theben. Anschließend Mittagessen und Ausschiffung. Am Nachmittag Rückflug nach Kairo. Hotel El Salam in Heliopolis.

11. Tag: Kairo-Deutschland
Am frühen Morgen Fahrt zum Flughafen und Rückflug nach Deutschland oder verlängerter Aufenthalt in Ägypten.

... und das gehört dazu:

Transport
- Flug Frankfurt/Hamburg/München-Kairo und zurück mit Lufthansa

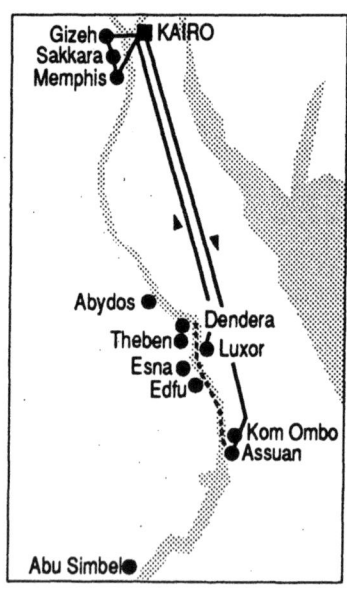

Der untere Nil

- Flug Kairo-Assuan und Luxor-Kairo mit Egyptair
- Stromfahrt auf der "Osiris"

Unterkunft
- in guten Erstklasshotels, in Doppelzimmer mit Bad oder Dusche/WC
- Auf dem Schiff in Zweibettkabine mit Dusche/WC (Aufenthalt an Bord: 4 Nächte).

Verpflegung
- In Kairo Büffetfrühstück
- In Gizeh Lunch
- In Assuan Halbpension
- Auf dem Schiff Vollpension

Betreuung
- Begleitung durch Reiseleiter
- Besichtigungen mit lokalem deutschsprechendem Reiseführer.

MS "Osiris"

11 m breit, 71 m lang, 48 Kabinen Vollklimatisiert. Eleganter Speisesaal, gemütliche Bar. Souvenir-Shop sowie Damen- und Herrencoiffeur.
Auf dem Sonnendeck Süßwasser-Schwimmbad und Liegestühle. Alle Kabinen verfügen über Außenfenster. Sie sind relativ klein, aber dennoch komfortabel.

COMPREHENSION
Répondez en allemand aux questions suivantes:

    1 An welchem Wochentag findet die Einschiffung statt?
    2 Wieviele fakultative Ausflüge enthält diese Kreuzfahrt?
    3 Wann steht die Besichtigung von Karnak auf dem Programm?
    4 An wievielen Tagen ist die Vollpension inbegriffen?
    5 Wieviele Hotelübernachtungen sind geplant?
    6 Beschreiben Sie die Ausstattung der Kabinen.

VOCABULAIRE

A Assurez-vous que vous avez bien compris les trois expressions suivantes et réemployez-les chacune dans une phrase complète.

unterwegs

....

anschließend

....

zur freien Verfügung

....

B Associez chaque adjectif à un ou plusieurs noms en ajoutant la terminaison de l'article indéfini et de l'adjectif.

	berühmt..	Aufenthalt
	deutschsprechend..	Ausflug
	erholsam..	Bar
	erlebnisreich..	Hotelkette
ein..	ganztägig..	Kreuzfahrt
	gemütlich..	Küche
	gepflegt..	Programm
	umfassend..	Reiseleiter
	verlängert..	Stimmung

Club Med I

1 Die Segel sind gesetzt an Bord der Club Med 1. Auf unserem 187 Meter langen 5-Master haben wir alles zusammengetragen, was Ihren Komfort und Ihr Vergnügen garantiert.

201 Kabinen wurden mit einer luxuriösen Einrichtung ausgestattet, alle haben Telefon und selbstverständlich gibt es einen Room-Service rund um die Uhr. In 2 Restaurants werden Ihnen raffinierte, exquisite Speisen serviert. Nicht zu vergessen den großen Saal für die abendlichen Shows, das Casino, den Night-Club, die Boutiquen, davon eine Duty-Free-Boutique, den Friseur- und Kosmetiksalon, das Exkursionsbüro, die 2 Swimming-Pools, den Fitneßraum, die beiden Saunen und die vielen Sportgeräte für Wasserski, Schnorcheln, Tauchen. Aber was dieses Kreuzfahrtschiff in erster Linie von allen Schiffen unterscheidet, ist unser G.O.-Team, das Sie, ganz wie in den Clubdörfern, unvergeßliche Augenblicke erleben läßt.

2 Neueste Urlaubs-Erfindung des französischen Club Med-Chefs Gilbert Trigano: Ferienclub auf See. Unter dem Namen "Club Med 1" segelt das rund 100 Millionen US-Dollars teure und 187 Meter lange Schiff zwischen dem 19. Mai und dem 1.September vor den Küsten Korsikas und Sardiniens. An Bord haben 416 Passagiere Platz, um die sich 144 Gentils Organisateurs, freundliche Helfer, kurz GOs genannt, kümmern. Das Sportangebot reicht von Tauchen und Surfen bis zu Wasserski- fahren. Außerdem sind zwei Swimming-Pools an Bord. Natürlich ist auch noch genug Platz für Club-Med-Shows, Casino und Night-Club. Die Luxuskabinen liegen alle zur Seeseite. Die einwöchigen Törns werden ab 2.540 Mark bzw. 3.040 Mark (inkl. Flug) ab Cannes angeboten. Am 24. und 27. Juni gibt es jeweils dreitägige Schnupperreisen ab 995 bzw. 1.495 Mark.

COMPREHENSION

1 Welcher von den beiden Texten wurde einer Broschüre des Club Med entnommen?

2 Was unterscheidet den Broschüre-Text von dem Werbetext?

3 Welche für die Urlauber wichtigen Auskünfte sollten, Ihrer Meinung nach, in einem informativen Text über dieses Reiseprodukt vorhanden sein?

a) ....

b) ....

c) ....

d) ....

e) ....

f) ....

h) ....

i) ....

j) ....

VOCABULAIRE: *Fremdwörter*

A Retrouvez dans les deux textes les mots étrangers correspondants à:

der Ausflug	d... ....
der Fernsprecher	d... ....
der kleine Laden	d... ....
das Nachtlokal	d... ....
das Schwimmbad	d... ....
die Vorführung	d... ....
die Bedienung	d... ....

B Traduisez en utilisant les expressions des deux textes ci-contre.

1 *Toutes les cabines donnent sur la mer et sont équipées d'une salle de bain et du téléphone.*

....

....

2 *Le cinq-mâts "Club Méd I" naviguera cet été au large de la Sardaigne et de la Corse.*

....

3 *Le personnel de bord et les G.O. veillent sur les passagers 24 heures sur 24.*

....

REFLEXION

Aus welchen Gründen haben die Club-Med-Leiter dieses neue Produkt auf den Reisemarkt gebracht? (ca. 80 Wörter)

Ungarn: Reiten in Tata

A Der Reitstall und die Reithalle wurden von einem österreichisch-ungarischen Adelsgeschlecht erbaut und entsprechend luxuriös ausgestattet. Auch ein großer Reitplatz ist vorhanden. Im angrenzenden Gelände finden Sie unzählige Ausreitmöglichkeiten durch die abwechslungsreiche Landschaft.

B Das Städtchen Tata kann auf eine lange Geschichte zurückblicken. Sehenswert sind das "Historische Museum" in der ehemaligen Wasserburg sowie der wunderschöne Barockbau des alten Gymnasiums. Auch für Unterhaltung und Abwechslung ist gesorgt: zwei Discos, Bootsfahrt und Surfen am Tatasee, Fahrradverleih, zwei Schwimmbäder.

C Das Gästehaus liegt in einem waldigen Gelände, etwa fünf Autominuten von der Reitanlage entfernt. Es gibt aber auch am See entlang einen hübschen Fußweg (ca.15 Minuten) zur Reitanlage. Als Gemeinschaftseinrichtungen stehen eine Kellerstube, 2 Gastzimmer und die Bar zur Verfügung. Die Halbpension bietet ein erweitertes Frühstück sowie ein 3-Gang-Menü.

D Durchschnittlich stehen etwa 20 ausdauernde und gut trainierte Pferde ausschließlich für die Pensionsgäste zur Ver-

fügung. Die Pferde sind für Anfängerausritte nicht geeignet, deshalb muß jeder Reitgast einen Proberitt absolvieren. Für Anfänger sind Longenstunden oder Bahnstunden vorgesehen. Am Ort werden auch Kutschenfahrten angeboten.

E In der Wochen-Reitpauschale sind jeweils 6 Tage Reitprogramm enthalten, pro Tag je nach Wahl und reiterlichem Können. Jugendliche werden ab 14 Jahren akzeptiert:
- 2 Ausreitstunden oder
- 1 Bahnstunde mit Lehrer oder
- 1 Longenstunde oder
- Kutschenfahrt mit 3 Personen.

F Leistungen:
- Halbpension in Doppelzimmer mit Dusche/WC
- Reitpauschale   **548 DM**
- Zuschlag für Vollpension   **105 DM**
Reisetermine: Samstags vom 4.5 bis 14.9

G Tata, eine kleine alte Stadt - circa 70 Kilometer von Budapest an der Hauptstraße Wien-Budapest - war das ehemalige Jagdrevier des Grafen Eszterhazy. Das Gebiet liegt romantisch an einem kleinen See, am Fuße einer alten Burg. Eine sehr abwechslungsreiche Landschaft, mit weiten Feldern, ausgedehnten Hügeln und kleinen Weinbergen.

COMPREHENSION

Attribuez à chaque élément de ce forfait (A à G) l'un des sous-titres suivants puis remettez-les dans un ordre logique.

       1 Die Reitanlage
       2 Die Pferde
       3 Die Reitpauschale
       4 Die Unterkunft im Jagdhaus
       5 Tata
       6 Die Lage
       7 Die Preise

VOCABULAIRE

A Wortfamilie *reiten*
Soulignez les mots de la brochure formés sur "reiten", assurez-vous d'en connaître le sens et essayez d'en trouver d'autres.

....

B Barrez l'adjectif qui ne convient pas.

1 ein	kleines sehenswertes altes **Museum** ehemaliges ausdauerndes	**3** ein	entfernter ehemaliger geeigneter **Reitplatz** unzähliger vorhandener
2 eine	abwechslungsreiche eigene geeignete **Landschaft** romantische waldige	**4** ein	sehenswertes angrenzendes reiterliches **Städtchen** hübsches historisches

REFLEXION

Ajoutez la liste des prestations non comprises dans le forfait.

Nicht inbegriffen sind: ....

....

....

REDACTION

Rédigez quelques phrases d'introduction à ce produit commençant par:

"Nichts ist schöner als ....

....

....

....

....

Der Pilgerpfad nach Santiago de Compostela

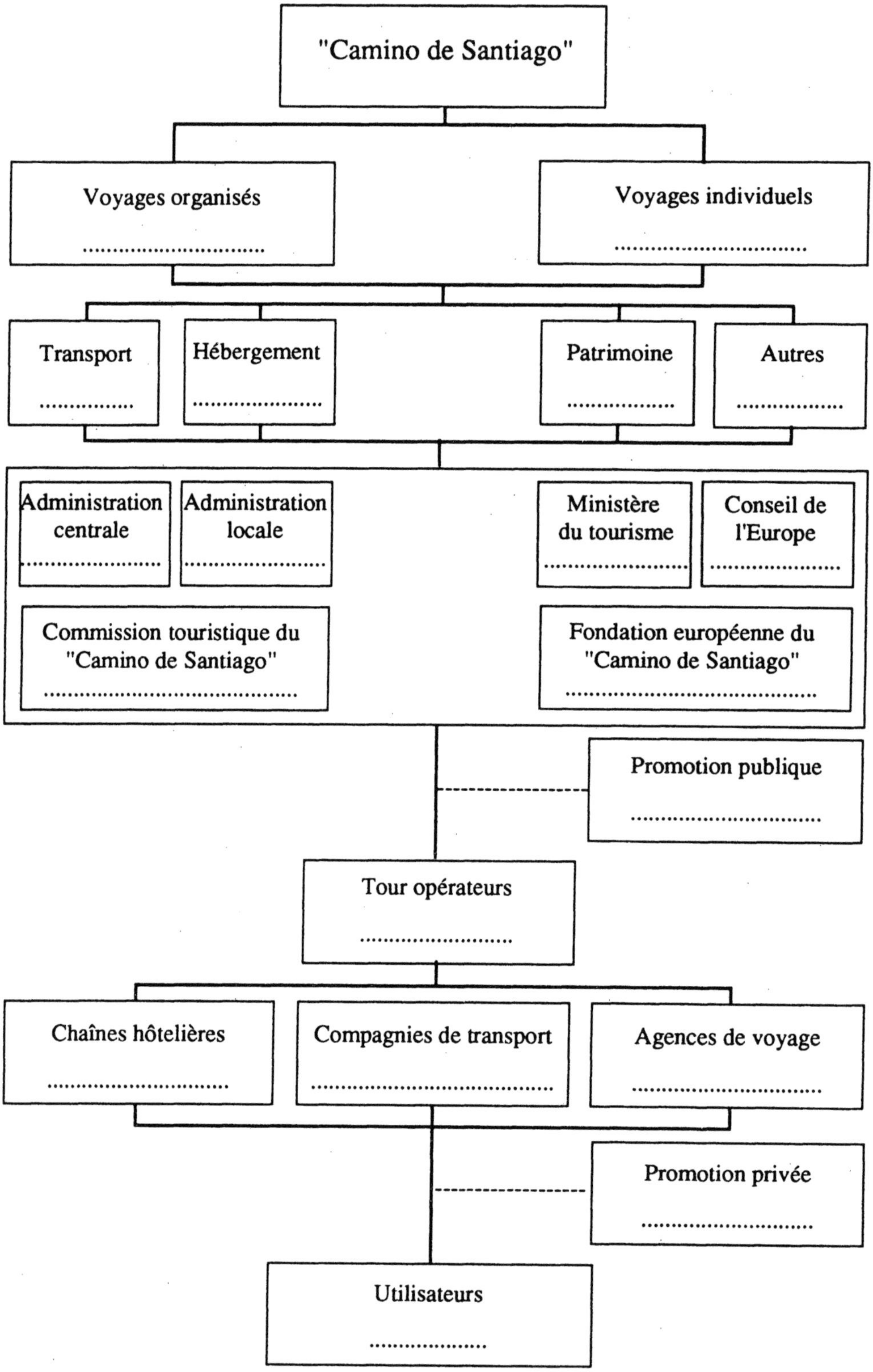

"Camino de Santiago"

Voyages organisés
....

Voyages individuels
....

Transport
....

Hébergement
....

Patrimoine
....

Autres
....

Administration centrale
....

Administration locale
....

Ministère du tourisme
....

Conseil de l'Europe
....

Commission touristique du "Camino de Santiago"
....

Fondation européenne du "Camino de Santiago"
....

Promotion publique
....

Tour opérateurs
....

Chaînes hôtelières
....

Compagnies de transport
....

Agences de voyage
....

Promotion privée
....

Utilisateurs
....

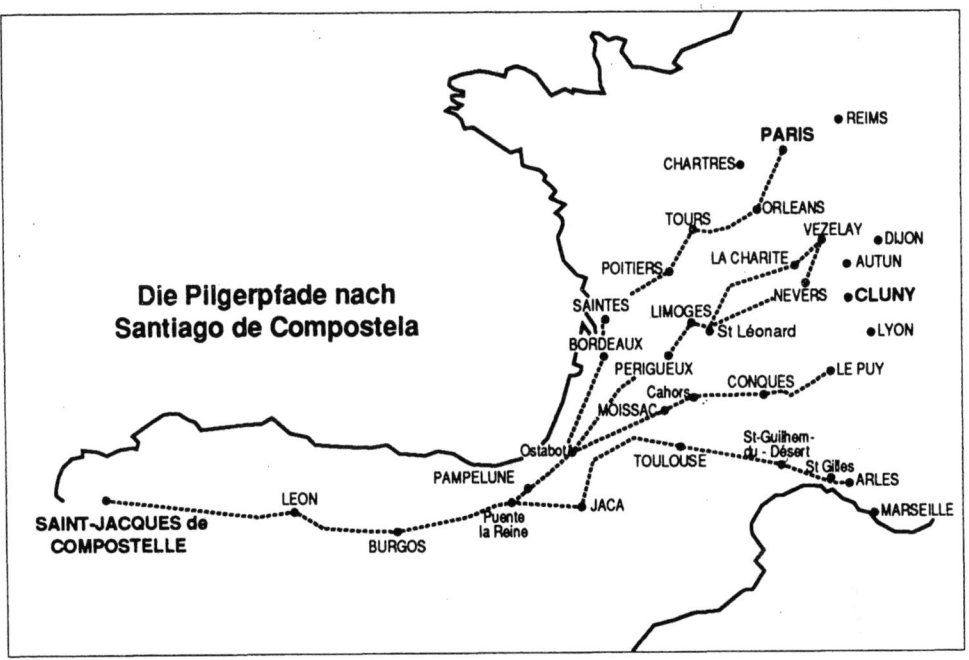

Die Pilgerpfade nach
Santiago de Compostela

Le ministère du tourisme espagnol désire faire connaître ce nouveau produit touristique en France et dans les pays germaniques. Vous êtes chargé(e) de réaliser l'édition bilingue du projet.

Traduisez tous les éléments de l'organigramme et le texte d'accompagnement ci-dessous:

La demande pour le Chemin de Saint Jacques de Compostelle est de plus de 500.000 visiteurs en Europe. Ce parcours religieux et culturel a ses racines en Angleterre, en Allemagne et en France. L'Espagne a inclus ce produit dans son programme européen, dont la promotion est financée en partie par les Communautés européennes. Il concernera 228 hôtels et 275 restaurants qui jalonnent le parcours sur le sol espagnol. En voici le système de commercialisation conçu par la firme Price Waterhouse:

Aide à la traduction

racine	die Wurzel (-n)
jalonner	abstecken
parcours	die Reiseroute
commercialisation	die Vermarktung
concevoir	entwerfen,a,o,i
patrimoine	die Kulturgüter (Pl.)
commission	der Ausschuß ("sse)
fondation	die Stiftung
promotion	die Förderung

Das "Mobile"-Angebot

Kein Zweifel, Railtour Suisse ist der .... Bahnreisespezialist der Schweiz. Mit seiner neuen Produklinie "Mobile" will er eine Lücke schließen und den individuellsten der Individuellreisenden, den Automobilisten, ansprechen.

Der "Mobile"-Katalog erscheint vor Weihnachten und ist für ein Jahr .... Da primär der deutschsprachige Markt gezielt wird, erscheint der Prospekt vorläufig nicht auf französisch.

Das "Mobile"-Angebot umfaßt Städte, Strände und Rundreisen, aber auch Sport- und Genießerferien in ganz Europa. Kurz und gut - solche Reisen für Selbstfahrer gab es schon. Neu jedoch ist, daß der Reisetag wie auch die Aufenthaltsdauer frei gewählt werden können. Dafür hat Railtour 800 Betten pro Tag reserviert. Sie sollen auch .... , das heißt bis drei Tage vor Reisebeginn, gebucht werden können.

"Der Kunde soll genießen, wir tun die Arbeit", sagte Railtour-Direktor *René Keller* an einer Pressekonferenz, denn der Reisende kann die Route der An- und Rückreise selber bestimmen. Er erhält eine Straßenkarte und mehrere Vorschläge mit Kilometerzahl und .... Informationen wie Sehenswürdigkeiten, Verpflegungs- und Bleifreitankmöglichkeiten. Der Parkplatz beim Hotel ist garantiert.

Das Dienstleistungspaket umfaßt ferner Informationen über Ausflüge, Unterhaltungsmöglichkeiten, aber auch ein Verzeichnis von Nachtdienstgaragen sowie Versicherungen, nützlichen Utensilien für Autofahrer und eine .... Reisedokumentation. Bei Städtereisen ist zudem das Abonnement für U- und S-Bahn und die öffentlichen Verkehrsmittel ....

Als Bahnreisespezialist bietet Railtour dem Autofahrer .... die Möglichkeit von Rail & Drive und die Kombination mit Autoreisezügen. Kombinierbar sind .... alle Angebotsteile.

Im ersten Jahr wird mit 7000 Passagieren und einem Umsatz von vier Millionen Franken gerechnet. Ob die "freie Fahrt für Ihre Ferien" - so der Mobile-Slogan - im Autobahn- und Stadtverkehrsstau für .... Ergebniszahlen des Veranstalters zutrifft, wird sich bald erweisen.

nach Kurt Metz, *Touristik Revue*

COMPREHENSION

Replacez dans le texte les adverbes et adjectifs ci-dessous et écrivez leur traduction française.

führend	....	nützlich	....
grundsätzlich	....	positiv	....
gültig	....	reichhaltig	....
inbegriffen	....	selbstverständlich	....
kurzfristig	....		

VOCABULAIRE

Quels mots de l'article correspondent aux définitions suivantes:

1 Eine .... ist eine Veranstaltung, auf der Informationen an
Journalisten gegeben werden.
2 Eine .... ist eine festgelegte Reisestrecke.
3 Die .... sind die allen Leuten zugänglichen Fahrzeuge.
4 Ein .... befördert gleichzeitig Personen und deren Wagen.
5 Der .... ist der Gesamtwert abgesetzter Waren oder Leistungen.
6 Ein .... ist eine Ansammlung von Fahrzeugen auf der Straße.

EXPRESSION

Erklären Sie in 100 Wörtern, was das "Mobile"-Paket bietet.

REFLEXION

Welche Marktlücke hat Railtour besetzen wollen?

Mobilität auf der Strasse, garantierter Parkplatz und Unterkunft nach Wahl vermittelt schon das «Mobile»-
Emblem.

═══ Tropischer Badespaß in Europa ═══

Die Center Parcs verstehen sich als Kurz-
urlaubsangebot für Familien und bieten
ein umfangreiches Sportprogramm.

Die ersten Center Parcs wurden Ende der
sechziger Jahre in Holland und für Hol-
länder konzipiert; eine Kombination aus
reichhaltigem Sport- und Unterhaltungs-
angebot mit einem Bungalowpark ohne
Autoverkehr. Heute stehen zwölf Anlagen in Holland, Belgien, Frankreich und
Großbritannien; ehrgeizige Expansions-
pläne lassen weitere erwarten. Allein fünf
Zentren sollen in der Bundesrepublik
entstehen.

Unser Urlaubsdorf liegt bei Nimwegen,
nahe der deutsch-holländischen Grenze.
Geschickt sind die Bungalowwürfel in
die hügelige Naturlandschaft gesetzt,
zaubern die Illusion, allein auf weiter Flur
zu sein. Der Blick aus den großen Fenstern geht ins Grüne, auf kleine Seen,
idyllische Winkel und Kanäle. 600 Häuschen sind im Grünen versteckt, mit Platz
für jeweils zwei bis acht Personen, so daß
bei voller Belegung rund 3000 Menschen
im Feriendorf leben.

Wir haben für acht Erwachsene und drei
Kinder zwei Bungalows gemietet. Als
großzügig empfinden wir die kombinierten Wohn-/Eßbereiche mit Küchentheke,
Farbfernsehgerät (mit Videoprogramm)
und offenem Kamin; als spartanisch dagegen die Abmessungen der Schlafräume
und Betten.

Das Konzept der Center Parcs ist auf
Kurzurlauber ausgelegt, besonders auf
Familien mit Kindern im Alter bis etwa
15,16 Jahren - nicht auf Singles und auch
nicht auf Clubs oder Grüppchen, die einen Aktivurlaub machen wollen.

Der Bungalow ist sozusagen das "Nest",
in das sich die Familie zurückzieht, um zu
relaxen, gemeinsam zu spielen und sich
zu unterhalten, das Aktivangebot mit dem

subtropischen Schwimmbad und den
vielfältigen Sportmöglichkeiten bringt die
Abwechslung.

Im Zentrum des Dorfes liegen ein gutsor-
tierter Supermarkt mit Bäckerei und
Metzgerei, Boutiquen, Restaurants und
Kneipen, die Sportstätten für Bowling
und Minigolf, Tretboote am künstlichen
See, Tennisplätze, die Halle für Tennis,
Squash, Badminton, der Reitstall mit Halle
und Außengelände, der Kindergarten,
Spielplätze und ein Kleintierzoo.

Wir stimmen die Termine für den Tennis-
kurs ab, suchen Partner für Squash oder
Badminton. Auch das aktuelle Wo-
chenprogramm muß berücksichtigt werden.

Der erste Abend jedoch gehört der Haupt-
attraktion: dem subtropischen Schwimm-
paradies unter der riesigen Glaskuppel.
Natursteine und Felsen umrahmen die
grünen Inseln, auf denen Farne wuchern,
Palmen, Bananenstauden und andere
(echte!) Exoten. Dazwischen weiße Flie-
sen, Liegestühle auf großzügigen Terras-
sen, eine Getränke- und Snacktheke, bun-
te Sonnenschirme, Planschparadies für
die Kleinsten mit extra warmem Wasser.

Wir testen die gewundene Superrutsche,
einige Mutige wagen sich durch den
Wildwasserkanal. Zum Abschluß gibt es
ein entspannendes Bad im Whirlpool - für
Sauna, Dampfbad und Solarium reicht
die Zeit heute nicht mehr. Schwimmen
und planschen im warmen Wasser, das
gehört hier im Center Parc fast genauso
zum täglichen Urlaubsprogramm wie am
Mittelmeer. Tag für Tag setzt sich aus
allen Ecken des Dorfes die Karawane in
Bewegung, zu Fuß, per Fahrrad, mit Kind
und Kinderkarre. Im Schwimmbad selbst
kommt nicht gerade ein Gefühl der Einsamkeit auf. Aber jeder findet seinen
Wasserspaß, selbst die Kleinsten.

Eng wird es auf dem Weg aus dem Bad: Eine Handvoll Duschen für nur 3000 Dorfgäste, zu wenige Babyumkleidekabinen, abschließbare Schränke, die kaum mehr als 20 Zentimeter messen, sind das Nadelöhr der Anlage. Dennoch zieht es uns auch abends immer wieder "unter die Glaskuppel", wenn sich der Nachthimmel schwarz gefärbt hat und das tropische Grün bizarr beleuchtet wird.

Petra S. Hardt, *Süddeutsche Zeitung*

Informationen und Preise

Die Feriendörfer von Center Parcs sind von Freitag bis Montag oder Montag bis Freitag (Midweek), aber auch wochenweise zu buchen. Ein Bungalow für vier Personen mit zwei Schlafzimmern, Wohnraum, Küche, Bad, separates WC, Flur, Abstellraum, Terrasse mit Gartenmöbeln kostet im Oktober für eine Woche 795 Mark, im November 715, im Dezember 615, über Weihnachten oder Silvester 1160 Mark. Eingeschlossen sind Wasser, Gas, Elektrizität und Heizung, Kinder-Mobiliar, Endreinigung und der Eintritt ins Schwimmbad. Alle anderen Sport- oder Freizeiteinrichtungen müssen extra bezahlt werden. Gegen Gebühren kann ein Wäschepaket geliehen werden; ein Babysitter steht auf Wunsch zur Verfügung.
Wer nicht kochen will, bucht das Arrangement "Essen gehen", bei dem Kinder bis vier Jahre gratis mitessen.

COMPREHENSION
Lisez attentivement le récit ci-contre et soulignez les critiques ou réserves émises par la journaliste.

EXPRESSION ORALE
En vous basant sur les informations données dans l'article de la Süddeutsche Zeitung et la fiche d'information ci-jointe, imaginez une conversation téléphonique entre un client allemand qui pose des questions relatives à son séjour et la personne du Center Parc chargée de lui répondre. Types de questions possibles:

- durée des séjours
- sports
- logement
- formules de repas
- installations pour enfants
- prix ...

TRADUCTION
Traduisez en allemand la lettre de la page suivante.

Découvrez Center Parcs cet automne !

Center Parcs
TOUTES LES VACANCES, TOUT PRES, TOUTE L'ANNEE

Paris, octobre 199

Chère Madame, Cher Monsieur,

C'est avec un grand plaisir que je vous adresse la nouvelle brochure de Center Parcs.

En la parcourant, vous vous sentirez progressivement transportés en Normandie, à 120 km de Paris, en famille ou entre amis, pour un séjour de rêve.

C'est avec les charmes de l'automne que le Domaine des Bois-Francs se pare de ses plus belles couleurs.

Je vous offre le plaisir d'en parcourir les interminables allées aux couleurs flamboyantes, à pied ou à vélo, de prendre des bains dans une atmosphère à 29° au milieu de 750 espèces de fleurs et d'arbres tropicaux, de vous retrouver au coin de votre cheminée dans un cottage confortable.

Simplement, je vous offre l'opportunité de vivre quelques jours d'un automne que vous n'oublierez pas.

Aussi, je vous ai réservé à titre tout à fait exceptionnel, un chèque cadeau de 500 Francs à valoir sur la réservation de votre cottage pour un séjour entre le 5 novembre et le 17 décembre 1990 inclus.

Profitez-en vite en appelant le **(16.1.) 43.35.21.21**, nos hôtesses organiseront au mieux votre séjour.

Soyez les bienvenus !

Directeur Commercial

--✂----

CHEQUE CADEAU

500 Frs.   *Cinq Cents francs*

A VALOIR SUR LE MONTANT DE LA RÉSERVATION DE VOTRE COTTAGE A CENTER PARCS LES "BOIS-FRANCS" ENTRE LE 5.11.90 ET LE 17.12.90 INCLUS (selon nos disponibilités).

Offre découverte réservée à _____   Numéro de réservation ☐☐☐☐☐☐☐

Pour bénéficier de l'offre, il vous suffit de : • réserver votre séjour dès maintenant,
                                    • inscrire votre nom et votre numéro de réservation,
                                    • renvoyer ce chèque cadeau sous enveloppe affranchie à :
                                   CENTER PARCS, 17/19 place de Catalogne, 75682 PARIS CEDEX 14.

IMPORTANT

Ce chèque est utilisé en déduction du montant de la réservation. Il ne peut pas être utilisé pour d'autres prestations. Il ne sera accepté qu'un seul chèque cadeau par cottage et par séjour. Cette offre n'est pas cumulable avec d'autres réductions ou promotions et n'est pas applicable à une réservation déjà faite.

Viel Neues bei Disney

Zu einer zwölfmonatigen Party möchte Disneyland in Kalifornien seinen 35. Geburtstag werden lassen. Seit seiner Gründung besuchten bereits 600 Millionen Gäste aus aller Welt den wohl bekanntesten Vergnügungspark der Erde. Aber die Walt Disney Corporation denkt trotzdem an immer neue Attraktionen.

"Eine Reise ins Jahr 1939" ist zum Beispiel das Motto auf dem Luxus-Dampfer *Queen Mary*, der in Disneyland vor Anker gegangen ist. Mit verkleideter Crew, originalen Nachrichten, Liedern der Zeit und entsprechendem Essen sollen die Gäste die dreißiger Jahre neu entdecken. Auch Walt Disney World am Lake Buena Vista in Florida bietet Neues. Das "Magic Kingdom", das bis jetzt zehn Nationen der Erde präsentierte, wurde um das Land Norwegen erweitert, und eine neue Insel, "Pleasur Island", soll Gäste mit Nachtklubs, Restaurants und Diskotheken unterhalten.

Bereits im vergangenen Jahr wurde der "Theme Park Typhoon Lagune" eröffnet.

Die Besucher können hier in einer Lagune mit großen, künstlich erzeugten Wellen baden, in einem angelegten Korallen-Riff mit Salzwasser die karibische Unterwasserwelt schnorchelnd entdecken und mehrere Wasserrutschen benutzen.

Am 1. Mai ist der "Disney Studio Theme Park" eröffnet worden, ein voll arbeitendes Filmstudio, in dem Gäste die Stars bei der Arbeit beobachten können und die Entstehung von Trickfilmen sehen.

Schließlich soll "Wonders of Life" fertiggestellt werden, wo man mit Hilfe von Tricks und Film-Simulationen eine Reise durch den menschlichen Körper unternehmen oder die Entwicklung und Geburt eines Babys nachvollziehen kann.

Um mehr Gäste beherbergen zu können hat die Disney Corporation am Lake Buena Vista diverse neue Hotels gebaut: das Swan, das Dolphin, das in Zusammenarbeit mit Sheraton insbesondere für Tagungen konzipiert wurde.

Süddeutsche Zeitung

EXPRESSION

Vous êtes chargé(e) de rédiger un prospectus en allemand sur les nouveautés du monde de Walt Disney. Expliquez brièvement ce que les touristes peuvent attendre de ces nouvelles attractions.

Ex: Auf der *"Queen Mary"* einem Luxus-Dampfer, entdecken Sie die dreißiger Jahre neu.

1 Auf der"PleasureIsland", ...

2 Wenn Sie die "Park Typhoon Lagune" besuchen,

....

3 Im "Disney Studio" ....

4 Die "Wonders of Life"..

5 Im "Swan" oder im "Dolphin"...

Glossar

Große China-Reise

die Weisheit	*proverbe*
sich schlängeln	*serpenter*
die Dschunke (-n)	*jonque*

USA: Im Westen viel Neues

der Auftakt (-e)	*prélude*
faulenzen	*se prélasser*
die Kaktee (-n)	*cactus*
der Staudamm ("e)	*barrage*

Das Spiel der Konkurrenz

die Offerte (-n)	*offre*
der Wallfahrtsort	*lieu de pèlerinage*
tollkühn	*téméraire*
bei Fackelschein	*à la lueur des torches*
die Klippe (-n)	*falaise*
die Betreuung	*accompagnement, assistance*

Nordwales

Wales	*le Pays de Galles*
walisisch	*gallois*
der Lachs	*saumon*
die Köchin	*cuisinière*
die Harfe	*lyre*
malen	*peindre*
der Kamm ("e)	*crête (montagne)*

Rund um den Erdball

erschwinglich	*abordable*
verwirrend	*déconcertant*
der graue Markt	*marché plus ou moins légal*
die Rennstrecke	*circuit*
die Sackgasse	*impasse*
aushandeln	*négocier*
die Preisskala	*éventail des prix*
chartern	*affrêter en charter*
Überschall-	*supersonique*
der Zwischenstopp (-s)	*escale*
die Einschränkung	*condition limitative*
eine Richtung einschlagen ,u,a,ä	*prendre une direction*
einen Haken haben	*présenter un défaut*
mit großem Aufwand	*à grands frais*

Reiten in Tata

der Reitstall ("e)	*écurie*
die Reithalle	*manège*
das Adelgeschlecht (-er)	*famille noble*

der Reitplatz	*carrière, paddock*
im angrenzenden Gelände	*dans la campagne environnante*
ausreiten i,i	*faire une sortie à cheval*
ausdauernd	*endurant*
einen Proberitt absolvieren	*montrer ses compétences équestres*
die Kutsche	*voiture à cheval*
das Jagdrevier	*domaine de chasse*

Das "Mobile"-Angebot

eine Lücke schließen o,o	*combler une lacune*
vorläufig	*pour le moment*
bleifrei	*sans plomb*
das Verzeichnis (-se)	*liste*
sich erweisen ie,ie	*se révéler*

Tropischer Badespaß

ehrgeizig	*ambitieux*
geschickt gesetzt	*habilement disposé*
der Würfel	*cube, dé*
die Flur	*campagne*
der Winkel	*recoin*
die Belegung	*occupation*
großzügig	*généreux*
die Küchentheke	*cuisine-bar*
die Abmessungen	*dimensions*
berücksichtigen	*prendre en compte*
der Farn (-e)	*fougère*
wuchern	*foisonner*
die Bananenstaude	*bananier*
die Fliese	*carreau (sol)*
planschen	*patauger*
die Rutsche	*toboggan*
gewunden	*avec des virages*
die Kinderkarre	*poussette*
der Abstellraum	*dégagement*
die Endreinigung	*nettoyage final*

Viel Neues bei Disney

die Crew	*équipage*
künstlich	*artificiel*
schnorcheln	*nager sous l'eau avec masque et tuba*
der Trickfilm (-e)	*dessin animé*
nachvollziehen o,o	*suivre*

7

Entwicklung des Tourismus

Actions touristiques
Réflexions
Tendances

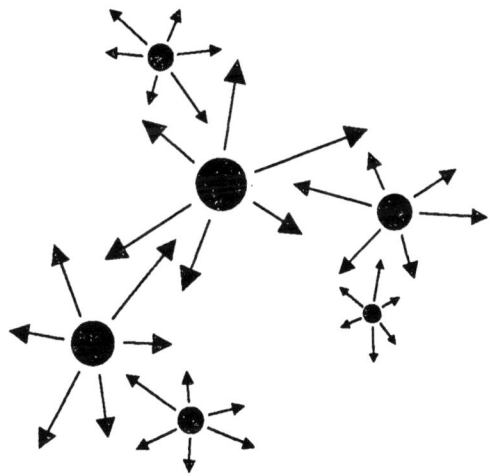

Tourismus und Verantwortung

Die wirtschaftliche Bedeutung des Tourismus ist beträchtlich und weltweit anerkannt; viele Arbeitsplätze hängen direkt oder indirekt von ihm ab. In manchen landschaftlich reizvollen Gebieten ist der Fremdenverkehr die Haupterwerbsquelle der Bevölkerung. Ihn zu fördern liegt deshalb im öffentlichen Interesse.

Die Entwicklung des Tourismus liegt zum großen Teil in den Händen der zuständigen Behörden: Ministerien auf nationaler Ebene, Fremdenverkehrsämter in den Regionen und Gemeinden. Sie steuern die Tourismus-Politik, analysieren Nachfrage und Angebot, bemühen sich, das Image einer Region zu pflegen und für auftretende Probleme Lösungen zu finden. Sie geben die Impulse für den Ausbau der touristischen Infrastruktur, für die Erschließung neuer Gebiete, für die Unterstützung einzelner Initiativen und versuchen dabei, zum Schutz von Menschen und Natur beizutragen.

In der touristischen Sphäre wirken selbstverständlich auch private Unternehmen und Verbände, dank deren Finanzkraft viele Projekte nicht entstanden wären. Sie helfen, das touristische Angebot zu erweitern, indem sie im Bau großer Feriendörfer oder Vergnügungsparks investieren und ziehen damit eine neue Kundschaft an.

Es kann natürlich vorkommen, daß Ziele und Mittel von Verwaltern und Investoren nicht übereinstimmen, daß beispielsweise die Umwelt am Massentourismus zu ersticken droht. Dann müssen die Antagonisten zugunsten der touristischen Entwicklung einen gemeinsamen Nenner finden. Verantwortlich sind sie auf jeden Fall.

cb

VOCABULAIRE

A Retrouvez dans ce texte les termes suivants:

SUBSTANTIFS
masculins
développement ....
protection ....
association ....
investisseur ....
neutres
image de marque ....
entreprise ....
projet ....
féminins
développement ....
infrastructure ....
ouverture ....
soutien ....
demande ....

solution ....

ADJECTIFS
charmant ....
compétent ....
considérable ....
public ....

VERBES
contribuer à ....
diriger ....
encourager ....
s'efforcer de ....
oeuvrer ....

B Ne pas confondre *fördern* et *fordern*

fördern: *encourager*   Entwicklungsländern versuchen, den Tourismus zu **fördern**.
fordern: *exiger*   Der Gast **forderte** eine Quittung.

Förderung des Jugendtourismus

Stadt und Provinz Venedig bieten Touristen im Alter von 14 bis 27 Jahren in diesem Jahr eine Reihe von Ermässigungen für Hotels, Veranstaltungen und öffentliche Transportmittel. Die Stadtverwaltung hat dazu die "Carta Giovani" herausgebracht. Unter anderem kostet eine Rundfahrkarte auf allen städtischen Verkehrsmitteln für die Dauer von drei Tagen 13.000 Lire, der Eintritt für Konzerte im Theater La Fenice die Hälfte. Ermässigungen von 20 bis 25 Prozent bieten Hotels Jugendlichen, die in den zwei Jugendherbergen Venedigs keine Aufnahme finden. Die Initiative der Stadtverwaltung geht von der Erkenntnis aus, daß der Jugendtourismus in Venedig von Jahr zu Jahr größeren Umfang annimmt. Gleichzeitig soll aber verhindert werden, daß dieser Tourismus wieder die Formen annimmt, wie oft in der Vergangenheit, wo die Stadt gegen die "Schlafsack-Touristen" einschreiten mußte, die die öffentlichen Plätze der Stadt in Feldlager verwandelten.

Hotel Revue

GRAMMAIRE: *particules verbales*

Complétez les verbes avec des particules verbales et indiquez ( ) si celles-ci sont séparables ou inséparables (S / I).

1 Die Venezianer Stadtverwaltung ist von der Erkenntnis ....gegangen (...), daß die Jugendlichen ein großes Urlaubspotential ....stellt (...).

2 Die Stadt möchte ....hindern (...), daß die Jugendlichen auf öffentlichen Plätzen schlafen und sie damit in Schlafstätte ....wandeln (...).

3 Für die Touristen zwischen 14 und 27 Jahren bringt die Stadtverwaltung die "Carta Giovani" .... (...).

4 So ....steht (...) wenig Gefahr, daß die Polizei gegen die "Schlafsack-Touristen" ....schreiten (...) muß.

VOCABULAIRE

Retrouvez dans le texte les mots qui signifient:

1 *administration de la ville*	d....	....
2 *auberge de jeunesse*	d....	....
3 *communal*		....
4 *entrée*	d....	....
5 *forfait de transport*	d....	....
6 *manifestation*	d....	....
7 *moyens de transport*	d....	....
8 *public*		....
9 *réduction*	d....	....

Adriapolis

Sauberes .... , Strände, gepflegt wie englischer ....
Fischreiches, lebendiges ....
Typische .... Natürlich und unverfälscht.
Urlauberfreundliche, vielseitige Hotelleistungen.
Paradiese von Menschenhand geschaffen: umweltentlastend.
Autofreie ....
Ungestörte Kulturlandschaft: Wiesen, ... , Obstplantagen.
In Jahrhunderten gewachsene Stadtzentren und .... - denkmalgeschützt.
Zusammenhängende .... :
Pinien, ... , Eichen unter Naturschutz.
.... ? Vision? Wunschdenken?
Oder sogar machbar?

COMPREHENSION

Complétez le premier paragraphe de cette annonce avec les mots suivants, accordés si nécessaire:

das Dorf	das Meer	das Waldgebiet
die Innenstadt	der Rasen	das Wasser
die Kastanie	die Utopie	der Weinberg
	die Landesküche	

Europas Ferienzukunft ist hier.
Denn vieles davon haben wir:
130 Kilometer Traumstrand.
Leicht erreichbares Hinterland
mit grünen, fruchtbaren Tälern
und Bergen bis 2000 Meter
Höhe. Spezialitäten, die
italienische Küche verkörpern.
Weine, die die Welt genießt.
Die Pinien- und Eichenwälder
beginnen oft gleich hinterm
Strand. Burgen, Schlösser,
Dörfer, Städte mit
Kunstwerken von
Weltbedeutung.

*Wir tun was
für Europas
Ferienzukunft*
ADRIAPOLIS
Promoservice, Italien
Informationen: Agertur
Piazza Indipendenza 3
Rimini
Oder bei Ihrem Reisebüro

Vieles hat sich dazuentwickelt:
Die größte zusammenhängende Bade-
landschaft Europas mit ganz unterschied-
lichen Ferienorten. Von der quirligen Ba-
demetropole bis zum romantischen
Fischerdorf und feinen Thermalbad.

Vieles wird bald kommen:
Verkehrsfreie Strandpromenaden mit
Meerblick. U-Bahnverbindung der Küs-
tenorte. Große Sport- und Erlebniswel-
ten. Veränderte Hotelangebote - hin zur
Qualität und vernünftigen Preisen.

Aber wir haben auch ein Problem.

Ein europäisches Problem, mit dem wir nicht alleine stehen: Die Belastung des Meeres. Wir gehen dagegen an, vorbildlich für Italien und ganz Europa. Unser Umweltschiff "Daphne" kontrolliert ständig die Wasserqualität. Flexible Barrieren sollen eventuell auftretende "Algenblüte" vom Strand fernhalten. Eine Armada von Booten steht zur Abwehr bereit. Das Wichtigste: Mit über zwei Milliarden Mark wird das Übel an der Wurzel gepackt - Sauberhaltung der Flüsse und damit Gesundung des Meeres.

Alles für ADRIAPOLIS:

Zusammenschluß der Badeorte der Emilia Romagna mit dem Hinterland. Ohne das natürliche Gefüge zu stören. Ein touristisches Mega-Zentrum. Mit allen Vorteilen einer gewachsenen Ferienregion und ihrem umweltschonenden Ausbau. Nirgendwo sind die natürlichen Voraussetzungen besser:

Mit gemeinsamer Erfahrung und Kraft wollen wir Ihre unsere Ferienzukunft schaffen.

Herzlich willkommen im alten und neuen Ferienzentrum Europas.

Promoservice, Italien

VOCABULAIRE: *adjectifs et contraires*

Trouvez dans ce texte publicitaire le *contraire* de

urlauberfeindlich	....	einseitig	....
umweltbelastend	....	verstopft	....
einzelnd	....	gleichartig	....

REFLEXION

Wie erklären Sie die große Werbeaktion einer seit vielen Jahrzehnten vielbesuchten touristischen Region?

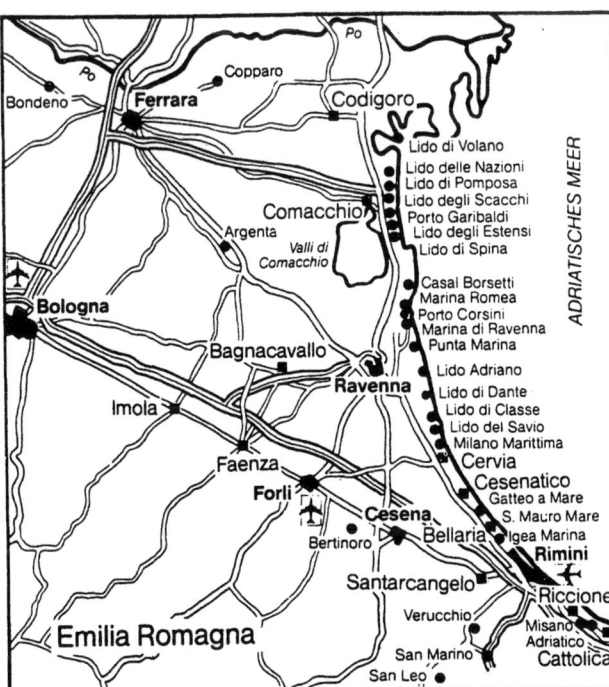

Italien: die Region von Emilia-Romagna

Adria: Weg vom "Germanengrill"

Wenn die Pläne des Touristikministers der Region Emilia-Romagna Erfolg haben sollten, wird die Küste schon in wenigen Jahren wesentlich anders aussehen als heute.

Ein vom Minister eingebrachtes Gesetz hat sich jetzt vorgenommen, anstelle der vielen kleinen Familienpensionen den Boden für weniger, aber dafür große und leistungsfähige Hotels vorzubereiten. Um das zu erreichen, sieht das Gesetz vor, daß unwirtschaftliche Hotelbetriebe anderen Zwecken zugeführt werden können. Es ist notwendig, schon sehr bald die Zahl der angebotenen Gästebetten drastisch zu senken. Damit soll die Voraussetzung für eine bessere Verteilung der Gästepräsenzen über möglichst viele Monate des Jahres gewährleistet werden.

An der Adria soll es in Zukunft nicht nur Badeurlaub geben, sondern Erholung und Unterhaltung rund um die Uhr. "Der Monotourismus genügt nicht mehr. Um Zuwachsraten zu erzielen, müssen wir auf mehr Klaviaturen spielen, vom Kongreß- bis zum Sporttourismus."

Damit die neuen Hotels errichtet werden können, müssen die unrentablen Betriebe aus der Branche ausscheiden. Als wirtschaftlich gefährdet sieht das Touristikministerium mindestens ein Drittel der 5000 Hotels und Pensionen an der Adria an. Die Kleinpensionen, die über 400 Meter vom Ufer entfernt sind, werden am ehesten den Abschied aus der Branche nehmen. Fraglich ist aber, ob die von ihnen freigegebenen Standorte die Wünsche der großen Hotelketten erfüllen, die schließlich alle möglichst nahe am Wasser bauen wollen.

Touristik Revue

COMPREHENSION

Formez des phrases avec les éléments suivants en respectant le sens du texte

Die	besser	Gästebetten		abgebaut
Die Zahl der	hoch	Verteilung der Gäste		errichtet
Eine	klein	Zuwachsraten	soll	erzielt
Viele	neu	Hotels	sollen	gewährleistet	werden
	unrentabel	Pensionen		gesenkt

GRAMMAIRE: *qualificatives*

Soulignez dans le texte les deux qualificatives et transformez-les en relatives.

1 ....

2 ....

REFLEXION

1 Was hat das Tourismus-Ministerium von der Region Emilia-Romagna dazu bewegt die Bettenkapazität abzubauen?

2 Welche Auswirkungen werden aus den im Artikel erwähnten Maßnahmen erhofft?

Hotelführer

Cher visiteur de Montpellier!

En vous proposant ce guide d'hôtels, nous vous souhaitons la bienvenue dans notre ville. Outre de nombreuses informations sur les transports, les restaurants et les attractions touristiques, vous y trouverez des indications récentes sur les hôtels de Montpellier et de ses environs.

Nous nous réservons le droit de modifier nos prix.

Si vous désirez de plus amples renseignements sur notre ville - musées, excursions, circuits dans la vieille ville, etc... - nous sommes à votre disposition et vous aiderons volontiers à programmer votre séjour à Montpellier.

Pour vous, nous sommes toujours là et attendons votre visite avec plaisir!

Le syndicat d'initiative de Montpellier

TRADUCTION

Le syndicat d'initiative de Montpellier vous demande de rédiger la version allemande du guide des hôtels de la ville. Complétez l'introduction de ce guide d'après le texte français.

Lieber Montpellier Gast!

Mit diesem .... heißen wir Sie .... herzlich

.... Neben .... über .... , Restaurants und .... finden Sie aktuelle ....

über die .... von Montpellier und ....

.... bleiben vorbehalten.

.... Sie Näheres .... Besonderheiten .... Stadt

erfahren - wie .... , ... , Altstadtrundgänge usw. - so

stehen wir Ihnen gerne .... und sind Ihnen auch ...... der

Programmgestaltung Ihres Montpellier-........................ behilflich.

Wir sind .... Sie da und freuen uns .... Ihren .... !

Ihr Offizielles Verkehrsbüro Montpellier

High-Tech und Urwald

Sentosa, die Insel der Ruhe, ein künstlich angelegtes Paradies vor den Wolkenkratzern der Millionenmetropole Singapur.

Sentosa ist ein... raffiniert... Mischung aus High-Tech und inszeniert... Wildnis. Um d... circa vier Kilometer lang... und 1,6 Kilometer breit... Insel führt ein... ultramodern... Hochschienenbahn. Man sitzt in ein... Art Glaszug, d... mit angenehm... Geschwindigkeit in Baumwipfelhöhe dahinschwebt.
Während tropisch... Blätter die Fensterscheiben streicheln, breitet sich zur Linken ein... in majestätisch... Einsamkeit funkelnd... Meeresfläche aus. Rechts huschen klein... hellgrün... Lichtungen vorbei, garniert mit Häuschen i... Kolonialstil. Ein... leicht... Kurve nur, und man taucht in d... gedämpfte Licht ein... anmutend... Regenwaldes ein.
Alle fünf bis zehn Minuten unterbricht d... Bahn ihr... Fahrt, und man hat die Qual d... Wahl: Wie wär's mit ein wenig Rollerskating, ein bißchen Golf oder ein... klein... Kanupartie im Canoe Centre? Wer sportlich... Übungen dies... Art eher mißtrauisch gegenübersteht, bleibt einfach sitzen bis zu ein... d... nächst... Stationen.
Im "Maritime Museum" kann man sich in all... Ruhe über d... Arbeit d... Hafenbehörden informieren, historisch... und modern... Handwerkszeug d... hiesig... Fischer bewundern oder ein... klein...

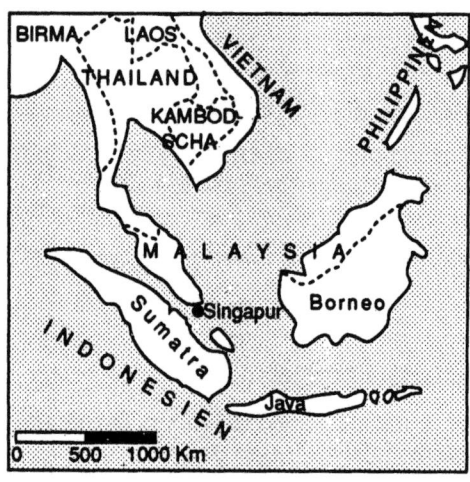

Südostasien

Einblick in d... Kunst d... südostasiatisch... Bootsbaus gewinnen.
Im "Coralarium" gibt's hinter Glasscheiben jede Menge Fische, Muscheln und Korallen zu bestaunen. Der Schmetterlingspark beherbergt angeblich d... größt... Schmetterlingssammlung Asiens.
Mit chinesisch... Tuschzeichnungen und Kalligraphien, Batikarbeiten und Keramik versucht das "Art Centre" auf sich aufmerksam zu machen.
Das Beste daran ist zweifellos der Umstand, daß man nichts von alldem unbedingt besuchen muß.

Die Zeit

GRAMMAIRE: *déclinaisons*
Ajoutez les terminaisons des articles et des adjectifs.

EXPRESSION
Rédigez le début des phrases suivantes en respectant les idées du texte.

1 Wer .... , verfügt über zwei Golfplätze.

2 Wer .... , muß nicht seine Bahnfahrt unterbrechen.

3 Wer .... , kann das "Maritime Museum" besichtigen.

4 Wer .... , bestaunt die Fische und Korallen des "Coralariums".

5 Wer ...., geht ins "Art Center".

6 Wer .... , sieht sich nur einen Teil der zahlreichen Attraktionen an.

REFLEXION: *Was macht die Insel Sentosa so attraktiv?*

Cherchez dans le texte les principaux atouts naturels de l'île et indiquez en parallèle les réalisations touristiques.

TRÜMPFE	LEISTUNGEN
Ex: exotische Landschaften	die Hochschienenbahn
....	....
....	....
....	....
....	....
....	....

La plage en ville

Le géant de l'acier NKK Corp investit 10 milliards de yens dans la construction d'un «centre balnéaire» sis au coeur de la ville portuaire de Yokohama en bordure de Tokyo. Les habitants de la capitale japonaise n'ont pas accès à la mer. Leur baie, polluée, est occupée par l'industrie. Les premières plages, toujours noires de monde, sont à plus de deux heures de train du centre de la capitale japonaise.

NKK sait tout cela et dans un souci de diversification de ses activités il s'est lancé dans le développement de ce qu'il appelle un «centre de villégiature urbain». Baptisé «NKK Aqua Mall», il ouvrira ses portes l'été prochain. Il accueillera entre 1 et 1,3 million de visiteurs par an et réalisera un chiffre d'affaires annuel compris entre 4 et 5 milliards de yens.

Le «NKK Aqua Mall» comprendra une piscine de 90 mètres de long et de 20 à 50 mètres de large. Elle sera équipée d'une machine capable de produire des vagues de 2 mètres de hauteur, les plus volumineuses jamais sorties d'une machine jusqu'à ce jour. On trouvera aussi un toboggan de 350 mètres de long, 5 mètres de large, où l'on pourra glisser dans des courants d'eau. Cinq autres bassins seront installés.

NKK confiera l'opération de sa plage en ville à Mitsui Real Estate Development qui est impliqué aussi dans la gestion du Tokyo Disneyland. D'ici l'an 2000, NKK compte réaliser 12,5% de son chiffre d'affaires global grâce à la diversification de ses activités. Il n'est pas le seul producteur japonais d'acier à s'intéresser aux loisirs. En avril dernier, Nippon Steel Corp, le numéro un mondial de l'acier, a ouvert à Kitakyushu, tout au sud de l'archipel, un parc d'attractions connu sous le nom de Space World.

Revue touristique

REDACTION : Résumez en allemand cet article en 100 mots.

Aide

géant de l'acier	r Stahlriese	*parc d'attractions*	r Vergnügungspark
diversification	e Diversifikation	*réaliser un chiffre*	einen Umsatz
tobogan	e Rutsche	*d'affaires*	erzielen

Baskenland

Das Baskenland will wieder neu entdeckt werden. Die Voraussetzungen dafür scheinen gut zu sein.

Tourismus hat im Baskenland eine lange Tradition. Vom Ende des 19. Jahrhunderts an war die baskische Küste bevorzugte Urlaubsregion des spanischen Adels und des Königshauses und bis 1960 das größte und bekannteste Feriengebiet auf dem spanischen Festland. Der beginnende Massentourismus am Mittelmeer sowie der zunehmende Kampf der Basken für die Unabhängigkeit waren Gründe dafür, daß sich die Urlauber vom Baskenland abwandten.

Immerhin ist so die baskische Küste von dem Massentourismus verschont geblieben. Das Baskenland als "grünes Ziel" - damit werben heute die Touristiker. Sie hoffen, daß das grüne Image die Touristen locken wird.

Gerade die nationalen Eigenarten der Basken, ihre eigene Kultur, Geschichte und Sprache, sind heute die Attraktionen, die Besucher anziehen. Euskadi wie das Baskenland in der Landessprache heißt, von Spanien weitgehend autonom, ist so unabhängig wie sonst keine andere spanische Provinz. Noch nie habe sich ein Anschlag der Separatistenorganisation ETA gegen Touristen gerichtet, versichert man beim zuständigen Ministerium. "Wir übernehmen die volle Garantie für die Sicherheit unserer Gäste", stellt der stellvertretende Minister für Tourismus fest. Daß das Baskenland wieder an Beliebtheit gewinnt, läßt sich statistisch belegen. 1984 zählte man 1,35 Millionen Übernachtungen, davon 21,5% von Ausländern. Anfang der 90er Jahre waren es bereits 2,23

Millionen Übernachtungen mit einem Ausländeranteil von 24,8%. Im gleichen Zeitraum vergrößerte sich die Zahl Übernachtungen deutscher Gäste im Baskenland von 55.000 auf 157.560. **a**

Den deutschen Markt haben die baskischen Touristiker genauer analysiert. Der deutsche Gast, so eine Studie des Ministeriums für Kultur und Tourismus, sei bereits sehr reiseerfahren und bevorzuge deshalb einen besonders individuell ausgerichteten Urlaub, der die Möglichkeit biete, Land und Leute möglichst intensiv kennenzulernen. Viele deutsche Besucher, so der Minister, kombinierten eine Geschäftsreise - etwa zu den großen Messen von Bilbao - mit einem anschließenden Urlaub im Baskenland.

Die Verkehrswege sind in den vergangenen Jahren gut ausgebaut worden. Durch das Baskenland führen die bedeutenden Straßenverbindungen zum spanischen Süden. Bilbao ist Station des Hochgeschwindigkeitszuges von Paris aus. Etwa **b** 200 Hotels mit 14.000 Betten stehen derzeit im Baskenland, darunter einige große Stadthotels, aber auch viele kleine Gästehäuser und Pensionen, so beispielsweise auch 52 Bauernhäuser mit 184 Zimmern. Das Ministerium werde weiterhin mit strengen Auflagen dafür sorgen, daß es im Baskenland nicht zu baulichen Auswüchsen kommt, versichert der Minister. Im baskischen Tourismusgewerbe wolle keiner die schnelle Peseta machen. Statt Massentourismus zu praktizieren, wolle man Qualität bieten.

Willi Bremkes, *die Zeit*

VOCABULAIRE: *zählen, registrieren, verzeichnen*

> *Ex*: 1984 *zählte* man 1,35 Millionen Übernachtungen.

Utilisez ces verbes pour exprimer les chiffres cités dans l'article du Zeit.

1 2,23 Millionen Übernachtungen

....

2 157.560 Übernachtungen

....

3 14.000 Betten

....

4 52 Bauernhäuser

....

GRAMMAIRE: *le discours indirect*

A Soulignez dans l'article ci-dessus les passages au discours indirect.

B Mettez au discours indirect les paragraphes a) et b) signalés par un trait vertical.

REDACTION

Résumez cet article en 150 mots environ.

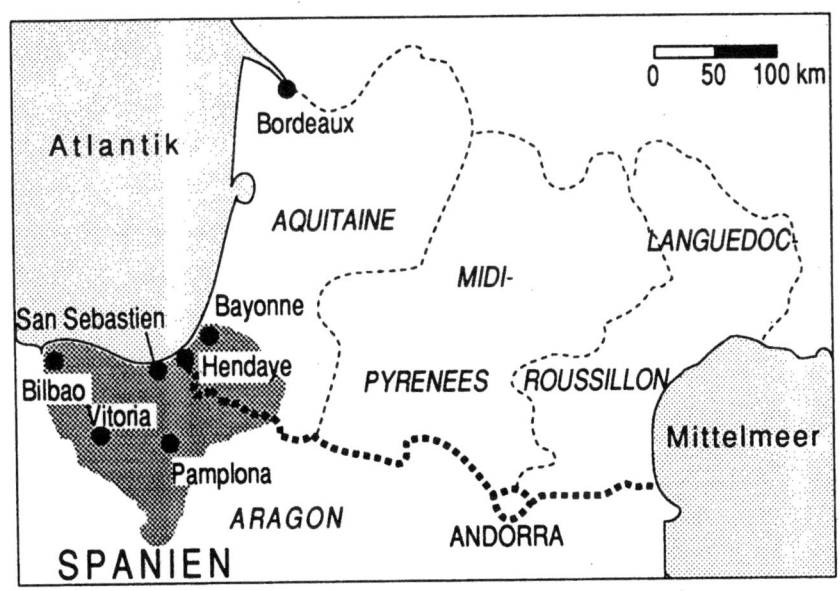

Das Baskenland

══ Welche Zukunft wollen wir? ══

Es gibt mehrere mögliche *Zukünfte*. Was eintreten wird, hängt einmal von äußeren Bedingungen ab. Von der allgemeinen wirtschaftlichen Entwicklung, von Veränderungen der touristischen Nachfrage, von der Agrarpolitik zum Beispiel.

Einen womöglich noch größeren Einfluß auf die Zukunft aber haben die betroffenen Menschen selbst: So kommt es sehr stark darauf an, welche lokalen Entscheidungen eine Tourismusgemeinde trifft, wie sie auf die äußeren Bedingungen reagiert, ob sie sich passiv verhält oder aktiv ihr Schicksal in die eigenen Hände nimmt. Weil viele Entwicklungen steuerbar sind, ist die Zukunft über weite Teile gestaltbar. Sie wird das sein, was wir aus ihr machen.

 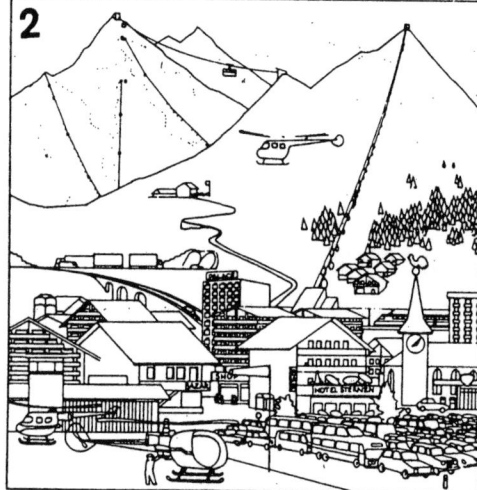

EXPRESSION ORALE

Drücken Sie die Veränderungen aus, die auf Bild 2 eingetreten sind und geben Sie Ihren Standpunkt darüber.

Die allgemeine Zielsetzung:

Sie lautet ebenso einfach wie abstrakt: "Langfristige Sicherung unserer Berggebiete als Lebens-, Wirtschafts-, Erholungs- und Naturraum".

Das hat so zu geschehen, daß
- das natürliche Produktionspotential in Form der verschiedenen Ressourcen (landwirtschaftliche Produktionsfläche, Wald, Wasser und so weiter) langfristig gesichert werden kann,
- eine aktive Bevölkerung erhalten bleibt, die bereit und in der Lage ist, diese Ressourcen zu nutzen,
- eine angemessene Umweltqualität (natürliches, soziales und kulturelles Milieu) für diese Bevölkerung und den Erholungssuchenden langfristig gewährleistet bleibt.

nach: Jost Krippendorf, *Alpsegen-Alptraum*, Kümmery und Frey

REFLEXION

Diese touristischen Überlegungen stammen von Wissenschaftlern, die sich mit den Wirkungen des Tourismus in den Schweizer Alpen auseinandergesetzt haben.

Versuchen Sie, unter Berücksichtigung folgender Stichpunkte einen Vergleich zur Entwicklung eines Ihnen bekannten Badeortes zu ziehen.

- Aufbau von Feriendörfern, Hotels
- Ausbau von Jachthäfen
- Aktion "sauberes Wasser, saubere Strände"
- touristische Erschließung der Region
- Bevölkerungsänderungen.

Alpsegen - Alptraum

Im Auftrag des schweizerischen Bundesrates haben Schweizer Forscher sich die Frage gestellt: "Wie kann das Berggebiet als Lebens-, Wirtschafts-, Erholungs-, und Naturraum langfristig erhalten werden?" Mehr als 40 Wissenschaftler verschiedener Disziplinen - Geographen, Ökonomen, Soziologen, Zoologen, Ingenieure, Förster und andere - haben sich in jahrelangen Recherchen bemüht, den Zusammenhängen auf die Spur zu kommen und zu Lösungen vorzustoßen.

Um diese Untersuchung in vier Testregionen der Schweizer Alpen durchzuführen, wurde Berggemeinden folgender Fragebogen geschickt.

VORTEILE DES TOURISMUS		
Was vermuten Sie? Hat die Tourismus-Entwicklung der letzten Jahre		
1 den Rückgang der Bevölkerungs- zahl gestoppt?	ja ausgeprägt	ja etwas	eher nein
2 Arbeitsplätze geschaffen?	ja viele	ja einige	eher nein
3 Einkommen gebracht?	ja viel	ja etwas	eher nein
4 den Bau neuer Infrastrukturen erleichtert?	ja ausgeprägt	ja etwas	eher nein
5 die Wohnverhältnisse für Einheimische verbessert?	ja ausgeprägt	ja etwas	eher nein
6 die Landwirtschaft gestützt und so zur Pflege der Land- schaft beigetragen?	ja ausgeprägt	ja etwas	eher nein
7 das Selbstbewußtsein und das Zugehörigkeitsgefühl der Einheimischen gestärkt?	ja ausgeprägt	ja etwas	eher nein
Zutreffendes anstreichen.		

Tourismus:
Hilfe für die Entwicklungsländer?

Viele Millionen Menschen sind jedes Jahr unterwegs, sonnenhungrig und auf der Suche nach den Geheimnissen einer fremden Welt, die oft als "Dritte Welt" bezeichnet wird. Der Tourismus, der von Jahr zu Jahr stärker auch die Entwicklungsländer erfaßt, bringt aber Probleme mit sich, von denen sich die Touristen selbst nur selten eine Vorstellung machen.

Jedoch ist man inzwischen in manchen Entwicklungsländern, die sich zunächst für diese neue Devisenquelle interessierten, nachdenklich geworden.

Niemand bestreitet, daß der Massentourismus für die Wirtschaft dieser Länder wichtig ist. Der Strom der Urlauber bringt so viel Geld ins Land, daß damit einige ökonomische Probleme gelöst werden können.

Daß dies leider nicht überall geschieht, liegt wohl zum Teil an den hohen Investitionen für den Fremdenverkehr, zu denen sich viele Länder der Dritten Welt entschließen, Investitionen zum Beispiel für den Bau von Straßen, Flughäfen oder komfortablen Hotels. All das erscheint nötig, um noch mehr Touristen anzulocken, aber finanziert wird es zunächst mit den Steuern der einheimischen Bevölkerung.

Diese Gelder sind dann nicht mehr vorhanden, wenn es darum geht, Krankenhäuser oder Schulen zu bauen oder besonders arme Leute zu unterstützen. Außerdem sind diese Investitionen nicht immer eine sichere Sache; denn wer garantiert, daß nun in den kommenden Jahren tatsächlich noch mehr Touristen das Land besuchen, die neuen Flughäfen benutzen und in den teuren Hotels wohnen?

Gefährlich ist unter Umständen auch eine ganz andere Möglichkeit. Es kann nämlich sein, daß der Tourismus die Anschauungen und Verhaltensweisen eines Teils der einheimischen Bevölkerung ungünstig beeinflußt.

Tip

COMPREHENSION
Après avoir lu attentivement l'article répondez aux questions suivantes:

1 Was ist der Ausgangspunkt der Überlegungen?
2 Welcher Nutzen für Entwicklungsländer wird erwähnt?
3 Auf welche Probleme weist der Verfasser hin?

GRAMMAIRE: *relatives*

A Soulignez dans l'article de "Tip" les subordonnées relatives et traduisez-les.

B Traduisez en allemand les phrases suivantes en utilisant une relative.
1 Les pays que les touristes visitent ont souvent besoin de devises.

....

2 Les hôtels dans lesquels les voyageurs passent la nuit doivent avoir un niveau (r Standard) international.

....

3 La population locale dont les moeurs diffèrent beaucoup des nôtres ne nous comprend souvent pas.

....

....

4 Les pays exotiques où vont les touristes avides de soleil comptent de plus en plus sur cette nouvelle source de revenus. (s Einkommen)

....

....

REFLEXION

Exprimez votre point de vue et vos arguments sur les questions suivantes:

1 Was halten Sie von dieser Beurteilung des Tourismus?

....

....

....

....

2 Wie können die mit dem Tourismus verbundenen Probleme klein gehalten werden?

....

....

....

....

3 Was halten Sie von dem Schlagwort: "Reisen bildet"?

....

....

....

....

═══ Der Welttourismus wächst ═══

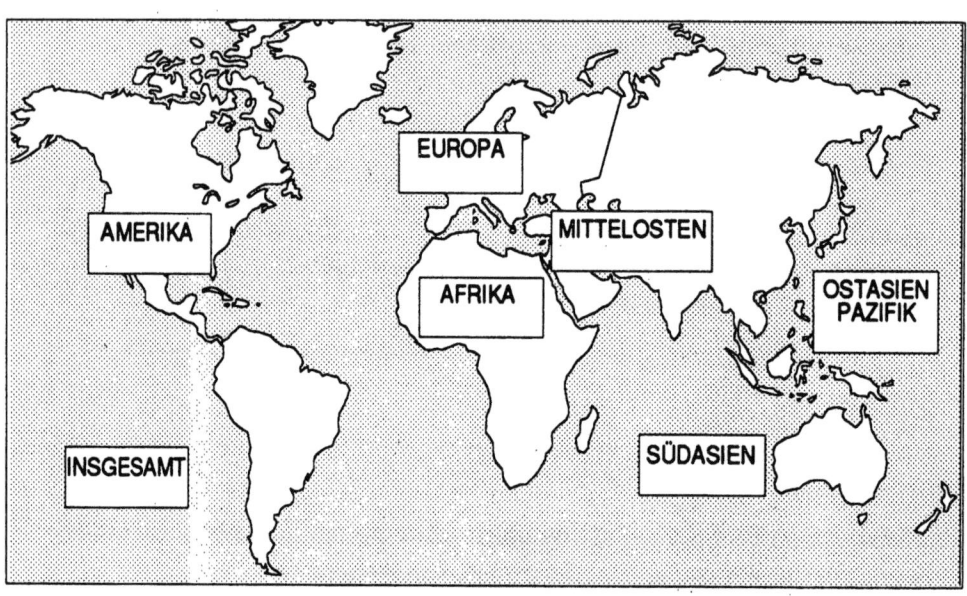

Einreisen in Millionen

Der Tourismus hat auch 1990 weltweit an Volumen gewonnen. Nach den Zahlen der World Tourism Organization (WTO) verzeichneten die Statistiker zum Ende des Jahres insgesamt rund 415 Millionen Einreisen, dies entspricht gegenüber dem Vorjahr einer Steigerung von 2,4 Prozent. Noch deutlicher wachsen weltweit die Einnahmen aus dem Geschäft mit dem Fremdenverkehr: Umgerechnet 340 Milliarden Mark - oder zehn Prozent mehr als 1989 - klingeln in den Kassen der Tourismusindustrie.

Das größte Stück aus dem Reisekuchen schneidet sich Europa ab: 261 Millionen Ankunfte von Touristen (1,5 Prozent mehr als im Vorjahr) und Einnahmen von 173 Milliarden Mark (plus 6,5 Prozent) bedeuten auch 1990 Platz Nummer eins unter den Regionen der Welt.

Danach folgen Nord- und Südamerika mit zusammen 84 Millionen Ankünften

(plus 5,4 Prozent) und Einnahmen in Höhe von 97,5 Milliarden Mark (plus 17,4 Prozent) sowie der Raum Ostasien/Pazifik, wo 46,5 Millionen Ankünfte (plus 4,3) und 51,8 Milliarden Mark Einkünfte (plus 13,1) registriert werden. Eine deutlich stärkere Nachfrage spüren 1990 auch Afrika - 14 Millionen Ankünfte bedeuten ein Plus gegenüber dem Vorjahr von 5,2 Prozent, 9,6 Milliarden Mark Einnahmen liegen um gleich 19,1 Prozent über dem Niveau von 1989 - und die Region Südasien, die bei 3,5 Millionen Ankünften (plus 9,1 Prozent) Einnahmen von 3,1 Milliarden Mark (plus 5,4 Prozent) verbucht.

Der Verlierer des Jahres bleibt der mittlere Osten: Während sechs Millionen Ankünfte einem Minus von 19,8 Prozent gleichkommen, sinken die Einnahmen gegenüber dem Vorjahr sogar um 25,9 Prozent auf 5,2 Milliarden Mark.

Süddeutsche Zeitung

COMPREHENSION

Complétez les graphiques avec les chiffres de l'article ci-dessus.

VOCABULAIRE: *Statistiken*

A Retrouvez dans le texte et mémorisez les termes signifiant:

enregistrer, comptabiliser.............................   ....

....

correspondre à   ....

augmentation   ....

diminution   ....

recette   ....

d'un montant de   ....

par rapport à l'année précédente   ....

dépasser le niveau de   ....

B Traduisez:

1 *En 1990 l'Afrique a enregistré 14 Millions de touristes, ce qui correspond à une augmentation de 5,2% par rapport à l'année précédente.*

....

2 *Au Moyen Orient les recettes provenant du tourisme ont baissé cette année de 25,9% pour atteindre 5,2 Milliards de Mark.*

....

Glossar

Tourismus und Verantwortung

die Verantwortung	*responsabilité*
die Erwerbsquelle	*source de revenus*
abhängen i,a von	*dépendre de*
fördern	*encourager, stimuler*
steuern	*diriger, piloter*
auftreten a,e,i	*surgir*
die Erschließung	*ouverture au tourisme*
der Verwalter	*administrateur*
übereinstimmen	*s'accorder*
erticken	*étouffer*
einen gemeinsamen Nenner finden	
	trouver un dénominateurcommun

Förderung des Jugendtourismus

herausbringen	*éditer*
die Aufnahme	*accueil*
von der Erkenntnis ausgehen *constater*	
einen Umfang nehmen *prendre de l'ampleur*	
verhindern	*empêcher*
einschreiten i,i	*prendre des mesures*
das Feldlager	*campement*

Adriapolis

unverfälscht	*intacte*
umweltentlastend	*favorable à l'environne ment*
zusammenhängend	*d'un seul tenant*
die Pinie	*pin*
die Eiche	*chêne*
quirlig	*pétillant*
die Belastung	*pollution*
die Abwehr	*défense*
das Übel	*mal*
an der Wurzel packenn *prendre à la racine*	
die Gesundung	*guérison*
das Gefüge	*ensemble*
umweltschonend	*doux à l'environnement*

Weg vom Germanengrill

sich vornehmen	*prendre une résolution*
unwirtschaftlich	*pas rentable*
die Voraussetzung	*condition préalable*
gewährleisten	*permettre*
die Zuwachsrate	*taux de croissance*
ausscheiden ie,ie	*se séparer*
gefährdet	*menacé*

High-Tech und Urwald

der Wolkenkratzer	*gratte-ciel*
die Hochschienenbahn	*train suspendu*
der Baumwipfel	*cîme*
schweben	*planer*
streicheln	*caresser*
huschen	*se glisser*
anmutend	*gracieux*
der Regenwald	*forêt tropicale*
mißtrauisch	*méfiant*
die Hafenbehörden (Pl.) *autorités portuaires*	
die Tuschzeichnung	*dessin à l'encre de Chi ne*

Baskenland

der Adel	*noblesse*
sich abwenden a,a	*se détourner*
die Eigenart	*caractéristique*
der Anschlag ("e)	attentat
die Auflage	*obligation*

Welche Zukunft

die Bedingung	*condition*
steuerbar	*maîtrisable*
gestaltbar	*concevable*
langfristig	*à long terme*
angemessen	*approprié*

Alpsegen-Alptraum

der Segen	*bénédiction*
der Alptraum ("e)	*cauchemar*
im Auftrag	*pour le compte*
der Forscher	*chercheur*
der Förster	*forestier*
auf die Spur kommen *rechercher*	
die Zusammenhänge (Pl.) *les tenants et aboutissants*	
zu Lösungen vorstoßen	
	parvenir à des solutions
die Untersuchung	*étude*
der Fragebogen (")	*questionnaire*

Der Welttourismus wächst

weltweit	*dans le monde entier*
das Vorjahr	*l'année précédente*
die Einnahme	*recette*
spüren	*resentir*
gleichkommen + D	*correspondre à*

8

Tourismus
und Umwelt

*Réalisations
Espoirs*

Öko, logisch!

Umweltschutz und Tourismus zählen zu den Themen, die anerkennende Resonanz finden, aber nur bedingt Taten zeitigen.

Auf zwanzig Prozent schätzt der Studienkreis für Tourismus das Urlauberpotential für umweltfreundliche Ferien. Möglicherweise wäre die Zahl niedriger, wenn die Frage nicht lautete: "Bemerken Sie Umweltprobleme?", sondern direkt auf liebgewordene Gewohnheiten zielte wie: "Sind Sie bereit, auf eisgekühlte Cola-Dosen und warme Duschen zu verzichten?" oder "nicht mehr Ski zu fahren, wenn es auf dem Gletscher eng wird"?

Würde Ernst gemacht, dann bedeutete dies für den Urlauber ein bißchen Komfortverzicht - keine Klimaanlage, keine abgepackten Wurst-, Butter-, Marmeladen-Plastikdöschen, keine frischen Handtücher täglich - und die Ökotour nach Mallorca würde vielleicht hundert Mark teurer.

Ob dies in absehbarer Zeit Wirklichkeit werden kann, liegt allerdings nicht am guten Willen der Urlauber allein, sondern auch an den Ferienregionen. Dort sei das Ökologieverständnis noch lange nicht so weit gediehen.

Die Zeit

VOCABULAIRE:*Umwelt*
Traduisez les mots suivants et indiquez le genre des substantifs.

	-beauftragte	....	d...
	-belastung	....	d...
	-politik	....	d...
	-problem	....	d...
Umwelt	-schaden	....	d...
	-schutz	....	d...
	-schützer	....	d...
	-sünder	....	d...
	-verschmutzung	....	d...
	-bedingt	....	
umwelt	-bewußt	....	
	-feindlich	....	
	-freundlich	....	

VOCABULAIRE: *schätzen*

der Schatz ("e)	*trésor, richesse*	die (Ein)schätzung	*évaluation,*
schätzen	*apprécier, estimer,*		*estimation*
	évaluer	**schätzungsweise**	*approximativement*
einschätzen	*estimer, évaluer*		

Complétez avec les mots ci-dessus:

1 Nach meiner .... befindet sich das Theater ganz in der Nähe.
2 Er hat das Risiko ganz richtig ....
3 Es handelt sich um eine annähernde ....
4 Die Besichtigung der ....kammer ist ein absolutes Muß .
5 Der Chef .... das Vertrauen seiner Mitarbeiter.
6 Wir bewunderten dann die .... der Alten Pinakothek.
7 Nach dem Erdbeben wurden die Schäden auf mehrere Millionen ....

Zwischen Traum und Trauma

Kaum ein anderes Massenphänomen der jüngsten Zeit hat so viel Aufmerksamkeit erregt wie der Tourismus. Ernst zu nehmende Prognosen gehen davon aus, daß der Reiseverkehr bis zum Jahr 2000 weltweit der bedeutendste Wirtschaftsfaktor sein wird.

Wenn solche Erfolgsfanfaren erschallen, sollte jedoch nicht vergessen werden, daß Reisen nur dort ein selbstverständliches Stück Lebensqualität repräsentiert, wo breite Bevölkerungskreise über Wohlstand und ausreichend Freizeit verfügen. Achtzig Prozent aller Reisenden kommen aus den Industriestaaten. Für Entwicklungsländer hingegen ist der Fremdenverkehr ein einseitiges und häufig zweifelhaftes Vergnügen. Weil diese Staaten aber in vielen anderen Branchen nicht mit den Industrieländern konkurrieren können, werden Touristen als Devisenbringer umworben. Fast überall in der Dritten Welt gehört die Reiseindustrie heute bereits zu den drei größten Wirtschaftsbranchen.

Doch die Zeiten, als die Ferien-Fabrikanten ihrem Publikum gedankenlos den Globus zu Füßen legten - heute Marbella und Miami, morgen Pisa und Peking-

diese Pioniertage touristischer Entdeckungs- und Eroberungszüge sind endgültig vorbei. Längst ist die Euphorie der Ernüchterung gewichen. Denn der massenhafte Aufbruch in die Ferne blieb nicht ohne Folgen.

Was einmal als Demokratisierung des Reisens gefeiert wurde, war nur die eine Seite der Medaille. Die Kehrseite zeigte sich mit Verzögerung. Unter dem Ansturm der Urlaubermassen, die oft wenig Rücksicht nahmen auf die Besonderheiten des fremden Kulturbereichs, veränderten sich zuvor intakte Sozialstrukturen. Ganze Landstriche nahmen Schäden, weil sich die Fremden ihrer so gedankenlos bedienten wie einer Wegwerfware aus dem Supermarkt. Es dauerte eine Weile, bis selbst die Individualreisenden einsahen, daß sie es nicht besser machten als die vielgeschmähten Neckermänner.

Bis heute halten sich die Reisespezialisten in Fragen des aktiven oder gar des vorbeugenden Umweltschutzes oft nicht für zuständig. Positive Beispiele für ein ökologisches Engagement sind bisher nur von einzelten Unternehmen, nicht von der Branche insgesamt gekommen.

Die Zeit

COMPREHENSION

A Erklären Sie den Titel.

B Dans quel ordre les affirmations suivantes apparaissent-elles dans l'article du "Zeit"?

A	In den Entwicklungsländern spielt der Tourismus als Einkommensquelle bereits eine große Rolle.
B	Die Ferienveranstalter haben die Grenzen des Massentourismus erkannt.
C	In absehbarer Zeit wird der Fremdenverkehr der bedeutendste Wirtschaftszweig sein.
D	Die rücksichtslose Entwicklung des Fremdenverkehrs hat in einigen Regionen Schäden verursacht.
E	Nur Leute mit einem gewißen Einkommen haben Zugang zum Tourismus.

═══ Kaputte Umwelt - mieser Urlaub ═══

In vielen Touristenzentren ist aus einer blühenden Landschaft bereits eine Betonwüste geworden. Jetzt reicht es auch den Urlaubern, wie eine *Brigitte*-Umfrage beweist.

Immer öfter, immer weiter, immer teurer: Im Reisen waren die Bundesbürger bislang Weltmeister. Doch jetzt stößt der Reisespaß an seine Grenzen: "Tourismus zerstört die Kultur, Tourismus frißt Landschaft, Tourismus kassiert, planiert, macht kaputt". Nur Schlagworte?
Nein. Allmählich wächst die Einsicht, daß es so nicht weitergehen kann. Einheimische wehren sich zunehmend gegen die Massen, die sie jedes Jahr heimsuchen, und immer mehr Touristen fühlen sich von Umweltschäden am Ferienort belästigt.
Verdreckte Badeplätze, zubetonierte Küsten und Lärm durch Autos oder Baustellen gehen fast jedem zweiten Urlauber auf den Nerv. Das ergab eine Repräsentativ-Befragung im Auftrag von *Brigitte*. Nur drei von zehn Touristen behaupten heute noch, daß es unterwegs keine Umweltprobleme gegeben habe.
Die meisten Bundesbürger wissen genau, was ihnen am Ferienort wichtig ist. Sauber vor allem soll alles sein. Das wünschen sich in der *Brigitte*-Umfrage 64 Prozent. Jeder dritte plädiert ganz allgemein für eine heile Natur, für gesunde Wälder und gute Luft. Für Frauen besonders wichtig: viel Grün, weniger Autos und möglichst keine Bettenburgen.

Offenbar wollen sich viele Urlauber auch persönlich engagieren und sogar einschränken. Mehr als ein Drittel wären bereit, das Auto stehenzulassen und mit einem anderen Verkehrsmittel anzureisen, die Hälfte der Befragten würden für umweltfreundliche Hotels und Urlaubsorte mehr bezahlen oder freiwillig auf Komfort verzichten, wenn es der Umwelt zugute kommt.
Bleibt also nur zu hoffen, daß die Tourismusindustrie mitzieht. Die Mehrzahl der Reiseveranstalter stellt sich noch immer nur zögernd um. Einige entdecken zwar die Umwelt als verkaufsfördernde Verpackung für ihr Produkt, die meisten aber setzen in ihren Katalogen weiterhin auf Klischees von "unberührter Natur", scheuen sich nicht einmal vor Formulierungen wie «vom Touristenstrom verschont», wenn sie Millionen auf die Reise schicken wollen. Nur sieben kleine Spezialveranstalter stellen in ihren Prospekten Natur und Umwelt differenziert und realitätsnah dar. Es hilft nichts: Das Reisen muß neu definiert werden, damit sich Anbieter und Urlauber nicht gemeinsam den Ast absägen, auf dem wir uns schließlich erholen wollen.

Brigitte

COMPREHENSION

Après avoir lu attentivement l'article du magazine «*Brigitte*», complétez les affirmations qui suivent avec les indications du texte.

Ex.: 30% der deutschen Urlauber haben unterwegs keine Umweltprobleme gefunden.

1 .... wünscht sich eine intakte Natur und reine Luft.
2 .... Bundesbürger wissen, worauf sie am Ferienort Wert legen.
3 .... wären einverstanden, ihren Wagen daheim zu lassen.
4 Für .... spielt Sauberkeit eine große Rolle.

5 .... würde sogar mehr Geld ausgeben, um die Umwelt zu schützen.
6 .... Urlauber sind bereit, sich am Urlaubsort einzuschränken.
7 .... mögen vor allem viel Grün und wenig Autos.

VOCABULAIRE: *Umfrage / Untersuchung / Studie*

Faites correspondre les phrases 1 à 6 aux traductions A à F. | 1 2 3 4 5 6 |

1 Die Befragten gaben an, daß ...
2 Die Mehrheit der Befragten behauptet, daß ...
3 Diese Untersuchung wurde im Auftrag von ..... durchgeführt.
4 Die Befragten sind der Meinung, daß ...
5 Aus dieser Studie geht hervor, daß ...
6 Nach dieser Untersuchung kann man feststellen, daß ...

A La majorité des personnes interrogées prétend que ...
B Les personnes interrogées ont répondu que ....
C Il ressort de ce sondage que ...
D Cette étude a été faite pour le compte de ....
E Les personnes interrogées pensent que ...
F On constate d'après cette étude que ...

TRADUCTION

1 *La moitié des personnes interrogées pense que ...*
   ....
2 *Un vacancier sur deux est sensible à l'environnement.*
   ....
3 *Plus d'un tiers des voyageurs seraient prêts à voyager en train.*
   ....
4 *La plupart des gens accordent de l'importance au respect de l'environnement.*
   ....
5 *Seule une minorité de vacanciers ne se préoccupe pas d'écologie.*
   ....

EXPRESSION ORALE

Répondez aux deux questions suivantes puis comparez vos résultats avec ceux du sondage de «*Brigitte*» à la page suivante.

1 Was hat Sie auf Ihrer letzten Urlaubsreise am meisten gestört?

    a - Waldsterben
    b - Lärm (Autos, Baustellen, Discos)
    c - Abfälle (Algen am Strand u.s.w.)
    d - zu viele Hotels oder Ferienanlagen
    e - verendete oder kranke Tiere
    f - verschmutztes Wasser

2 Wären Sie bereit, im Urlaub einen Beitrag zum Umweltschutz zu leisten?

    a - Ja, ich würde auf Reisen auf mein Auto verzichten.
    b - Ja, ich würde auf Komfort verzichten.
    c - Ja, ich würde einen höheren Reisepreis zahlen für besonders
       umweltfreundliche Hotels und Urlaubsorte.

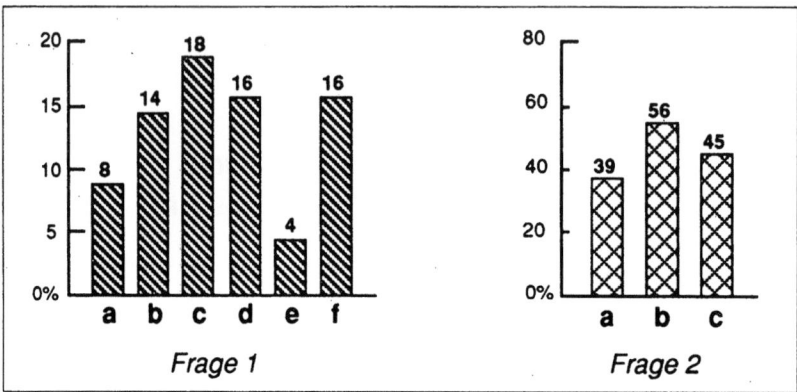

Ergebnisse der Umfrage

Reisen ja, aber anders

Das Nachdenken über neue Wege im Tourismus muß weitergehen. *Brigitte* fragte einen Experten, wie wir in Zukunft vernünftiger reisen können. Herbert Hamele ist Umwelt-Fachmann beim renommierten Studienkreis für Tourismus in Starnberg.

Brigitte: *Wenn die Umweltschäden, die jetzt schon in vielen Regionen durch den Tourismus entstanden sind, nicht weiter zunehmen sollen, dürfen wir da überhaupt noch verreisen?*
H. HAMELE: Sicher - es fragt sich bloß, wie. Politiker sagen: Wir haben keine Macht, das ist Sache der Wirtschaft. Die Wirtschaftler sagen: Wir können nichts tun, wenn die Verbraucher es nicht wollen. Und die Verbraucher sagen: Uns wird ja nichts angeboten. Dabei könnten gerade sie Druck machen. Wenn sie nämlich bestimmte Regionen meiden, wie es ja zum Teil auf den Kanarischen Inseln oder an der italienischen Adria schon geschehen ist, dann müssen sich auch Tourismusmanager und Politiker sehr schnell etwas einfallen lassen.
Wenn die Touristen nun aber verstärkt dorthin reisen, wo es vielleicht noch schön ist, entstehen doch bald die gleichen Probleme. Sollte man sie nicht gerade in jene Ecken schicken, wo es schon zu spät ist? Damit wenigstens der Rest der Natur heil bleibt...

Den Tourismus auf einzelne Gebiete zu beschränken, halte ich für eine Illusion, weil sich Urlauber keinen bestimmten Ort aufzwingen lassen. Entscheidend ist, daß jeder von uns so vernünftig wie möglich reist - egal wohin.
Was heißt das konkret?
Daß ich beispielsweise nur eine Unterkunft wähle, die in die Landschaft paßt. Daß ich bei der Verpflegung darauf achte, ob Lebensmittel aus der einheimischen Landwirtschaft verwendet werden statt - teuer und umweltbelastend dazu - von weit her geholt zu werden. Und daß ich auch mal das Auto stehenlasse und auf öffentliche Verkehrsmittel umsteige. Der Pkw-Verkehr ist derjenige Faktor, der neben Bausünden und Müllbergen die größten Umweltprobleme im Urlaub verursacht.
Aber schon mit der Bahn anreisen, könnte für Familien sehr teuer werden.
Da sind die Politiker gefordert. Man könnte die Benzinpreise erhöhen, das Bahnfahren aber billiger und attraktiver machen. In der Schweiz zum Beispiel

sind die Tarife niedriger, die Verbindungen besser und die Wartezeiten kürzer als bei uns - und dort steigen tatsächlich immer mehr Leute vom Auto auf die Schiene um.

Also Einsicht statt Verbote?
Genau, auch wenn es ein bißchen weh tut. Gerade mit der Öffnung der Grenzen in Osteuropa und mit dem Wegfall der Grenzkontrollen im EG-Binnenmarkt werden noch mehr Leute reisen können und wollen. Da müssen vielleicht gerade Bundesbürger, die viel reisen, den einen oder anderen Urlaub auch mal zu Hause verbringen.

Brigitte

VOCABULAIRE

Soulignez tous les verbes de l'interview. Vérifiez que vous en connaissez le sens et complétez les phrases suivantes en les utilisant.

1 Moderne Hochhäuser an den Stränden .... selten in die Landschaft.

2 Die Tourismus-Fachleute .... zunehmend auf die Erhaltung einer heilen Umwelt in touristischen Gebieten.

3 Um den Touristen eine zu große Entfremdung zu ersparen, ... einige Hoteliers importierte Nahrungsmittel statt der einheimischen Produktion.

4 Mit attraktiven Preisen könnte man erreichen, daß manche Urlauber auf öffentliche Verkehrsmittel ....

5 Seitdem Bettenburgen an der Adria .... , ... viele Feriengäste deren einst überfüllten Badeorte.

6 Unsere westliche Konsumgesellschaft .... massenweise Abfälle, die dann schwer zu beseitigen sind.

7 Die Touristen auf einzelne bereits beschädigte Regionen zu .... , wäre zugleich sinnlos und nicht machbar.

8 Die meisten Reiseveranstalter haben erkannt, daß sie sich neue Urlaubsformen sollen .... lassen.

EXPRESSION ORALE

Exprimez en allemand et en quelques phrases votre point de vue personnel sur les affirmations suivantes:

A "Wir haben keine Macht, das ist Sache der Wirtschaft. ......"

....

....

....

....

B "Daß ich beispielsweise nur eine Unterkunft wähle, die in die Landschaft paßt..."

....

....

....

....

═══ Umweltschutz im Schwarzwald ═══

Umweltschutz und Tourismus sollen im Schwarzwald besser in Einklang gebracht werden. Das hat der Fremdenverkehrsverband Schwarzwald in einer Resolution an Politiker und Öffentlichkeit gefordert. Durch die allgemeine Umweltbelastung ist nicht nur die Landschaft selbst gefährdet, sondern auch der Tourismus, ein wesentlicher Wirtschaftsfaktor in dieser Region.

In sieben Punkten erhebt der Verband Forderungen und zeigt gleichzeitig Wege auf, die Gefährdungen für die Natur zu verringern.

So werden ein an die Landschaft angepaßter Straßenbau, Verkehrsbeschränkungen und Straßensperrungen vorgeschlagen, um Lärmbelästigung und Abgase zu reduzieren. Außerdem sollen umweltfreundliche Energieformen gefördert und Emmissionswerte intensiver überwacht werden. Abfallvermeidung, verbesserte Kläranlagen und recyclingfreundliche Müllentsorgung stehen ebenso auf dem Programm wie Landschaftspflege und die Erweiterung von Schutzgebieten. Auch Sportarten, die die Natur beeinträchtigen, sollen notfalls eingeschränkt werden.

Die Resolution fordert sowohl vom Gesetzgeber, von der Regierung und den Kommunalbehörden umweltgerechte Rahmenbedingungen als auch ein bewußtes Verhalten zur Natur von Einheimischen und Gästen.

Süddeutsche Zeitung

VOCABULAIRE: *mots composés*

Retrouvez les mots composés de l'article ci-dessus à l'aide des racines placées dans le cadre.

forme d'énergie	d... .... (...)	sports	d... .... (...)
station d'épuration	d... .... (...)	construction de routes	d... .... (...)
autorité communale	d... .... (...)	nuisance écologique	d... .... (...)
région protégée	d... .... (...)	facteur économique	d... .... (...)

```
   anlage      art(en)      bau        behörde       belastung
         energie    faktor      form        gebiet      klär
     kommunal   schutz      sport      straße(n)    umwelt   wirtschaft
```

GRAMMAIRE: *passif impersonnel: "Il faut"*

Ex.: Umweltschutz und Tourismus **sollen** im Schwarzwald in Einklang **gebracht werden**.

Traduisez de la même façon:

1 *Il faut réduire les gaz d'échappement.*   ....

2 *Il faut favoriser l'énergie solaire.*   ....

3 *Il faut surveiller le comportement des touristes.*  ....

4 *Il faut limiter les sports nuisant à l'environnement.*.......................................

5 *Il faut améliorer le recyclage des ordures.*   ....

REFLEXION

Welche sind die Sportarten, die die Natur beeinträchtigen? Drücken Sie Ihren Standpunkt über das Thema "Sport und Umwelt" aus.

Ein Zeichen für die Umwelt

Das Problem muß auf den Nägeln brennen, wenn sich zwei große Konkurrenten zu einer Gemeinschaftsaktion zusammentun. "Der Schutz der Umwelt ist eine der vordringlichen Aufgaben der Touristikbranche", heißt es in einem gemeinsamen Schreiben der Touristik Union International, TUI (Hannover), und der NUR Touristik (Frankfurt) an die Presse. Die Vorstände der TUI und von NUR Touristik haben deshalb jetzt ein Schreiben an die Hotelverbände der wichtigsten Reiseländer gesandt.

Mit dieser Aktion soll in den Zielländern das Bewußtsein für den Umweltschutz noch stärker geweckt und so eine weitere Verbesserung der bestehenden Situation erreicht werden. In diesem Schreiben werden die Hotelverbände zunächst darauf hingewiesen, daß die deutschen Urlauber zunehmend umweltbewußter werden und es durchaus möglich sei, daß sie das Reiseverhalten nicht nur kurzfristig, sondern auch nachhaltig verändern. Alle Anstrengungen müssen unternommen werden, um drohende Gefahren abzuwenden und die Zukunft des Tourismus zu sichern. TUI und NUR sind der Meinung, daß diese Bemühungen nur dann zum Ziel führen, wenn alle Beteiligten zusammenwirken.

Die beiden größten der deutschen Touristikbranche teilen ihren Vertragspartnern dann mit, daß sie die Aktion der Europäischen Stiftung für Umwelterziehung unterstützen werden, die die "Blaue Europaflagge" an Gemeinden verleiht, die ihren Gästen saubere Strände und einwandfreies Wasser bieten. "Wir sind sicher, daß der ökonomische Erfolg in Zukunft ökologische Vernunft voraussetzt".

Wenn sich möglichst viele Urlaubsorte darum bemühen, daß sie (erstmals in den TUI- und NUR-Sommerkatalogen für 1992) mit der blauen Flagge erscheinen, dann haben letztlich alle etwas davon: die Urlauber, die Veranstalter und nicht zuletzt die Natur.

Süddeutsche Zeitung

VOCABULAIRE: *adverbes et adjectifs*

A Reliez les synonymes deux par deux.

durchaus	nachhaltig	tadellos	ökonomisch	zuletzt	prioritär
ganz und gar	anfangs	wirtschaftlich	letzlich	beständig	
zunehmend	zunächst	immer mehr	einwandfrei	vordringlich	

B Traduisez:

1 *Il s'agit d'une mission prioritaire.* ....

2 *Les intérêts économiques et écologiques ne sont pas forcément incompatibles (unvereinbar).*

....

3 *Les touristes accordent de plus en plus d'importance à la propreté.*

....

4 *Finalement, les efforts entrepris par les responsables du tourisme s'avèrent positifs (erweisen sich als).*

....

REFLEXION

Commentez la dernière phrase de l'article proposé: ..."dann haben letztlich alle etwas davon ...."

Costa Verde statt Algarve

Mehr praktizierter Umweltschutz und restriktivere Baubestimmungen sollen Portugals Sonnenküste vor dem "Umkippen" bewahren. Einen Teil des Urlauberstroms wollen die Tourismusmanager in den noch unerschlossenen Norden umlenken.

Die Portugiesen sind aufgeschreckt. Obwohl sie im vergangenen Jahr keinen Einbruch bei den Gästezahlen erlebten, verfehlten die Alarmsignale aus anderen Reiseländern ihre Wirkung nicht.

Portugals Tourismusstrategen haben erkannt, daß auch sie nahe daran waren, mit allzu hitziger Bauwut in Strandnähe den Bogen zu überspannen.

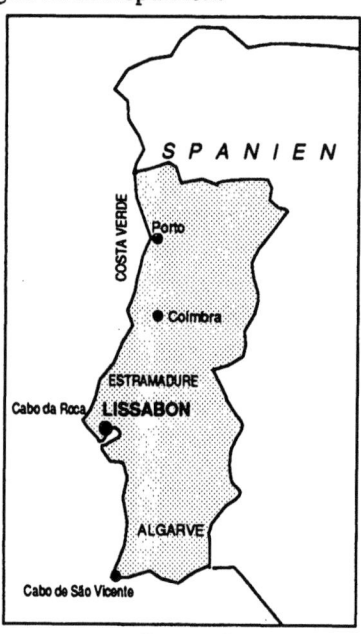

Portugal

Damit soll nun Schluß sein. Das neue Gesamtkonzept nimmt verstärkt Rücksicht auf Belange des Umweltschutzes, der Landschaftspflege und der Landwirtschaft; künftige Hotelprojekte sollen so plaziert und gestaltet werden, daß sie das Landschaftsbild der Algarve-Küste so wenig wie möglich beeinträchtigen. Zudem werden mehrere Naturschutzgebiete ausgewiesen und somit von jeglicher Bebauung freigehalten.

An der Vormachtstellung der Algarve im Portugal-Tourismus wird sich trotzdem wenig ändern. Auf dem Küstenstreifen zwischen dem Cabo de São Vicente und der Guadiana-Mündung übernachteten im vergangenen Jahr knapp die Hälfte aller Gäste Portugals.

Für andere Landesteile blieben vom großen Tourismuskuchen nur bescheidene Krumen übrig - zum Beispiel ganze 4,7% für den Norden, die Costa Verde und ihr landschaftlich reizvolles Hinterland. Diese höchst ungleichgewichtige Verteilung soll sich jetzt ändern, vor allem zugunsten der Costa Verde. Dabei sollen insbesondere die Rundreisen durch das Hinterland, etwa das berühmte Portweingebiet des Douro-Tals, besser verkauft werden.

Die bislang noch recht unterentwickelte touristische Infrastruktur des portugiesischen Nordens gewinnt derzeit an Konturen. Die Liste der alten, typischen Herrensitze und Landgüter, die komfortable Übernachtungsmöglichkeiten in zwei bis drei Gästezimmern anbieten, wird dank staatlicher Steuerermäßigungen, Zuschüsse und Kredite immer länger. Auch im eigentlichen Hotelbereich setzt der Norden verstärkt auf traditionsreiches Ambiente.

Um das touristische Comeback des einst feudalen Bädertourismus und eines bevorzugten Sommerreiseziels der portugiesischen Könige geht es bei dem größten und teuersten Projekt im nördlichen Bergland. Private und öffentliche Investoren haben sich zusammengetan, um die früher berühmten Thermalbadeorte Vidago und Pedras Saldagas wieder zu jenen Publikumsmagneten zu machen, die sie früher waren.

Die Zeit

COMPREHENSION: *Ja / Nein*
Les affirmations suivantes se trouvent-elles dans le texte?

1 Die Zahl der Übernachtungen ist in Portugal zurückgegangen.

2 Tourismus-Fachleute haben erkannt, daß der Bauboom an der Küste übertrieben war.

3 Die neugebauten Hotels sollen Rücksicht auf Umwelt, Landschaft und Landwirtschaft nehmen.

4 50% der Portugal-Gäste übernachten in der Region der Algarve.

5 Kaum 5% der Übernachtungen entfallen auf den Norden des Landes.

6 Die alten typischen Herrensitze werden in Luxus-Hotels verwandelt.

7 Investoren haben frühere berühmte Thermalbadeorte in ein Verband zusammengeschlossen.

GRAMMAIRE: *prépositions + génitif*

A Faites correspondre les prépositions allemandes avec leur équivalent français du cadre.

außerhalb	....	während	....
innerhalb	....	trotz	....
oberhalb	....	zwecks	....
unterhalb	....	anhand	....
inmitten	....	anläßlich	....
jenseits	....	wegen/aufgrund	....
diesseits	....	infolge	....
längs	....	angesichts	....
zugunsten	....	laut	....
zuungunsten	....	dank	....
bezüglich / hinsichtlich	....		
statt/anstatt / anstelle	....		

au lieu de	*vu*	*pendant*	*en ce qui concerne*
à cause de	*le long de*	*malgré*	*à l'extérieur de*
par suite de	*grâce à*	*au milieu de*	*au détriment de*
de ce côté là de	*en dessus de*	*selon*	*en faveur de*
à l'occasion de	*à l'aide de*	*en dessous de*	*en vue de*
de ce côté ci de	*à l'intérieur de*		

B Traduisez les éléments de phrases suivants:

1 *au lieu d'un billet de 2ème classe* ....

2 *selon la brochure* ....

3 *pendant tout le circuit* ....

4 *vu la situation politique* ....

5 *en faveur de nos clients* ....

6 *en ce qui concerne les excursions* ....

7 *à l'intérieur du pays* ....

8 *grâce à des subventions de notre gouvernement* ....

9 *à la suite des grèves dans les aéroports* ....

═══ Türkei: Die Kehrseite des Booms ═══

Die Türkei ist dabei, zum Pauschalreiseland zu werden. Fünf Jahre Tourismus haben das Gesicht vor allem der türkischen Küste total verändert.

Der Bauboom, angeheizt durch Spekulanten aus Istanbul und Izmir, hat an der Küste unübersehbare Narben hinterlassen. Die Geschäftsleute sind aber bereits wieder auf dem Rückzug, denn sie haben sich gewaltig verschätzt.

Nach allen Prognosen werden in den 90. Jahren die Zuwächse der Touristenzahlen deutlich zurückgehen. Geblieben sind geplatzte Träume vom schnellen Geld, massenweise Bauruinen am Strand, die nur noch stehen, weil selbst das Geld zum Abriß fehlt sowie nagelneue Geisterhotels, die niemals eröffnet werden. Zudem bekämpfen sich die Hotelbesitzer untereinander gnadenlos in einem ruinösen Preiskrieg. Zwar sind die Zimmer dadurch spottbillig - zwanzig Mark inklusive Frühstück in einem guten Hotel - , aber die Medaille hat eine Kehrseite: Nur durch Massenentlassungen können die latent pleitegefährdeten Hoteliers noch mithalten.

Auch viele Türken, die sich dabei eine Menge Geld verdient haben, sind nachdenklich geworden: "Klar sieht es schlimm aus, aber in Spanien ist es noch schlimmer. Und die haben vierzig Millionen Touristen im Jahr - wir aber nur vier Millionen. Wenn alle nur einmal hierher kommen, dann reicht mir das" erklären viele. Eine Formel, die für alle bekannten Orte der Südküste mehr oder minder gilt, ob Marmaris, Fethiye oder Antalya.

Wenn die Einheimischen Ferien von den Fremden machen wollen, dann reisen sie an die Schwarzmeerküste. Das Klima ist milder als im heißen Ägäisraum, es gibt dort viel Wald und wenig Menschen.

Die Türkei ist nach wie vor ein attraktives Reiseziel. Die kurze Zeit hat einfach nicht gereicht, um alle Buchten einzubetonieren, wunderschöne Flecken gibt es immer noch reichlich - nur dauert die Suche jetzt etwas länger.

Die Zeit

COMPREHENSION

A Soulignez d'une couleur les éléments de phrases indiquant une dégradation de l'environnement, et d'une autre les aspects positifs de la Turquie.

B Formulez oralement les autres atouts du tourisme turc.

VOCABULAIRE: *adjectifs composés*

Reconstituez à l'aide des éléments encadrés les adjectifs composés du texte signifiant:

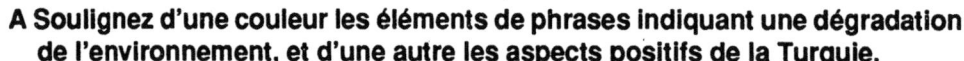

battant neuf	....
très bon marché	....
menacé de ruine	....
merveilleux	....
vaste	....

billig		gefährdet	nagel
neu	pleite		räumig
schön		spott	weit
	wunder		

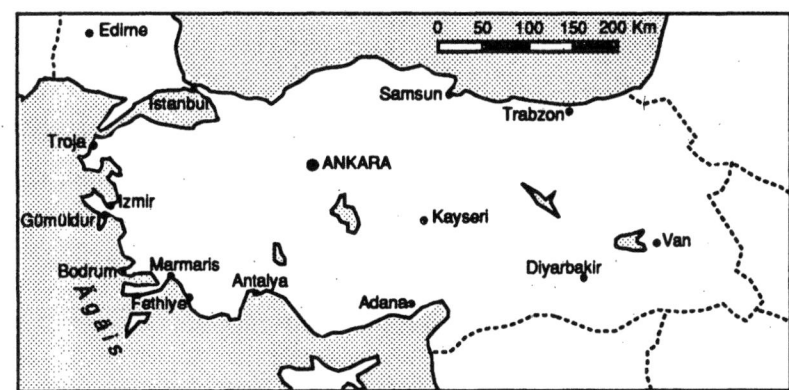

Die Türkei

ORIENTATION
Indiquez en allemand sur la carte de Turquie :

- Chypre   - la Grèce
- la Syrie   - la mer Noire
- l'Iran   - la Méditerranée
- l'Irak

GRAMMAIRE: *préverbes*

Complétez par un verbe du texte.

1 In der Türkei hat der Bauboom der 80. Jahre Ruinen ....

2 Bei ihren positiven Prognosen haben sich die Spekulanten total ....

3 Manche Hotels sind niemals .... worden.

4 In den Hotels mußten Arbeitskräfte massenweise .... werden.

5 Es gibt in der Reisebranche beschäftigte Türken, die trotzdem viel ....
   haben.

═══ Sieben Inseln sollen geschützt werden ═══

Der toskanische Archipel ist eines jener Gebiete, die durch Mittel der "Programmi Integrati Mediterranei" gefördert werden. Man kann sagen, daß alles auf den Weg gebracht ist, die Verbesserung der Wasser- und Stromversorgung, die Rettung der kulturhistorischen Substanz, der Ausbau touristischer Aktivitäten und schließlich wie der hier geplante Nationalpark aussehen wird, in den außer den Inseln Capraia, Gorgona, Pianosa und Montecristo auch Giannutri sowie Teile von Elba und Giglio einbezogen werden sollen.

Die Toskana

Seit einiger Zeit sind per Dekret die Grenzen des Parks provisorisch festgelegt und die Normen für den Schutz der Inseln definiert, die auch die Gewässer rundum betreffen. So ist zwar der traditionelle Fischfang erlaubt, nicht aber die Unterwasserjagd. Verboten sind bereits wildes Camping und der Gebrauch von Jeeps in der freien Natur, Neubauten darf es nicht geben. Dafür sollen alte Häuser restauriert werden.

FAZ

"Ecotour"

Ein ökologisch orientiertes Reiseunternehmen will Marktnische besetzen.

Wildkräuter erkennen, mit dem Schäfer wandern, eine Kahnfahrt unternehmen, zu Umweltproblemzonen segeln, das sind nur einige der ungewöhnlichen Angebote eines neuen Münchner Reiseveranstalters, der unter dem Namen "Ecotour" eine Marktnische besetzen will.

Die Unternehmensphilosophie orientiert sich an den Zielen der "Arbeitsgemeinschaft Tourismus mit Einsicht" und an einem Kriterienkatalog, den verschiedene Umweltgruppen erarbeitet haben. Dieser wiederum soll zur Einführung eines Gütesiegels dienen, das an Reiseveranstalter, Ferienorte und Fremdenverkehrsbetriebe verliehen werden könnte.

"Wir reisen grundsätzlich mit dem jeweils umweltfreundlichsten Verkehrsmittel, also möglichst mit Eisenbahnen, per Rad oder zu Fuß", sagt Peter Zimmer, Mitgründer von Ecotour. Falls Busse für Rundfahrten notwendig sind, sollen sie im Gastland gechartert werden und möglichst niedrige Emissionswerte haben. Außerdem gilt Rauchverbot für alle Fahrgäste.

Das Startprogramm läßt erkennen, daß zum ersten Mal ein regelrechter "Nationalpark-Tourismus" stattfinden wird. Zu den Zielen gehören nicht nur schon bestehende Schutzgebiete (im Bayerischen Wald, in den Abruzzen, den Hohen Tauern, in England, Jugoslawien und der Schweiz) sondern auch neu enstehende Nationalparks in Ostdeutschland, Böhmen und Slowenien. Weitere Angebote sind "Naturerlebniswochen" im Allgäu und in der Oberpfalz, für die man die Anfahrtskosten per Bundesbahn aus ganz Deutschland auf 50 Mark aushandeln konnte, sowie Ferienwohnungsofferten in restaurierten Bauernhöfen der ungarischen Pußta und in österreichischen Almhütten. Etwa 40 Hotels und Pensionen bieten im deutschsprachigen Raum sowie 50 Bauernhöfe allein in Deutschland einen "Öko-Urlaub" an. Doch sind solche Bezeichnungen noch ungeschützt.

Großen Wert will Ecotour auf die Qualität und besondere Schulung von Reiseleitern und Reiseleiterinnen legen.

Süddeutsche Zeitung

VOCABULAIRE

A Retrouvez et soulignez dans le texte les expressions suivantes:
- *décerner un label de qualité*
- *occuper un créneau*
- *négocier un prix*
- *mettre au point un catalogue*
- *attacher de l'importance à*

B Traduisez à l'aide des expressions soulignées et du vocabulaire de l'article ci-dessus.

1 *Il nous faut encore négocier le coût des voyages en autocar.*

....

2 *Nous attachons beaucoup d'importance aux critères écologiques.*

....

3 *La question est de savoir qui décernera les labels de qualité.*

....

4 *Nous sommes en train de mettre au point un catalogue "semaines découverte de la nature".*

....

TRADUCTION
Traduisez la fin du texte depuis: "Das Startprogramm ..."

EXPRESSION
Ajoutez au deuxième dessin un commentaire en allemand.

═══ Wo das Umdenken beginnt... ═══

Beispiel Türkei

Das "Half Moon"-Hotel an der türkischen Ägäisküste zeigt, wie ein Öko-Hotel aussehen kann. Die kleine Ferienanlage ist mit eigener Kläranlage und Sonnenkollektoren ausgerüstet. Verbrauchtes Wasser wird für den Garten genutzt, wo das Gemüse für die - auf Wunsch vegetarische - Küche wächst. Ausflüge werden mit öffentlichen Verkehrsmitteln organisiert, Wander- und Segeltouren inklusive.

Beispiel Malediven

Kaum ein anderes Land hat so große Umweltsorgen wie die ferne Inselrepublik der Malediven, die nach wie vor als Traum und Paradies in den Katalogen gehandelt wird. Immer mehr Atolle sind zu Hotelinseln ausgebaut, auf Malle, der Hauptinsel, wo es vor zehn Jahren nur ein Fahrzeug gab, fahren heute mehr als 350 Autos. Die Folge: Die Reifen haben die Korallenfläche zermahlen; sie ist nicht mehr wasserdurchlässig. Auf allen Inseln gibt es Abwässer- und Müllprobleme. Taucher kennen das Bild: Müllberge auf dem Meeresgrund ersticken die Korallen. Eine besonders umweltgerechte Hotel-Anlage, das "Blue Sun Resort" beweist jedoch, daß sich auch Tropenparadiese sinnvoll auf Ökokurs bringen lassen: Strom aus Solarzellen, Meerwasser-Entsalzung, vollbiologische Kläranlagen. Küchenabfälle werden in einem Bioreaktor zu Gas verarbeitet. Und man wohnt - auch ohne Klimaanlage - komfortabel im Malediven-Ambiente mit sportlichem Club-Programm.

Beispiel Nepal

Bergsteigern und Trekkingurlaubern ist das imposante Achttausender-Massiv Annapurna im Westen Nepals ein Begriff. Viele träumen von einer Reise in dieses Gebiet, immer mehr machen ihren Traum wahr. Damit es dort nicht schon bald aussieht wie in anderen Gegenden des Himalaya, wo die Müllberge wachsen und der empfindliche Bergwald zertrampelt wird, haben Einheimische eine Selbsthilfegruppe gegründet. Das "Annapurna Conservation Area Project" (ACAP) versucht, die Bedürfnisse der Bergbewohner, der devisenbringenden Trekking-Touristen und der Natur in Einklang zu bringen - mit bemerkenswertem Erfolg. Naturschutz soll auch die Lebensbedingungen der armen Bergbewohner verbessern helfen. Als Verbraucher zahlen ausländische Besucher eine Benutzungsgebühr, eine Art Kurtaxe. Das Geld fließt in das ACAP-Projekt.

Beispiel Italien

Als Kulisse für einen idyllischen Heimatfilm wäre San Martino bestens geeignet. Das verwinkelte Bergdorf am Südhang des Valle Maira im Piemont blieb von Skipisten und Hotelanlagen verschont. Aber eine heile Welt ist dieses Tal dennoch nicht. Landflucht heißt hier das Problem. Doch Kultur und Geschichte dieser Region sollen erhalten werden. Deshalb renovierte die Initiative "Borgata" einige der verfallenen Gebäude in San Marino für Gäste. Behutsam soll ein Tourismus entwickelt werden, der sich dem Land anpaßt und die Natur nicht zerstört. Urlauber werden mit der Tradition der Bergbauernkultur vertraut gemacht.

Brigitte

SYNTHESE

A l'aide des 4 exemples ci-dessus faites la synthèse en allemand des initiatives prises par les hôteliers et les responsables locaux soucieux d' un développement harmonieux de leur région.

Réflexions et initiatives

La croissance de l'industrie touristique pouvait sembler illimitée. Et pourtant. Un indice - un de plus - est venu entamer cette belle assurance: la catastrophique prolifération d'algues dans l'Adriatique. Ce qui a porté atteinte au plaisir des touristes et à la prospérité du secteur ne reposait nullement sur des raisons d'ordre politique ou économique. La pollution de l'environnement était en cause; Et ce signal d'alarme sans équivoque donnait raison aux écologistes.

Les organisateurs de voyages tout comme les responsables du tourisme se voient de plus en plus impérativement poussés à agir. Car les touristes, quant à eux, réagissent avec une sensibilité croissante aux problèmes d'environnement qu'ils rencontrent sur leur lieu de vacances. A vrai dire, l'économie et l'écologie sont encore loin de marcher du même pas. Mais les notes de voyages qui suivent montrent qu'à cette dernière, on accordera une plus grande importance à l'avenir.

Protection des eaux

Dans l'hôtellerie grecque des règlements plus stricts sont en viguer sur le plan de l'épuration des eaux. Tous les hôtels qui ne peuvent amener leurs eaux usées à un réseau public ont désormais l'obligation légale de mettre en place leur propre système d'épuration. Les installations doivent correspondre aux prescriptions et sont placées sous le contrôle des offices de la Santé.

Récompense

Depuis quelques années, les stations touristiques des pays de la CEE se voient décorées du drapeau bleu étoilé de l'Europe. Au Danemark, cette année, 128 localités ont reçu cette distinction. La récompense vaut toujours pour une seule année, afin d'éviter que les efforts ne se relâchent ensuite.

Sauver les baleines

Chaque année plus de mille baleines en pleine migration vers l'Antarctique font étape aux environs de la Grande Barrière, dans la mer de Corail.

Ces mammifères marins constituent une attraction touristique à laquelle il faut manifestement mettre un frein. Les autorité de Brisbane, Australie, ont décrété "parc aquatique" la baie de Hervey Dans cette réserve sont dorénavant interdits les vols d'hélicoptères à moins de 300 mètres d'altitude, la circulation sauvage des bateaux à moteur, ainsi que le fait de nourrir les animaux. Mais les excursions accompagnées demeurent possibles, afin que soient encore entendus les merveilleux chants des cétacés.

Survie de l'Adriatique

Bien que la qualité de l'eau donne satisfaction du côté yougoslave de l'Adriatique, la prolifération d'algues sur la côte italienne a déclenché une sorte de sauve-qui-peut. Mais une prise de conscience en a manifestement résulté: il faut faire davantage pour la protection de l'Adriatique. Une entreprise italo-yougoslave a donc vu le jour à Venise. "Polamar" doit élaborer différentes mesures de protection. Premier objectif: augmenter considérablement le nombre des stations d'épuration sur les deux rives.

Réserves naturelles

A la suite d'une nouvelle loi sur la protection de la nature, sept nouvelles réserves naturelles sont créées aux îles Baléares: l'une à Ibiza, und autre à Minorque et cinq à Majorque. Les nouvelles prescriptions sont loin d'avoir fait l'unanimité: les entreprises de construction, désormais empêchées de réaliser leurs projets, réclament une indemnisation des autorités.

Nouvelle loi

Aux îles Canaries, les "gros" projets ne seront plus aussi facilement réalisables qu'auparavant. Le Parlement a promulgué une nouvelle loi sur la protection de l'environnement, loi qui fait dépendre les autorisations de construire d'une étude d'impact sur l'environnement. Une amende salée attend ceux qui seraient tentés de l'enfreindre.

Construire

REFLEXION ET REDACTION

Welche Maßnahmen sind bereits im Bereich des Ökotourismus getroffen worden? Listen Sie die im vorstehenden Artikel Initiativen auf, ergänzen Sie sie mit anderen von Ihnen bekannten Projekten und verfassen Sie einen Text (500 Wörter) über das Thema: *Ökotourismus? Ja!*

Glossar

Öko, logisch

anerkennen a,a	*reconnaître*
zeitigen	*entraîner*
zielen auf + A	*viser*
eisgekühlt	*glacé*
verzichten auf + A	*renoncer à*
der Gletscher	*glacier*
die Klimaanlage	*air conditionné*
das Döschen	*petite portion*
in absehbarer Zeit	*dans un proche avenir*
gedeihen ie,ie	*mûrir*

Zwischen Traum und Trauma

Aufmerksamkeit erregen	*attirer l'attention*
erschallen	*retentir*
der Wohlstand	*bien-être*
ausreichend	*suffisamment*
umwerben a,o,i	*démarcher*
endgültig	*définitivement*
die Ernüchterung	*désillusion*
weichen i,i + D	*céder à*
der Aufbruch ("e)	*départ*
die Verzögerung	*hésitation*
der Ansturm ("e)	*ruée*
Rücksicht nehmen auf + A	*prendre garde à*
ganze Landstriche	*des régions entières*
die Wegwerfware	*marchandise jetable*
vielgeschmäht	*très critiqué*
die Neckermänner	*touristes partant avec l'entreprise Neckermann*
vorbeugend	*préventif*

Kaputte Umwelt

die Umfrage	*enquête*
beweisen ie,ie	*prouver*
der Weltmeister	*champion*
das Schlagwort (-e)	*slogan*
die Einsicht	*discernement*
sich wehren gegen	*se défendre contre*
belästigen	*gêner*
verdreckt	*dégoûtant*
jemandem zugute kommen	*profiter à*
zögern	*hésiter*
verkaufsfördernd	*qui encourage la vente*
sich scheuen vor	*craindre*
den Ast absägen	*scier la branche*

Reisen ja, aber anders

vernünftig	*raisonnable*
der Fachmann (-leute)	*spécialiste, expert*
meiden ie, ie	*éviter*
die Bausünde	*construction ratée*

Umweltschutz im Schwarzwald

in Einklang bringen	*harmoniser*
die Abgase (Pl.)	*gaz d'échappement*
die Emmissionswerte (Pl.)	*taux d'émission*

überwachen	*contrôler*
die Kläranlage	*station d'épuration*
die Müllentsorgung	*évacuation des ordures*
beeinträchtigen	*endommager*
der Gesetzgeber	*législateur*
das Verhalten	*comportement*

Ein Zeichen für die Umwelt

nachhaltig	*durablement*
abwenden	*prévenir*
die Stiftung	*fondation*
verleihen ie,ie	*décerner*
einwandfrei	*irréprochable*

Costa Verde

umkippen	*chavirer*
umlenken	*détourner*
der Einbruch ("e)	*rupture, cassure*
hitzig	*fébrile*
die Bauwut	*rage de construire*
den Bogen überspannen	*tirer sur la corde*
der Belang (-e)	*intérêt*
die Vormachtstellung	*domination*
der Zuschuß ("e)	*subvention*

Türkei

anheizen	*allumer*
unübersehbar	*immense*
die Narbe	*cicatrice*
der Rückzug	*retraite*
sich verschätzen	*se tromper dans ses estimations*
geplatzte Träume	*rêves déçus*
der Abriß (-sse)	*démolition*
nagelneu	*battant neuf*
gnadenlos	*sans pitié*
spottbillig	*ridiculement peu cher*
die Entlassung	*licenciement*
pleitegefährdet	*menacé de faillite*
reichlich	*en suffisance*

Ecotour

eine Marktnische besetzen	*occuper un créneau*
das Wildkraut ("er)	*plante sauvage*
die Einsicht	*discernement*
der Gütesiegel	*label de qualité*
die Almhütte	*bergerie*

Wo das Umdenken beginnt

zermahlen	*broyer*
wasserdurchlässig	*perméable*
die Entsalzung	*désalinisation*
ein Begriff sein	*être une référence*
zertrampeln	*piétiner*
behutsam	*avec précaution*

9

Das Reisebüro

Information
Informatisation
Droit

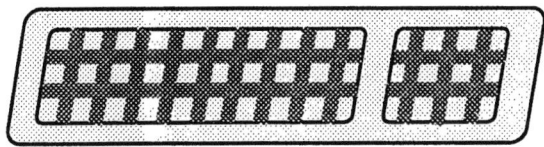

Mit Thomas Cook rund um die Welt

Vor 150 Jahren, also 1841, veranstaltete der Engländer Thomas Cook für eine Gruppe von 570 Personen eine Reise von Leicester nach dem nur zehn Meilen entfernten Loughborough. Im Reise....... von heute umgerechnet einer Mark waren die Fahrt in einem offenen Vergnügungszug, Tee und Schinkenbrote inbegriffen. In der Chronik des Tourismus gilt diese Exkursion als Geburtsstunde der.......reise. Gute 20 Jahre später reisten mit Cook bereits eine Million Menschen zu Zielen in ganz Europa, und 1872 veranstaltete Cook die erste Welt....... . Thomas Cook "erfand" den Vorläufer der heutigen Reise....... und die Hotelcoupons: er hat das Reisen so richtig in Fahrt gebracht.

Inzwischen ist Thomas Cook das älteste und eines der bedeutendsten ....dienstleistungs-Unternehmen der Welt, mit 1750 eigenen Büros und Vertretungen in 114 Ländern. In Deutschland ist die Gruppe mit mehr als 30 Reisebüros in über 20 Städten vertreten.
Zu den geschäftlichen Schwerpunkten der Büros gehören Urlaubs- sowie Geschäftsreisen. Die Cookbüros vermitteln heute Pauschal....... von namhaften Veranstaltern, Kreuz......., Studienreisen, Ferienwohnungen, Linien- und Charterflüge, Bahn- und ....reisen. Ferner gehören zur Angebotspalette Individualreisen, Reiseschecks, Theater.......service und Reiseversicherungen.

Süddeutsche Zeitung

VOCABULAIRE

A Complétez les mots composés de l'article ci-dessus avec les éléments suivants.

bus	karte	preis	reise
fahrt	pauschal	scheck	

B Ecrivez ces mots composés en face de leur équivalent français.

1 billetterie de théâtre   d.. ....
2 chèque de voyage   d.. ....
3 croisière   d.. ....
4 prestation touristique   d.. ....
5 prix du voyage   d.. ....
6 tour du monde   d.. ....
7 voyage à forfait   d.. ....
8 voyage en autocar   d.. ....

EXPRESSION ORALE

Après avoir lu deux ou trois fois ce texte, efforcez-vous d'en restituer l'ensemble du contenu.

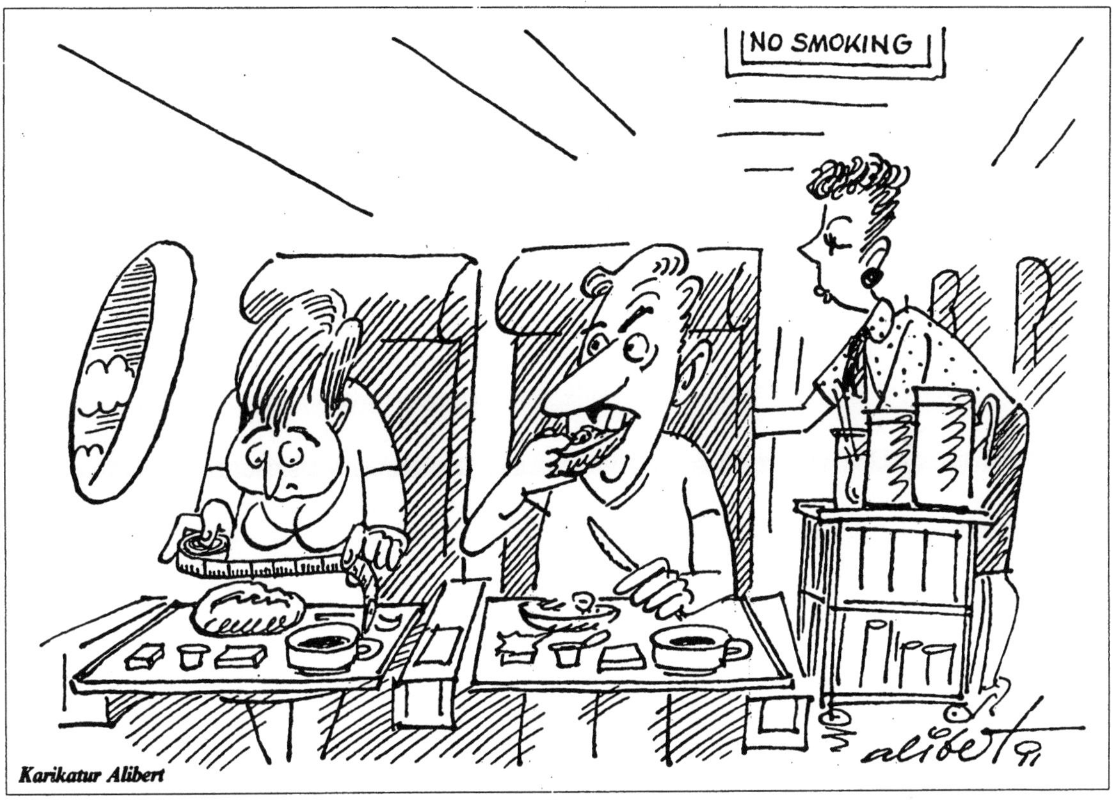

Karikatur Alibert

ZUM BILD

Schreiben Sie einen kleinen Dialog zu diesem Bild.

Gut gefragt ist gut gereist

Eine gute Beratung im Reisebüro ist schon der halbe Erfolg des nächsten Urlaubs. Oft sind es nur ein paar Kleinigkeiten, die aus einer gestreßten Reisebürokraft einen informativen und aufmerksamen Beobachter machen.

Überlassen Sie Ihr Urlaubsglück nicht dem Zufall. Das bißchen Vorbereitung lohnt sich auf jeden Fall: Es kostet nichts und bringt Ihnen selbst im Endeffekt den größten Gewinn.

Das Kernproblem: Touristik-Fachleute denken oft zuerst in ihren eigenen Dimensionen: Drei- oder Vier-Sterne-Hotel? Flug oder Bahn? Spanien - Festland oder Inseln? Der Urlauber dagegen sucht vielleicht eine romantische Sandbucht und abends eine urige Kneipe - viel Sterne sie hat, interessiert ihn nicht im geringsten. Schreiben Sie sich vorher in Stichworten auf, worauf es Ihnen bei dem geplanten Urlaub am meisten ankommt. Je konkreter die Angaben sind, desto mehr fühlt sich der Reisebüro-Mitarbeiter gefordert, seine Qualitäten unter Beweis zu stellen. Die großen Reiseunternehmen veranstalten laufend Produkt-Schulungen, darüber hinaus gehen die Mitarbeiter guter Büros mehrmals jährlich auf Informations-Tour. Noch ein Tip: Machen Sie einen Termin aus. So können Sie sicher sein, daß man sich Zeit für Sie nimmt.

Freizeit und Reise

COMPREHENSION : *Ja / Nein*

1 Dieser Artikel gibt deutschen Urlaubern Tips für ihren Besuch im Reisebüro.

2 Die Reisebürokräfte sind meistens gestreßt.

3 Der Urlauber soll sich der Laune des Beraters voll überlassen.

4 Mit gut gestellten Fragen gewinnt der Reisende einen hohen Betrag.

5 Touristik-Fachleute orientieren ihre Fragen auf bestimmte Kriterien.

6 Oft kann der Urlauber seine Hotelwünsche nicht in "Sternen" ausdrücken.

7 Die Fachkräfte großer Reiseunternehmen werden regelmäßig geschult.

EXPRESSION ORALE: *Dialog*

Sie sitzen vor einem zögernden Kunden. Stellen Sie ihm Fragen über seine

- möglichen Ziele (Meer, Land, Gebirge)
- Reisewünsche (individuell, Gruppe)
- Transportmittel (Bahn, Flug, Auto, Bus)
- Hotel- und Essensansprüche
- Preisspanne

VOCABULAIRE: Wortfamilie *"raten "*(= conseiller)

	ratsam		
jm etwas raten	**raten** ie,a,ä	beraten	jn. beraten
Rat geben, erteilen			sich beraten lassen
jn um Rat fragen	r Rat	Berater(in)	Beratung
bei jm Rat holen	Pl. Ratschläge	Reiseberater	Beratungsstelle
auf meinen Rat		Steuerberater	

Traduisez en utilisant les termes ci-dessus.

1 *Malheureusement vous vous êtes mal fait conseiller.*

....

2 *Où se trouve le bureau de conseils le plus proche?*

....

3 *Renseignez-vous auprès de votre conseillère en voyages.*

....

4 *C'est sur mon conseil qu'il est allé en Turquie.*

....

5 *Il est conseillé de visiter l'Inde avant le mois de mars.*

....

6 *Attendez! Je vais demander conseil à notre directeur.*

....

7 *Quelle île des Baléares me conseilleriez-vous?*

....

8 *Jusqu'à présent vous ne m'avez donné que de bons conseils.*

....

GUTER RAT KOMMT ÜBER NACHT.

GRAMMAIRE: *Je ... desto....*

Traduisez:

1 *Plus le personnel est stressé, moins son travail est efficace.*

....

2 *Plus le client est précis, plus la tâche de l'employé est facile.*

....

3 *Plus les employés sont formés, meilleur est le service de l'agence.*

....

4 *Plus les catalogues de voyages sont clairs, moins le vacancier pose de questions qui prennent du temps (zeitraubend)*

....

5 *Plus on travaille avec l'informatique, plus les informations sont rapides à obtenir.*

....

Voyages au bout du fil

Communiquer juste, donner de bons conseils et offrir une réservation simplifiée sont les trois conditions à réunir pour vendre un voyage à distance, selon les spécialistes du marché.

Une leçon que Voyages Loisirs applique depuis une dizaine d'années sur le même modèle que sa société-mère France Loisirs. 150.000 clients sont partis en 1990 avec le tour opérateur, tous issus du fichier qui regroupe plus de 4 millions d'adhérents. La page d'appel figurant dans le catalogue de livres, publié tous les trois mois, génère à elle seule 130.000 demandes de brochure par an! «La notion de club a beaucoup d'importance. Elle inspire confiance aux clients,» note le directeur des Voyages Loisirs.

La production est essentiellement orientée sur la location en France. «Cela correspond au goût de nos adhérents et cela nous permet aussi de mieux contrôler la qualité de la prestation». Les produits hôtels-clubs à l'étranger sont rachetés à des tour opérateurs et une partie de la commission est rétrocédée au client, qui paye donc moins cher qu'en agence. Résultat: les clients sont satisfaits à 95% et le taux de fidélisation atteint les 50%.

Chaque début d'année, le fichier est interrogé sur ses intentions de vacances: où voulez-vous partir, avec qui, pour quel budget? On se sert ensuite de ces données précises pour affiner l'offre (25 à 30% de produits nouveaux chaque année), optimiser la distribution des brochures, mieux cibler les opérations de mailing et inaugurer de nouveaux services comme la réservation par téléphone, avec paiement par carte bancaire. Un marketing jugé indispensable pour prévoir les tendances d'une année sur l'autre.

Installé en France depuis 1988, Center Parcs vend son village de loisirs essentiellement en direct (96%). «Notre produit s'appuie sur une brochure très explicative tirée à 750.000 exemplaires et se vent facilement par téléphone», explique le responsable des ventes et de la promotion. Pour y arriver, le groupe hollandais n'a pas hésité à investir dans la publicité. La dernière campagne s'étale sur 11 millions de pages dans les magazines. De plus, le fichier clients et prospects est utilisé de façon optimale. «Nous faisons appel aussi à des fichiers extérieurs, en relation avec notre type de clientèle». Après un investissement de départ énorme, l'amortissement ne s'est pas fait attendre: au bout de trois ans d'existence, le Center Parcs de Normandie affiche 92% de taux de remplissage!

Tour Hebdo

VOCABULAIRE

Trouvez dans le cadre les mots et expressions qui signifient:

adhérent	d... ....
amortissement	d... ....
commission	d... ....
fichier	d... ....
page d'appel	d... ....
taux de fidélisation	d... ....
taux de remplissage	d... ....

vente par téléphone	d... ....
apprécier	....
hésiter	....
s'appuyer sur	....
affiner une offre	....
inspirer confiance	....
optimiser la distribution	....
prévoir les tendances	....

Angebot	Belegungsquote	Kartei	Mitglied
Provision		Telefonverkauf	Trend
Vertrauen	Vertrieb	Werbeseite	einflößen
optimal gestalten	schätzen	sich stützen auf	
verfeinern	voraussehen	zögern	

EXPRESSION: *Dialog*

Un correspondant autrichien vous interroge sur la vente de voyages par correspondance et sur les circuits de distribution par correspondance qui existent en France. Répondez à ses questions d'après l'article de Tour Hebdo en vous aidant du vocabulaire ci-dessus.

1 Welches sind die Bedingungen für einen erfolgreichen Versandhandel von Reisen?

2 Worauf stützt sich Voyages Loisirs, um neue Kunden anzuwerben?

3 Wie reagiert die Kundschaft auf dieses Vertriebssystem?

4 Welche Marketinggrundsätze werden bei France Loisirs angebracht?

5 Welche andere Vertriebsmethoden werden von Center Parcs angewendet?

6 Haben sich diese Methoden bewährt?

Urlaub vom Bildschirm

Bucht der Reisende seinen Flug und seinen Pauschalurlaub bald zu Hause am Computer? Das Kommunikationsnetz Integrated Services Digital Network (ISDN) eröffnet bald neue Chancen für den direkten Verkauf von Reisen.

In wenigen Jahren schon könnte es wahr werden: Die Familie sitzt vor dem Bildschirm, auf dem vielfarbig das gewünschte Hotel erscheint samt Lageplan und Zimmergrundriß. Außerdem gibt es Informationen über den günstigsten Flugpreis und die Gebühr für den Mietwagen. Ist die Entscheidung gefallen, wird per Knopfdruck gebucht. Das Eingeben der Kreditkartennummer regelt die Abrechnung.

Kommunikationsexperten zweifeln nicht daran, daß ISDN trotz momentaner Probleme in Zukunft europaweit Daten übertragen wird. Das neue System nutzt das Telephonnetz der Post und läßt sich deshalb schnell ausbauen.

Zwar bekennen sich die Reiseveranstalter noch immer nachdrücklich zum klassischen Verkauf über das Reisebüro, doch immer neue Tests, Reisen in Supermärkten oder an Flugscheinautomaten zu verkaufen, zeugen von der Suche nach einem direkteren und billigeren Weg zum Kunden.

Deutschlands größter Reiseveranstalter, die TUI beteiligt sich zusammen mit Kreutzer Touristik in München schon an einem ISDN-Pilotprojekt der Post in Paris. "Eurotop" erscheint Experten geeignet, den Direktverkauf über den Computer daheim zu forcieren. Schon versuchen andere Unternehmen, darunter ein renommierter Autoverleiher, bei dem Test mitzumachen.

Der Zeitpunkt freilich, wann man Reisen elektronisch buchen kann, hängt davon ab, wie schnell sich die Leute mit dem Computer in den eigenen vier Wänden anfreunden.

nach: Markus Bäuchle, *die Zeit*

COMPREHENSION

Complétez les phrases relatives au texte ci-dessus à l'aide des verbes:

beteiligen	buchen	eingeben	proben
	übertragen		zeugen

1 Wenn der Kunde Ziel und Termin seines Urlaubs auf dem Computer .... hat, erscheint auf dem Bildschirm eine Liste von Angeboten.

2 Die TUI .... sich zusammen mit der französischen Post am Projekt "Eurotop".

3 Wird dieses Projekt erfolgreich .... , könnte es für den Urlauber von großem Vorteil werden.

4 Eine Reise per Knopfdruck .... ist dank modernen Reservierungssystemen schon möglich.

5 Informationen aller Art können durch das ISDN-System weltweit .... und am Terminal abgerufen werden.

6 Das heutige Verhältnis des Menschen zum Computer .... von der Bereitschaft der Urlauber, ihre Ferien bald elektronisch zu buchen.

VOCABULAIRE: *die elektronische Datenverarbeitung (EDV)*

A Retrouvez à l'aide des éléments du cadre les mots composés correspondants à:

assisté par ordinateur ....

banque de données d... ....

écran d... ....

traitement des données d... ....

bank	Bild	computer	Daten
gestützt	schirm	verarbeitung	

B Faites correspondre les expressions allemandes et françaises.

consulter			abrufen
échanger			ausdrucken
exploiter			austauschen
imprimer	*des **données***	**Daten**	auswerten
saisir			eingeben
stocker			sortieren
traiter			speichern
transférer			übertragen
trier			verarbeiten

C Cherchez et écrivez la traduction des termes employés pour l'informatique.

d... Anschluß	....	d... Netzwerk	....
d... Auflistung	....	d... Programm	....
d... Datei	....	d... Speicher	....
d... Drucker	....	d... Tastatur	....

Per Computer in die Ferienwelt

Was noch vor kurzem nur mit zeitrauben-
den Telephonaten oder mit Hilfe des
Fernschreibers möglich war, kann jetzt
im Reisebüro von der Buchung bis zur
Reservierungsbestätigung in wenigen
Minuten geschafft werden. Der Zauber-
lehrling ist das Computerreservierungssystem, mit dem Reisebüros mittlerweile
achzig Prozent ihrer Buchungen erledi-
gen.

Entwickelt wurden die ersten Computer-
reservierungs- und Informationssysteme
in den Vereinigten Staaten, um nach der
Liberalisierung des Luftverkehrs eine
größere Transparenz in den unüberschaubaren Tarifdschungel bei den amerikanischen Fluggesellschaften zu bringen. Mittlerweile sind das für den deutschen Markt entwickelte System "Start"
und seine Konkurrenten wie "Amadeus",
"Galileo" oder "Sabre" auch in Deutschland für viele Reisebüros unentbehrlich
geworden.

Zum einen macht die gewaltige Expansion des Tourismus zu einer der größten
Wirtschaftsbranchen die globale Ver-
netzung der Reiseangebote notwendig.
Andererseits sind sie unabdingbar, um
den vom Europäischen Binnenmarkt aus-
gehenden Umwälzungen im deutschen
Reisemarkt begegnen zu können.

Die weltweite Expansion des Tourismus
erfordert auch einen weltweiten Daten-
austausch von Reiseangeboten. Um dem
gerecht zu werden, gründeten die Fluggesellschaften Lufthansa, Iberia, Air France
und die SAS das gemeinsame System
"Amadeus" mit dem Ziel, ihre nationalen
Reservierungssysteme zusammen-
zuführen und der Tourismusindustrie ein
weltweites Vertriebs- und Buchungs-
system zu bieten. Inzwischen haben sich
eine Vielzahl von Anbietern aus den Bereichen Flug, Bahn, Hotel, Mietwagen
und Reiseveranstalter dem "Amadeus"-
Verbund angeschlossen.

Besonders das Standardgeschäft für Ge-
schäftsreisende sowie der Verkauf von
einfachen Pauschalreisen kann durch die
elektronischen Mittler effizienter
abgewickelt werden.

Selbstbedienungsautomaten, an denen der
Kunde in Bahnhöfen, auf Flughäfen oder
im Eingangsbereich der Reisebüros nach
dem Prinzip der Geldautomaten selbst
bucht und bezahlt, könnten schon bald
einen Teil des Geschäfts aus dem Reisebüro verlagern. Wenn es den Reisever-
kaufsstellen gelänge, neue Formen der
Kundenbindung zu finden - vielleicht über
spezielle Kreditkarten, die dem Reisebüro weiterhin eine Vermittlungsprovi-
sion vorbehalten - könne verhindert
werden, daß zum Beispiel die Fluggesellschaften über Automaten direkt an den
Kunden verkaufen.

Die Automatisierung ist für den Präsi-
denten des Deutschen Reisebüroverban-
des (DRV) zur Zeit das geringere Problem.
Er meint, "daß höchstens zukünftige Ge-
nerationen einmal eine höhere Affinität
zu den Automaten bekommen werden,
die menschliche Beratung aber wird noch
auf lange Zeit der entscheidende Faktor
zumindest für die Urlaubsreise bleiben".

Die Zeit

COMPREHENSION: *Ja / Nein*
Les affirmations suivantes sont-elles contenues dans le texte?

1 Die Reisebüroangestellten verbringen einen großen Teil ihrer Zeit am Telefon.

2 Die meisten Buchungen werden bereits durch ein Computerreservierungssystem erledigt.

3 Durch die Automatisierung ist der Tarifdschungel überschaubarer geworden.

4 Die massive Ausdehnung des Tourismus hat zur Modernisierung der Verkaufsmethoden beigetragen.

5 An den Selbstbedienungsautomaten können die Kunden ihre Fahrkarte buchen und zahlen.

GRAMMAIRE: *actif / passif*
Transformez les phrases suivantes en utilisant une forme active.

1 80% der Buchungen werden durch den Computer erledigt.

....

2 Entwickelt wurden die ersten elektronischen Reservierungssysteme in den USA.

....

3 Funktionen des klassischen Reisebüros könnten durch die Elektronik übernommen werden.

....

4 Durch spezielle Kreditkarten könnte verhindert werden, daß die Fluggesellschaften direkt an den Kunden verkaufen.

....

REFLEXION
Welche sind, Ihrer Meinung nach, die Grenzen der Computer-Reservierung?

Last Minute: Vorsicht!

Last-Minute-Reisen, seit einigen Jahren ein Zauberwort für billige Ferien in fernen Ländern, sind ins Zwielicht geraten. Immerhin 2300 Mark pro Person hatte das junge Pärchen aus Hannover für ihre sogenannte "Drei-Sterne-Last-Minute-Reise" auf den Ladentisch gelegt. Doch die erhoffte Traumreise an türkische Sonnenstrände geriet von Anfang an zum Alptraum.

Schon an Bord des Fluges nach Antalya wurde kein Essen serviert. Anstatt in der versprochenen Drei-Sterne-Herberge landeten sie in einer halbfertigen Clubanlage mit schmutzigen Steinfußböden, defekter Toilettenspülung, heraushängenden Steckdosen und nicht zu öffnenden Fenstern. Die Bauarbeiten wurden nur zwischen Mitternacht und fünf Uhr in der Früh unterbrochen.

Sie mußten wie mehr als vierzig Leidensgenossen erfahren, daß die angeblich gebuchten Hotels den Veranstalter entweder gar nicht kannten oder aufgrund schlechter Erfahrungen nichts mehr mit ihm zu tun haben wollten.

Scheinbar ist dies kein Einzelfall. Dubiose Geschäftspraktiken werden auf dem Rücken der Urlauber ausgetragen. Wegen der großen Nachfrage, greifen die Last-Minute-Verkäufer auf Billigangebote zurück. Außerdem tauchen, wie im Einzelhandel, wo bestimmte Waren ausschließlich für den Schlußverkauf produziert werden, an den Last-Minute-Schaltern immer häufiger speziell für diesen Zweck zusammengestellte Reisen auf. Kurzfristig werden aus nicht belegten Hotelbetten und vakanten Flugzeugplätzen Pauschalreisen zusammengestellt.

Teilweise sind die Last-Minute-Angebote sogar teurer als im Katalog. Nicht alle wissen: Auch Last-Minute-Urlauber stehen unter dem vollen Schutz des Deutschen Reiserechts.

Die Zeit

EXPRESSION ORALE: *Nacherzählung*

Après avoir lu plusieurs fois l'article du «Zeit», racontez en allemand l'expérience du couple déçu d'un voyage organisé à la dernière minute.

EXPRESSION ECRITE

1 Was ist eine "Last-Minute-Reise"?

....

....

....

2 Aus welchen Gründen werden solche Reisen angeboten?

....

....

....

....

....

VOCABULAIRE: *Adverbes*

A Faites correspondre les adverbes français et allemands et soulignez ceux qui s'utilisent aussi comme adjectifs.

angeblich	*à court terme*
scheinbar	*en partie*
außerdem	*exclusivement*
ausschließlich	*tout de même*
häufig	*en outre, de plus*
kurzfristig	*couramment*
teilweise	*soit-disant*
immerhin	*apparemment*

B Traduisez en utilisant les adverbes ci-dessus.

1 *C'était soit-disant une offre avantageuse.*

....

2 *Réserver à court terme comporte* (mit sich bringen, s Risiko -en) *des risques.*

....

3 *Ce voyage est exclusivement réservé aux personnes âgées* (die älteren Leute).

....

4 *Le voyagiste ne connaissait apparemment pas l'hôtel.*

....

5 *Il arrive couramment que les vols ne soient pas pleins.*

....

6 *De plus, les forfaits de dernière minute sont souvent établis spécialement.*

....

„Peter J. muß sich erstmal vom Urlaub an der Riviera erholen"

VDM: 3617 code A9

Quand un visiteur entre dans une agence de tourisme c'est qu'il a un désir de vacances à satisfaire, à court ou moyen terme. Le professionnel doit alors *l'informer* puis le *séduire*.

Si son départ probable est lointain, le large éventail de brochures à sa disposition - et qu'il peut emporter chez lui - lui donnera satisfaction. Encore faut-il lui permettre, par des conseils avisés de faire le bon choix dans les propositions des spécialistes ou des généralistes.

La démarche est moins évidente quand le vacancier potentiel souhaite partir au cours des 2 ou 3 prochaines semaines, ou quand il désire profiter d'une «bonne affaire», d'un produit en promotion. Alors, l'agent de voyages doit passer de longs moments à consulter, par téléphone, les producteurs pour connaître leurs disponibilités ou leurs promotions. Une tâche dévoreuse de temps, peu gratifiante quand on l'accomplit devant le client, et onéreuse en coût de communications téléphoniques. Quant aux disponibilités dont on a été informé par flashes, elles sont souvent périmées avant même d'être reçues!

C'est devant ce constat que le magazine Tour Hebdo a décidé de mettre à la disposition des professionnels du tourisme un outil *moderne*, *simple*, *rapide*:

«3617 code A9 VDM & PROMOS»

Grâce à la collaboration de la plupart des producteurs, les agents de voyages pourront désormais consulter, sur leur minitel, l'état permanent des disponibilités de dernière minute et de toutes les promotions offertes sur le marché vers toutes les destinations. Le service mis au point avec nos informaticiens permet une approche *très rapide* grâce à un tri *multicritère*:
- date de départ,
- budget,
- type de prestations,
- destination.

Les membres du «Club Tour Hebdo 3617», signataires d'un protocole d'accord contraignant, se sont formellement engagés, vis à vis du réseau de distribution à:
- entrer dans le service leurs disponibilités à J-21,
- entrer dans le service leurs tarifs promotionnels quelle que soit leur échéance,
- tenir à jour l'ensemble de leurs fiches en modifiant éventuellement, à tout instant, leurs principaux éléments: nombres de places disponibles, prix proposés, taux de commission.

D'ores et déjà, de nombreuses fiches ont été constituées par les producteurs.

Chaque fois qu'un client entre dans votre agence, ayez le réflexe 3617 code A9. Votre minitel vous dira instantanément, en temps réel, ce que vous pouvez vendre à coup sûr, en dernière minute, et les «bonnes affaires» sur le marché. Il ne vous restera plus ensuite qu'à passez la commande au producteur choisi, 3617 code A9 aura fait pour vous, *en quelques dizaines de secondes*, le tri dans toutes les propositions du marché!

Tour Hebdo

EXPRESSION ORALE

Un collègue germanophone vous demande de lui donner des informations sur le système 3617 code A9. Expliquez-lui en allemand:

1 les avantages de ce système - pour le client
                                      - pour l'agence

2 les engagements pris par les membres du «Club Tour Hebdo 3617».

=== Konzentration auf dem Reisemarkt ===

Noch ist der Reisehandel ein der in Deutschland und im internationalen Vergleich am stärksten kontrollierten Branchen. Aus den anderen Ländern der Europäischen Gemeinschaft werden Veranstalter auf dem deutschen Markt erscheinen, um von der Reisefreudigkeit der Bundesbürger zu profitieren. Damit öffnet sich den knapp vierzig Prozent der Verbraucher, die sich ihre Urlaubsreise von einem Veranstalter organisieren lassen und im Reisebüro buchen, eine neue Verkaufswelt.

Die freie Gestaltung der Preise wird auch zu entscheidenden Veränderungen führen, die in anderen Industrien längst stattgefunden haben. Viele kleine und mittlere Reisebüros werden sich aus dem Markt verabschieden müssen, wenn sie sich nicht möglichst schnell einer großen Kette anschließen oder in einer Einkaufsgemeinschaft zusammenfinden. Nur so können den Veranstaltern dann Provisionssätze abgehandelt werden, die das wirtschaftliche Überleben ermöglichen. Schon heute ist dieser Prozeß in vollem Gange. "DER-Part" und "First" heißen die größten Ketten, unter deren Dach sich immer mehr Reisebüros flüchten. Doch Großhändler gibt es nicht nur auf der nationalen Ebene, sie agieren längst weltweit.

Ein derart gebündeltes Machtpotential steigert die Verhandlungsstärke gegenüber den Fluggesellschaften, Hotelorganisationen und Mietwagenfirmen. Kleinere Unternehmen oder gar einzeln auftretende Reisebüros werden im Preiswettbewerb den kürzeren ziehen.

Andererseits sollten sich gerade kleine Reisebüros überlegen, das Allroundgeschäft, in dem sie nicht mehr mithalten können, aufzugeben und sich noch stärker auf bestimmte Zielgebiete oder besondere Angebote spezialisieren, um sich damit ihre Nische im Markt zum Überleben zu sichern. Diese spezialisierten Geschäfte, beispielsweise für Fern- oder Studienreisen, müßten sich dann durch ein qualifiziertes Angebot und eine besonders fachkundige Beratung auszeichnen. Um zu verhindern, daß der Kunde sich nur beraten läßt, um dann doch im billigeren Supermarkt einzukaufen, gibt es Überlegungen, eine Beratungsgebühr zu erheben.

Weil das höchste Gebot jeder Beratung der anschließende Abschluß sein muß, schicken viele Verkaufsdirektoren ihre Mitarbeiter regelmäßig auf eine Verkaufsschulung, wie sie in anderen Branchen längst üblich ist. Dort wird ihnen mit psychologischen Methoden beigebracht, den Kunden moralisch und tatsächlich an das Reisebüro zu binden. Denn Stammkunden, die durch persönlichen Kontakt und kompetente Beratung gewonnen werden, wechseln nicht zur Konkurrenz, nur weil diese ein paar Mark billiger anbietet.

Die Zeit

GRAMMAIRE: *Passif / Futur*
Soulignez dans le texte toutes les formes verbales au passif et encadrez toutes celles au futur actif.

REFLEXION
Erklären Sie die Vor- und Nachteile der großen Reiseketten anhand folgender Stichpunkte:

1 Preis   2 Information   3 Beratung   4 Kundenbindung

VOCABULAIRE: *mots composés*

A l'aide du texte et des éléments encadrés, retrouvez les mots composés ci-dessous et indiquez leur genre et leur pluriel.

1 *voiture de location*	d....	....	(....)
2 *grossiste*	d....	....	(....)
3 *centrale d'achat*	d....	....	(....)
4 *voyage d'agrément*	d....	....	(....)
5 *client fidèle*	d....	....	(....)
6 *concurrence*	d....	....	(....)
7 *compagnie aérienne*	d....	....	(....)
8 *voyage d'étude*	d....	....	(....)

bewerb	kunde
einkaufs	miet
flug	reise
gemeinschaft	stamm
gesellschaft	studien
groß	urlaubs
händler	wagen
wett	

═══ Le malaise des agents de voyage ═══

Les compagnies aériennes ont donné le ton il y a une dizaine d'années. Coincés entre l'ultra-libéralisme américain et la concurrence sauvage des Asiatiques, les transporteurs européens ont lutté, qui grâce à son image de marque, qui grâce aux subventions d'Etat, pour sauver leur part de marché. Ils y sont parvenus: les gens voyagent de plus en plus, les aéroports sont saturés, les tarifs spéciaux se multiplient, les avions sont pleins et les transporteurs perdent de l'argent. Depuis quelques temps les compagnies aériennes européennes dépassent tous les mois de plusieurs millions le budget prévu et, avec l'Europe ouverte en toile de fond, les problèmes se multiplient dans les plus hautes sphères de l'aviation commerciale.

Par contrecoup, l'agent de voyages qui vend de plus en plus de billets à tarif réduit - ce qui lui prend autant de temps, sinon plus que la vente d'un plein tarif - gagne moins lui aussi, son taux de commission restant le même.

On retrouve le même scénario du côté des hôteliers; les stations en vogue attirant les spéculateurs, on bâtit à tour de bras. En Turquie du Sud, par exemple, les hôtels poussent comme des champignons et quelques faillites retentissantes n'empêchent pas le bétonnage frénétique de la moindre crique.

Les transporteurs terrestres, loueurs de voitures et autres prestataires n'échappent pas à cette spirale et, d'une manière générale, l'offre dépasse si largement la demande qu'actuellement, bien que le pourcentage moyen de 10 à 11% demeure inchangé, les marges baissent sur l'ensemble des prestations vendues. Or, comme les charges de l'agent de voyages augmentent, l'avenir immédiat ne laisse guère présager de jours heureux.

Inéluctablement, bon gré mal gré, l'heure est à l'informatisation. Les agences qui ont consenti un lourd investissement pour s'équiper ont encore besoin d'autant de personnel que par le passé. Comme si ce passage généralisé à l'informatique ne suffisait pas au malaise des agents de voyages, le marché du travail est asséché et tout le monde est unanime: on ne trouve plus de personnel qualifié! La loi de l'offre et de la demande s'exerçant là aussi, les salaires enregistrent une tendance à la hausse.

En Suisse, l'introduction d'une formation continue systématique et une reconnaissance légale de la profession d'agents de voyages doivent apporter en partie la solution à ce problème de personnel qui est, de surcroît, décuplé par l'extrême spécialisation des activités de la profession (voyages d'affaires, tourisme, groupes, etc...)

Henriette Bollier, directrice de *Transcontinental* à Genève, voit dans ce problème du manque de personnel qualifié le signe d'une dévalorisation globale du métier d'agent de voyages que beaucoup ne pratiquent plus que par la revente de produits forfaitaires élaborés par l'un ou l'autre des voyagistes suisses ou étrangers. Pour elle, la réponse personnalisée constitue - ou devrait constituer - l'essentiel du métier.

Qu'il vende ses propres produits, ceux d'un tiers ou encore qu'il monte un voyage de toutes pièces pour répondre aux exigences spécifiques de son client, l'agent de voyages tire ses revenus de la commission fournie par les prestataires de services et non du montant payé par le client. Dans la profession, on est actuellement confronté à un marché de plus en plus compliqué pour le consommateur qui n'a pas, dans la majorité des cas, pris l'habitude de considérer l'agent comme un conseiller. En effet, il le voit comme un distributeur dont la prestation de conseil est gratuite. Or, actuellement, pour un salaire donné, un agent de comptoir passe la majorité de son temps à émettre des Apex, dont la marge est réduite, plutôt qu'à traiter avec une clientèle de haut de gamme.

Il est certes difficile de chiffrer l'activité de «conseil» mais il faudra probablement arriver, dans une même agence, à traiter la clientèle différemment selon qu'elle souhaite acheter un billet d'avion économique, un forfait ou un voyage à la carte spécialement conçu sur demande. Ce problème est surtout présent dans les grandes entreprises.

Les agences plus petites, pour autant qu'elles fassent preuve d'un professionnalisme acceptable, survivront à terme en fidélisant leur clientèle en se spécialisant. Les petites entreprises créatives comme *Artou* à Genève ou l'*Atelier du Voyage* à Lausanne, entre quelques autres, ont su imposer un style et une manière de voyager pour lesquels, et c'est heureux, une demande croissante existe.

On aimerait voir un jour cette industrie dynamique du voyage et tous ses partenaires privilégier la qualité à la quantité. Destination Utopie?

Revue touristique

REDACTION

A l'aide du canevas suivant, faites en allemand un résumé de cet article

- Preiskrieg bei den Flugtarifen
- Überkapazität im Hotelgewerbe
- Die Informatik im Reisebüro
- Mangel an erfahrenen Fachkräften
- Geringe Motivierung des Personals
- Zunehmende Komplexität des Reisemarktes
- Das Reisebüro als Beratungsstelle
- Überleben dank Spezialisierung

REFLEXION

Dieser Artikel stammt aus einer schweizerischen Zeitung. Existieren die gleichen Probleme auch in französischen Reisebüros. Rechtfertigen Sie Ihren Standpunkt.

Deutsches Reiserecht

Das Reiserecht, seit Oktober 1979 Bestandteil des Bürgerlichen Gesetzbuches (BGB), berücksichtigt ausschließlich Pauschalreisen. Wer ohne Veranstalter sein Urlaubsglück sucht, kann sich nicht aufs Reiserecht berufen. Grundlage der Auseinandersetzungen zwischen Verbraucher und Anbieter ist die Darstellung im Katalog. Sie muß in Wort und Bild klar, richtig und vollständig sein, also auch Negatives nennen.

Jeder, der auch nur zwei Leistungen aus den Bereichen Beförderung, Unterkunft, Verpflegung und Reiseleitung zu einem Angebot bündelt, wird dadurch zum Reiseveranstalter. Das heißt: Er haftet für die ordnungsgemäße Durchführung der Reise und muß für Pleiten und Pannen - wie Überbuchungen, Baulärm oder Verspätungen - einstehen, selbst wenn das Verschulden nicht bei ihm, sondern bei seinem Leistungsträger, also beispielsweise dem ausländischen Hotelier, liegt. Reisebüros haften gegenüber dem Kunden, wenn sie ihrer Beratungs-, Sorgfalts- und Hinweispflicht nicht nachkommen. Das gilt auch, wenn eine Pauschalreise nur vermittelt wird. Falschberatung führt zu Ersatzansprüchen.

Ein Beispiel: Im Katalog wird auf den Morgennebel am Strand von Agadir hingewiesen. Das Reisebüro wischt das Problem vom Tisch. Daraufhin bucht der Kunde und hängt im Nebel. Das Reisebüro muß zahlen.

Besonders interessant mit Blick auf den EG-Binnenmarkt ist, daß alle ausländischen Reiseveranstalter, deren Touren hierzulande gebucht werden können, dem deutschen Reiserecht unterliegen.

Der Reklamationsruf ".. und fordere mein Geld zurück" schallt nicht mehr so häufig durch deutsche Gerichte. Laut DRV (Deutscher Reisebüro-Verband) reklamiert nur noch ein Prozent der Pauschalreisenden. Das macht gut 200.000 Verfahren pro Jahr.

Zwar klagt die deutsche Tourismusindustrie, die Rechtsprechung entscheide immer mehr zugunsten des Verbrauchers. Doch vor Gericht bleiben drei von vier Klagen auf Schadenersatz oder Reispreisminderung erfolglos. Die Last der Gerichtskosten trägt dann der Verbraucher.

Die Zeit

COMPREHENSION: *Ja / Nein*

Lisez plusieurs fois cet article en notant dans la marge la traduction des mots inconnus (cf Glossar p. 223), puis déterminez si les six affirmations suivantes correspondent au texte.

1 Das Reiserecht berücksichtigt alle Individual- und Pauschalreisen.

2 Die im Katalog beschriebenen Daten sollen Positives und auch Negatives darstellen.

3 Reiseveranstalter kann sich jeder nennen, der eine Reise organisiert.

4 Der Reiseveranstalter selbst und nicht seine Leistungsträger haften für die gute Durchführung der Reisen.

5 Das Reisebüro haftet gegenüber dem Kunden, wenn es diesen falsch berät.

6 Reklamationen werden lediglich bei 1% der Pauschalreisenden eingereicht.

VOCABULAIRE: *termes juridiques*

Notez ci-dessous et mémorisez les substantifs, verbes et expressions qui vous semblent importantes à mémoriser.

SUBSTANTIFS   VERBES

....
....
....
....
....
....
....
....
....   ADVERBES

....
....
....

EXPRESSIONS

....
....
....
....

Reklamationen

Enttäuschte Ferienhoffnungen entladen sich manchmal in Reklamationen voll unfreiwilligem Humor.

1 "... Ich dachte, das Fenster sei offen, es war jedoch geschlossen, wie sich herausstellte, als ich meinen Kopf hindurchstreckte ... "

2 "... Im Gartenrestaurant lagen Katzen auf den Tischen, die nachts von den Gästen zum Essen benutzt wurden ... "

3 "... Ehrlich gesagt, ich frage mich, wie Sie mit solchem Menschenmaterial überhaupt arbeiten können ... "

4 "... Sollten wir von Ihnen keine *Sadisfaktion* erhalten, werden wir die Sache unserm *Anwald* anvertrauen ... "

5 "... Es hatte zu viele Tunesier am Strand!" (Zu Hammamet!)

6 "... Keiner ihrer Vertreter sagte mir, daß die Brandung in Copacabana so stark ist! Deshalb ist es mir passiert, daß ich in einer besonders großen Welle mein Gebiß verlor. Ich konnte meine Ferien nicht mehr zu Ende genießen und bitte um Entschädigung... "

7 "... Essen im Flugzeug bei drei ein halb Stunden Flugzeit:

- ein Brötchen 4cm x 8cm

- ein Bütterchen

- ein Konfitürchen

- 3 Biscuits 3,5cm x 5cm x 0,5cm ... "

Hotel Revue

▦ Kuoni: Conditions de voyage et de contrat ▦

1. Conclusion du contrat
La confirmation écrite de votre voyage est l'acte constitutif d'un contrat entre Kuoni et vous.

2. Inscription
Les capacités de nombreux vols, hôtels et arrangements sont souvent rapidement épuisées. Vous avez donc tout intérêt à vous inscrire aussitôt que possible. Lors d'un arrangement incluant le transport et pour lequel seules les prestations terrestres sont requises, un supplément de FS 50.- par personne est perçu.

3. Conditions de paiement

3.1 Acompte
Un acompte d'au moins FS 400.- par personne est perçu pour les voyages en Europe et tous les pays méditerranéens limitrophes, ainsi qu'en Arabie.

3.2 Paiement du solde
Le reste du prix du voyage doit être payé avant le départ; les documents de voyage ne vous seront remis qu'après réception de la somme due.

4. Conditions d'annulation et de modifications

4.1 Frais de dossier
Si vous ne pouvez pas effectuer un voyage définitivement réservé ou si vous désirez le modifier (changement de la date de départ, du nom du participant, de l'hôtel), nous percevons und taxe pour les frais de travail de FS 50.- par personne, mais qui ne peut cependant pas dépasser FS 100.- par dossier. A cela peuvent encore s'ajouter les éventuels frais de téléphone, de téléfax ou de télégramme.

4.2 Frais d'annulation
Si vous vous désistez moins de 22 jours avant la date de départ, et ce pour une raison que l'assurance frais d'annulation ne couvre pas, nous devons prélever en plus de la taxe d'établissement de dossier, und indemnité calculée comme suit en pour cent du prix forfaitaire. Ces conditions sont également applicables lors de modifications.

    21-15 jours avant le départ 10%
    14 - 8 jours avant le départ 30%
    7 - 0 jours avant le départ 75%
Si vous interrompez prématurément votre voyage, nous nous efforçons d'obtenir la plus haute indem-

nisation possible de la part des prestataires de services. Tout ce que nous recevons vous est crédité. Mais il n'y a aucun droit à remboursement.

5. Responsabilité

5.1 Généralités
En ce qui concerne nos propres offres de voyage, nous vous garantissons:
- choix et contrôle effectués avec le plus grand soin des autres entreprises concourant à votre voyage;
- descriptions dans le catalogue correspondant fidèlement aux informations dont nous disposons lors de sa rédaction;
- organisation professionnelle de votre voyage.
Nous nous engageons à exécuter le forfait de voyage que vous avez choisi avec toutes les prestations de service indiquées dans le catalogue, conformément aux présentes conditions de voyage et de contrat.

5.2 Notre responsabilité
Kuoni s'engage à vous indemniser au cas où des prestations convenues auraient été supprimées ou mal exécutées, ou si vous avez encourru des frais supplémentaires, dans la mesure où la cause n'en est due ni à des cas de force majeure, ni à des fautes imputables à des tiers et pour lesquelles notre responsabilité n'est pas engagée, ni à vous-même. Notre responsabilité est cependant limitée au montant du prix du voyage et ne porte que sur le préjudice direct.

6. Chambres individuelles
Elles ne sont pas toujours en nombre suffisant et n'offrent souvent qu'un confort restreint.

7. Modifications de programme
Des circonstances imprévues peuvent entraîner des modifications de programme. Kuoni s'efforce alors de vous en aviser immédiatement et de vous proposer une solution de rechange.

8. Réclamations
Elles doivent être communiquées immédiatement au guide du voyage Kuoni ou au représentant Kuoni le plus proche. Les demandes de dédommagement doivent être adressées par écrit dans un délai de quatre semaines au maximum après la fin du voyage.

REDACTION

Complétez le texte allemand de la page suivante en vous référant à la traduction française.

Kuoni: Reise- und Vertragsbedingungen

1. Vertragsabschluß

Mit der .... Bestätigung kommt zwischen Ihnen und Kuoni ein Vertrag zustande.

2. ....

Zahlreiche Abflüge, Hotels und Arrangements sind oft schon frühzeitig .... Es liegt deshalb in Ihrem eigenen Interesse, sich .... anzumelden. Werden von einem Arrangement, welches wir mit Transport anbieten, nur die Aufenthaltsleistungen bezogen, wird ein .... von Fr.50.- pro Person erhoben.

3. Zahlungsbedingungen

3.1 ....

Bei der Anmeldung ist eine Anzahlung von .... Fr.400.- pro Person für Reisen in Europa, alle Mittelmeer-Randstaaten und Arabien zu leisten.

3.2 Restzahlung

Der restliche Reisepreis ist vor Antritt der Reise zu bezahlen; die .... werden erst nach Eingang der Zahlung ....

4. .... / Änderungen

4.1 Bearbeitungsgebühren

Falls Sie eine fest gebuchte Reise nicht .... können oder wollen (Namensänderung, Änderung des .... oder Umbuchung der Unterkunft), ... wie eine .... von Fr.50.- pro Person, jedoch max. Fr.100.- pro Auftrag. .... kommen noch eventuelle Telefon-, Telefax- und Telegrammspesen.

4.2 Kosten der Annullierung

Treten Sie später als 22 Tage vor dem .... von der Reise zurück, und zwar aus einem Grund, der nicht durch die Annullierungskosten-Versicherung .... ist, so müssen wir .... zur Bearbeitungsgebühr noch die folgenden Kosten in Prozenten des Arrangementpreises erheben: Folgende Regelung gilt auch für Änderungen.

    21-15 Tage vor Abflug 10%

    14 - 8 Tage vor Abflug 30%

    7 - 0 Tage vor Abflug 75%.

Wenn Sie Ihre Reise vorzeitig ...., bemühen wir uns um möglichst hohe Rückvergütungen von den .... ; was erhältlich ist, wird Ihnen vollständig .... Ein Rechtsanspruch auf .... besteht nicht.

5. ....

5.1 ....

Wir garantieren Ihnen im Rahmen unseres eigenen Reiseveranstaltungsangebots

- eine .... Auswahl und .... der anderen an Ihrer Reise beteiligten Unternehmen

- eine nach bestem Wissen erfolgte .... zum Zeitpunkt des Redaktionsschlußes

- die .... Organisation Ihrer Reise.

Wir .... uns, die von Ihnen ausgewählte .... mit allen erforderlichen Leistungen prospektgemäß im Rahmen der vorliegenden Reise- und Vertragsbedingungen abzuwickeln.

5.2 Unsere Haftung

Kuoni .... Sie für den Ausfall oder die unrichtige Erbringung vereinbarter .... oder für Ihnen zusätzlich entstandene Kosten, sofern diese weder durch .... noch durch Drittverschulden, für welches wir nicht einzustehen haben, noch durch Ihr eigenes Verhalten verursacht worden sind. Unsere .... ist jedoch in der Höhe auf den Reisepreis .... und erfaßt nur den unmittelbaren ....

6. ....

sind nicht immer genügend vorhanden und oft nur mit reduziertem Komfort.

7. ....

Unvorhergesehene .... können Programmänderungen erfordern. Kuoni .... , Sie sofort zu orientieren und eine .... anzubieten.

8. Reklamationen

sind grundsätzlich unverzüglich der Kuoni-Reiseleitung oder dem nächsten Kuoni-........................... .... Ersatzbegehren sind spätestens innerhalb vier Wochen nach Beendigung der Reise .... einzureichen.

TRADUCTION

Traduisez en français le paragraphe suivant.

Sportmöglichkeiten

In vielen unserer Hotels wird eine Anzahl von Sportmöglichkeiten angeboten. Die Kapazität von solchen Einrichtungen ist in der Regel begrenzt. Die Einrichtungen befinden sich nicht in allen Fällen in unmittelbarer Nähe des Hotels. Ferner werden oft Anlagen und Einrichtungen benützt, welche Dritten gehören. Diese sind in Zusammenarbeit oder im Auftrag unserer Hotels für die Bereitstellung verschiedener Sportmöglichkeiten besorgt. Auf solche Drittpersonen haben wir verständlicherweise wenig oder überhaupt keinen Einfluß. Wir können deshalb auch nicht garantieren, daß Sie die in unseren Prospekten beschriebenen Sportarten jederzeit und uneingeschränkt ausüben können.

Falls Sie eine bestimmte Sportart besonders interessiert, so erkundigen Sie sich bitte vor Ihrer Abreise nochmals, ob die Ausübung der betreffenden Sportart während Ihrer Ferienzeit auch tatsächlich möglich ist. Eine Haftung können wir sonst nicht übernehmen.

VOCABULAIRE

Etablissez vous-même et mémorisez les termes les plus importants.

acompte	d..	*conforme à*	....
annulation	d..	*épuisé (vendu)*	....
circonstance	d..	*par écrit*	....
confirmation	d..	*professionnel*	....
contrat	d..	*soigneusement*	....
contrôle	d..	*couvrir*	....
date du départ	d..	*créditer*	....
documents de voyage	d..	*dédommager*	....
force majeure	d..	*se désister*	....
frais de dossier	d..	*s'efforcer de*	....
frais supplémentaires	d..	*entraîner des frais*	
inscription	d..		....
modification	d..	*être valable*	....
paiement	d..	*faire connaître*	....
paiement du solde	d..	*s'inscrire*	....
préjudice	d..	*interrompre*	....
prestataire de services	d..	*limiter à*	....
prestation	d..	*modifier*	....
remboursement	d..	*nécessiter*	....
représentant	d..	*percevoir (taxe)*	....
responsabilité	d..	*remettre un document*	
solution de rechange	d..		....
supplément	d..		
tiers (personne)	d..		

Glossar

Mit Thomas Cook

die Meile (-n)	*mille* (distance)
von umgerechnet ...	*ce qui équivaut à*
die Geburtsstunde	*date de naissance*
der Vorläufer	*précurseur*
die Vertretung	*succursale*
geschäftlich	*commercial*
der Schwerpunkt (-e)	*accent (mis sur)*

Gut gefragt

die Reisebürokraft ("e)	*employé(e) d'agence de voyages*
urig	*authentique*
worauf es ankommt	*ce qui importe*
gefordert	*obligé*
unter Beweis stellen	*faire preuve*
die Schulung	*formation, stage*
einen Termin ausmachen	*décider d'un rendez-vous*

Urlaub vom Bildschirm

ISDN	*RNIS*
samt	*avec*
die Gebühr (-en)	*taxe*
der Mietwagen	*voiture de location*
per Knopfdruck	*en appuyant sur une touche*
eingeben a,e,i	*saisir* (des données)
die Abrechnung	*note, facture*
übertragen u,a,ä	*transférer*
der Autoverleiher	*loueur de voitures*
sich anfreunden mit	*se familiariser avec*

Per Computer

zeitraubend	*qui prend du temps*
der Fernschreiber	*télex*
der Tarifdschungel	*jungle tarifaire*
unentbehrlich	*indispensable*
die Vernetzung	*constitution d'un réseau*
unabdingbar	*incontournable*
die Umwälzung	*bouleversement*
begegnen + D	*faire face à*
der Vertrieb (-e)	*commercialisation*
der Verbund	*raccordement*
abwickeln	*traiter*
verlagern	*déplacer, transférer*

Last Minute

in Zwielicht geraten	*devenir douteux*
der Fußboden	*sol*
die Toilettenspülung	*chasse d'eau*
die Steckdose	*prise électrique*

der Leidensgenosse	*compagnon d'infortune*
angeblich	*soit-disant*
dubios	*douteux*
zurückgreifen auf + A	*se rabattre sur*
zusammenstellen	*mettre sur pied*

Konzentration

der Provisionssatz ("e)	*taux de la commission*
abhandeln	*négocier*
das Dach ("er)	*tutelle*
ein derart gebündeltes Machtpotential	*un tel rassemblement de puissance*
den kürzeren ziehen	*avoir le dessous*
aufgeben a,e,i	*abandonner*
die Nische	*créneau*
sich auszeichnen durch	*se démarquer par*
fachkundig	*professionnel*
eine Gebühr erheben	*prélever une taxe*
das höchste Gebot	*le premier commandement*
die Verkaufsschulung	*stage de vente*
der Stammkunde	*client fidèle*

Reiserecht

das Bürgerliches Gesetzbuch	*code civil allemand*
sich berufen ie,u auf + A	*se prévaloir de*
die Auseinandersetzung	*différend*
der Verbraucher	*consommateur*
haften für	*se porter garant de*
einstehen für	*répondre de*
die Pleite	*faillite*
das Verschulden	*faute*
der Leistungsträger	*prestataire de service*
das Gericht	*tribunal*
nachkommen + D	*satisfaire à, faire face à*
der Ersatzanspruch ("e)	*droit de recours*
vom Tisch wischen	*minimiser*
dem Recht unterliegen	*être soumis au droit*
das Verfahren	*procédure*
die Rechtsprechung	*juridiction*
die Klage	*plainte*
der Schadenersatz	*dommages et intérêts*
der Kläger	*plaignant*
die Gerichtskosten (Pl.)	*frais de justice*
die Last der Kosten tragen	*supporter les frais*

Reklamationen

sich entladen u,a,ä	*se défouler*
die Brandung	*ressac*
das Gebiß	*dentier*

10
Korrespondenz

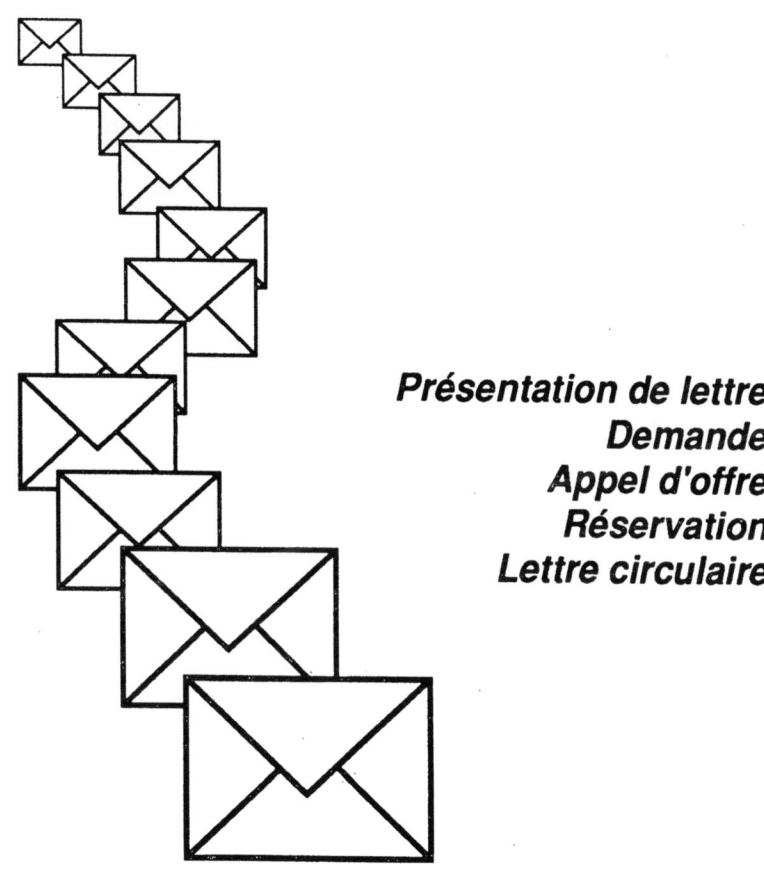

Présentation de lettre
Demande
Appel d'offre
Réservation
Lettre circulaire

Lettre type

1 LINZER HOF
Bruckner-Platz 3
A - 4020 Linz

2 Prima Reisen   **3** Linz, den 15. Mai 199.
z.H. Monika WELTI
Helvetiaplatz 5
CH - 3000 Bern

4 Ihre Nachricht vom 10. 5. 199.   Unser Zeichen: PH/mg

5 Betr.: Reservierung 14.-17. Juni 199.

6 Sehr geehrte Frau Welti,

wir danken Ihnen für Ihren Brief und teilen Ihnen mit, daß wir Ihnen für die Zeit vom 14. bis 17. Juni im "Linzer Hof"

15 Doppelzimmer mit Bad

zum Preis von 105 Ö-Sch pro Tag und pro Person einschließlich Frühstück bereit halten.

Wie Sie selbst aus den für Ihre Kunden bestimmten beiliegenden Prospekten entnehmen können, ist der "Linzer Hof" ein traditionnelles Haus mit moderner Ausstattung und liegt in zentraler doch ruhiger Lage.

Wir freuen uns auf Ihre schriftliche Bestätigung und versichern Ihnen, daß wir unsere Gäste mit größter Aufmerksamkeit empfangen werden.

7 Mit freundlichen Grüßen.

8 pp. Peter Härtling.

9 Anlagen: 15 Prospekte über das Hotel

COMPOSITION DE LA LETTRE COMMERCIALE

1 der Briefkopf: en-tête
2 Name und Anschrift des Empfängers
3 Datum
4 die Bezugszeichen: références
5 Betr. (Betrifft): objet: z.B. - Bestätigung Ihrer Anzahlung vom ...
                                 - Anfrage
                                 - Entwurf einer Studienreise für ...
                                 - Hotelreservierung

6 die Anrede: adresse   - Sehr geehrte Frau X,
                                 - Sehr geehrter Herr Direktor,
                                 - Lieber Kollege,
                                 - Lieber Herr X,

7 der Gruß: formule de politesse
- Mit freundlichen Grüßen
- Mit bestem Gruß
8 die Unterschrift: signature
- i.A. (im Auftrag) L. Müller (employé)
- pp. (per procura) S. Fuchs (fondé de pouvoir)
9 die Anlage(n): annexe(s)- Hotelverzeichnis, Katalog, Teilnehmerliste
10 Vermerke: indications particulières

Traduisez: 1 Bitte nachsenden   ....
2 Drucksache   ....
3 Eilt   ....
4 Einschreiben   ....
5 Persönlich   ....
6 Vertraulich   ....
7 z.H. (zu Händen)   ....

Einleitungen: phrases d'introduction
- Wir danken Ihnen für Ihre freundliche Anfrage vom ...
- Wir haben Ihren Brief vom ... erhalten ...
- Wir bestätigen dankend Ihre Überweisung im Werte von ...
- Wunschgemäß senden wir Ihnen ...
- Bezugnehmend auf unser Telefongespräch vom ... unterbreiten wir Ihnen folgendes Angebot - In Beantwortung Ihrer Bitte ...
- Zu unserem großen Bedauern (zu unserer Freude) stellen wir fest, daß ...

Schlüsse: phrases de fin de lettre
- Wir hoffen, Sie in unserem Haus begrüssen zu dürfen.
- Für Ihre Bemühungen danke ich Ihnen im voraus.
- In Erwartung Ihrer umgehenden Bestätigung ...
- Wir stehen Ihnen jederzeit zur Verfügung.
- Wir wünschen Ihnen eine angenehme Reise.
- Wir danken Ihnen im voraus und verbleiben ...
- In der Hoffnung, daß dieses Angebot Ihnen zusagen wird, ...
- Wir bitten Sie um eine   unverzügliche Antwort
schriftliche Bestätigung
rechtzeitige Zahlung

Traduisez les expressions suivantes contenues dans les deux derniers paragraphes.

1 *en réponse à*   ....

2 *dans l'attente de*   ....

3 *nous référant à*   ....

4 *en espérant que*   ....

5 *d'avance*   ....

6 *confirmation écrite*   ....

7 *votre courrier du ...*   ....

8 *à disposition*   ....

9 *règlement immédiat*   ....

10 *comme vous le souhaitiez* ....

PRESENTER UNE ADRESSE

Présentez les adresses suivantes en rétablissant, si besoin est, l'ordre des éléments.

1 Herrn Leutwyler
Grafenriedstraße 76
Direktor des Verkehrsbüros "SONNE"
CH - 3074 Muri

2 z.H. Frau Beate Uwe
EXPLORER FERNREISEN
D - 4000 Düsseldorf 1
Hüttenstraße 17

3 ITZ Reisen GmbH
Vertraulich
Personalabteilung
Altheimer Eck 3
D - München 8000

4 An den Direktor des
Hotel zur Krone
Königstraße 48
D - 7000 Stuttgart 2

5 DTZ
Herrn Doktor Peter Stein
Einschreiben
D - 6000 Frankfurt am Main
Goethestraße 68

PRESENTER UNE LETTRE

Présentez les deux lettres suivantes en complétant les terminaisons, en respectant les normes usuelles de correspondance: marges, alinéas et en rajoutant les éléments manquants: date, objet, formule de politesse, annexe etc.

1 destinataire: Hotel ALLGÄUER TOR, D - 8944 Grönenbach
objet: Ärzteseminar vom ... bis ...

Im Rahmen ein... Ärzteseminars, d... in Wengen stattfinden soll, wird ein... Gruppe von 15 Fachärzten während einer Woche (6 Übernachtungen) in dies... Ortschaft tagen. Da wir zu dies... Zweck ein modern... und ruhig... Hotel suchen, wenden wir uns an Sie, weil uns Ihr... Adresse empfohlen wurde. Wir benötigen 15 Einzelzimmer mit Bad und WC und ein... klein... Tagungsraum. Wir würden uns freuen, wenn Sie uns baldmöglichst ein... Angebot über d... Zimmer plus Halbpension und Miete ein... Minibusses unterbreiten könnten. In Erwartung Ihr... Antwort ...

2 destinataire: Dr. Carl Spitzweg, Reichsgrafenstr. 8, D - 7800 Freiburg im Breisgau

Viel... Dank für Ihr... Interesse am «LA MAISON»-Programm 199.. Aufgrund d... positiv... Resonanz auf unser... letztjährig... Angebot haben wir d... Programm nochmals erweitert, so daß wir jetzt auf Ihr... Ansprüche noch individueller eingehen können. Neben bretonisch... Häusern mit rustikal... Stimmung enthält d... beigefügt... Katalog auch modern... Objekte in strandnah... Lagen. Als Bretagne-Spezialist bietet Ihnen «LA MAISON» persönlich und sorgfältig ausgewählt... Urlaubshäuser in d... schönst... Gegenden d... Bretagne an. Für Reservierung und weitgehend... Informationen stehen wir Ihnen jederzeit unter folgend... Telefonnummer gerne zur Verfügung. Von Deutschland aus: 00 33 .... Wir freuen uns auf ....

Anfragen

Verkehrsamt der Stadt Freiburg
Rotteckring 14
Postfach 1549
D - 7800 Freiburg im Breisgau

Hotel PANORAMA   Freiburg, den 23. Nov. 199.
Wintererstr. 89
D - 7800 Freiburg

Ihre Zeichen   Unsere .... , CB/fd

Betr.: .... um Prospekte

Sehr .... Damen und Herren,

unser Vorrat an .... über Ihr Haus ist uns gegenwärtig ausgegangen.

Damit wir jedoch den zahlreichen .... , die jetzt schon ....
für die nächste .... bei uns eintreffen, entsprechen können,
.... wir Ihnen sehr verbunden, ... Sie uns eine ....
von Prospekten .... ließen.

Wir danken Ihnen .... für Ihre .... und .... mit
.... Grüßen.

.... der Stadt Freiburg.

Complétez la lettre ci-dessus avec les mots suivants.

Anfrage	Prospekt	freundlich	sein
Anzahl	Saison	geehrt	verbleiben
Bemühung	Verkehrsamt	regelmäßig	zukommen
Bitte	Zeichen	im voraus	wenn

REDACTION:

Envoyez un courrier à:

1 l'office du tourisme de Rothenburg ob der Tauber, Code Postal 8803, pour demander la liste des restaurants de la ville.

2 à la Chambre de Commerce et d'Industrie (Industrie- und Handelskammer) de Cologne, Niederichstr. 38, Code Postal 5000, pour demander les adresses des autocaristes susceptibles d'organiser des excursions d'une journée pour des enfants et des jeunes.

3 la compagnie de navigation de Hambourg (Alster Touristik) Code Postal 2000,

═══ Antwort auf eine Anfrage ═══

Vous avez demandé des renseignements sur les visites organisées par la ville de Stuttgart. Voici la réponse du syndicat d'initiative de la ville.

Complétez cette lettre avec la traduction des mots de la marge.

nous référant à / soumettre propositions	Sehr geehrte Frau Dupond, ... Ihre Anfrage .... wir Ihnen gerne folgende .... :
brochure tour de ville visite	Wie Sie unserer .... entnehmen können, reicht unser Gestaltungsangebot von einer einfachen .... über einen City-Bummel bis zur .... der Staatsgalerien.
recommander	Wir .... Ihnen besonders:
durer guide	Eine **Stadtrundfahrt** durch das bürgerliche und fürstliche Stuttgart, die ca.90 Minuten .... Wir vermitteln Ihnen gerne einen französischsprechenden .... Preis: 80 DM.
vieille ville / à pied *nombre de participants*	Einen **City-Bummel** durch die .... Empfohlene .... 30. Führungskosten in französischer Sprache: 80 DM.
	Eine geführte **Besichtigung der Staatsgalerien**. Die alten Meister.
art au prix de langue étrangère	.... des 20.Jahrhunderts. Dauer: je 60 Minuten. .... 20 DM pro Person. Bei Führungen in .... erhöhen sich die Kosten um 50%.
organiser excursion d'une journée	Wie Sie wissen, liegt Stuttgart im Herzen einer wunderschönen Region. Unser Verkehrsbüro .... jede Woche .... nach Tübingen, Schwäbisch Hall und Ulm.
prendre en charge	Außerdem können wir die Vermittlung von Hotelzimmern oder Restaurants im Rahmen Ihres Stuttgart-Aufenthaltes ....
espérer se réjouir	Wir .... , daß diese Vorschläge Ihren Wünschen entsprechen und .... Ihren Besuch.
nouvelle	In Erwartung Ihrer .... verbleiben wir mit bestem Gruß.
annexes liste des hôtels	.... : Broschüre über Stuttgart ....

⟐ **Ausschreibungen - Reservierungen** ⟐

Lettre envoyée à tous les hôtels trois étoiles d'Eisenach, Erfurt et Jena.

TRAVEL   AG

<u>Betr</u>.: Angebotsausschreibung   Straßburg, den 6. Okt. 199.

Sehr geehrte Damen und Herren,

wir sind ein auf Studienfahrten spezialisiertes Reisebüro und veranstalten jedes Jahr Busrundfahrten in Deutschland. Für den kommenden Frühling wollen wir unsere Reisepalette noch erweitern und bieten unseren Kunden jede Woche eine 4-tägige Studienfahrt nach Thüringen an.

Deshalb bitten wir Sie, uns mitzuteilen, ob Sie in der Lage sind, unseren Kunden jeden Mittwoch ab 18 Uhr für die Zeit: 1. April-30. Mai
            15 Doppelzimmer mit Bad
           + 2 Einzelzimmer mit Bad für die Reisebegleiter
einschließlich Halbpension (Abendessen) und Frühstück
bereit zu halten.

Wenn Sie bereit sind, mit uns zu arbeiten, schicken Sie uns bitte Ihre Preis- und Annulierungsbedingungen bis zum 10. Nov. zu.

Wir erwarten Ihr Angebot mit großem Interesse und verbleiben

mit freundlichen Grüßen.

EXPRESSION ECRITE

Traduisez les phrases ci-dessous en vous aidant du vocabulaire de la lettre.

1 *Nous organisons tous les mois un circuit de trois jours en autocar.*

    ....

2 *Nous nous sommes spécialisés dans les voyages d'entreprise.
    (Betriebsfahrten)*

    ....

3 *Pourriez-vous nous communiquer vos conditions de prix?*

    ....

4 *Nous espérons que vous répondrez favorablement à notre courrier.*

    ....

5 *Dès l'automne prochain nous vous proposerons de nouvelles destinations vers les pays de l'Est.* ....

B Rédigez une lettre à la compagnie de navigation (Schiffahrtsgesellschaft) «Blaue Donau», Europa-Platz 5, D - 8390 Passau, en utilisant les éléments de chaque phrase (Satz 1 à 6) de façon cohérente (et grammaticalement correcte!)

Satz 1: unser Touristenbüro - Flußkreuzfahrten - seit 3 Jahren - im September - europäisch - organisieren.

Satz 2: eine steigende Nachfrage - in die osteuropäischen Staaten - nach Kreuzfahrten - seit einem Jahr - bestehen.

Satz 3: 12 Doppelkabinen - im September - Abfahrt jeden Sonntag - für unsere Kunden - reservieren - in der Lage sein - ? .

Satz 4: die Dienstleistungen - Ausflüge - Vollpension - Reiseleitung - in französischer Sprache - auf dem Schiff - einschließen - sollen.

Satz 5: ein ausführliches Angebot - Leistungen - Preis - Ausflugsmöglichkeiten - Reiseroute - mit Angabe - sich freuen auf.

Satz 6: Prospekte - Ihrem Schreiben - über Ihre Schiffe - herzlich - auch - bitten - beifügen.

CORRESPONDANCE

Situation 1 :
Votre agence de vacances, «Révacances», 30, route de la Gare à 86000 Poitiers, vous charge de faire un appel d'offre à 3 hôtels de Bavière. Les conditions demandées sont les suivantes:

- groupe de 15 jeunes retraités passionés de golf
- 4 nuits en chambre individuelle avec bain (lundi soir au vendredi matin), en octobre
- pension complète
- 4 heures de golf par jour avec moniteur parlant français.

Vous rédigez la lettre au «Golfhotel St. Georg», Jägerstr. 20, 8182 Bad Wiessee.

Situation 2 :
Vous avez eu connaissance par le journal «die Zeit» de trois hôtels dans des stations thermales allemandes (cf. annonces ci-contre). Vous écrivez à l'un d'entre eux pour demander les conditions d'hébergement pour 20 personnes en chambre double, demi-pension, mois de juillet. Vous priez l'hôtel de vous indiquer les possibilités de promenade et de vous envoyer un prospectus de l'hôtel.

Situation 3 :
Vous êtes chargé(e) d'organiser en Forêt Noire un séminaire de 3 jours pour des cadres supérieurs (Führungskräfte). L'hôtel est déjà réservé à Fribourg, mais il vous faut encore organiser la visite des épouses et vous devez contacter un autocariste pour demander les tarifs.
Prestations souhaitées: - un mini-bus avec chauffeur à disposition pendant 3 jours au départ de Fribourg
- 3 excursions d'une journée prévues à Donaueschingen, Alpirsbach et Schaffhouse (Suisse).

Vous rédigez la lettre destinée à «Busreisen», Münsterplatz 3, 7800 Freiburg.

Traduction

Notre agence de voyages est spécialisée dans l'organisation des voyages
en famille. Les enfants constituent presque la moitié de nos participants.
C'est pourquoi nous vous prions de nous communiquer les renseignements suivants:

1 Nous voudrions savoir soi votre établissement pourrait accueillir
chaque semaine (du samedi au dimanche) un groupe de 20 personnes.

2 Quelles conditions accordez-vous aux familles avec enfants? Est-ce
que votre hôtel est équipé d'installations pour les enfants (salle de
jeux, ping-pong etc...)? Avez-vous un service de garderie pour les
petits enfants dont les parents désirent sortir le soir?

3 Veuillez nous faire connaître le tarif de vos chambres (chambres à
un ou deux lits avec salle de bain)

4 Pourriez-vous nous décrire la situation de votre hôtel et les possibilités de baignade. Nous vous prions de joindre à votre lettre quelques
prospectus que nous pourrons montrer à nos clients.

Notre directeur aimerait vous rendre visite le 15 mars pour régler avec
vous les derniers détails; cette date vous convient-elle?
En attendant de pouvoir collaborer avec vous nous vous prions de croire,
... , à l'assurance de notre grande considération.

Rundschreiben

AUSTRALIEN   CANADA
NEUSEELAND   USA   **ITZ** REISEN
SÜDSEE   ASIEN

Sehr geehrter Kunde

die Ihnen vorliegende Auswahl von Deluxe-Reisen soll Ihnen einen Vorgeschmack auf die
unvergeßlichen Eindrücke vermitteln, die Sie auf einer solchen Reise sammeln können.
Es geht uns also mehr darum, Ihnen "Appetit auf Reisen" zu machen, als eine vollständige
Übersicht unseres gesamten Programms zu geben.
Insofern finden Sie in dieser Preisliste auch nur einige Beispiele aufgeführt. z.B.:

Landen wo's am schönsten ist...
12-tägige Flugsafari "The Great Australian Aircruise".
Erleben Sie auf dieser Flugsafari das unberührte Australien mit seinem Red Centre, dem
tropischen Norden und der Westküste.
Höhepunkte: Sydney - Outback von Queensland - Katherine Gorge -
                       Kakadu National Park - Darwin - Kimberley - Old River -
                       Lake Argyle - Bungle Bungle - Broome - The Olgas Ayers
                       Rock - Alice Springs.
Preis: ab DM 6.860,- pro Person auf Doppelzimmerbasis.

Auf Kreuzfahrt mit der "Wind Song" durch das Insel-Atoll Französisch Polynesien
Höhepunkte der 7-tägigen Kreuzfahrt ab/bis Papeete:
                       Tahiti - Huahine - Tahaa - Raiatea - Bora Bora - Moorea
Preis: DM 5.340,- pro Person in einer Doppelkabine

Hawaii - Paradiesgarten der Südsee
Islandhopping - die vier größten Inseln Oahu, Kaui, Maui und Hawaii.
Höhepunkte: Waikiki (Honolulu) - Waimea Canyon und Poipu -
                       Haleakala Krater und Lahaina - Lilioukalani Park, Rainbow
                       Falls und Volcano National ärl (Hawaii).
Preis: ab DM 975,- pro Person auf Doppelzimmerbasis.

Selbstverständlich können wir Ihnen noch Anschlußaufenthalte in traumhaften Ferienressorts,
sowohl in der Südsee, als auch am Barrier Reef mit vielfältigen Sportmöglichkeiten wie
Tauchen, Schnorcheln, Segeln, Surfen, Wasserski, Parasailing, Tennis, Golf, Hochseefischen
u.v.a.m. anbieten.
Weitere Informationen und Angebote erhalten Sie in Ihrem Reisebüro oder direkt bei ITZ-
Reisen, München.

COMPREHENSION

A Retrouvez dans le texte de la lettre les mots qui signifient:

avant goût	d...	.... (...)	*exhaustif*	....
choix	d...	.... (...)	*inoubliable*	....
impression	d...	.... (...)	*intact*	....
tarif	d...	.... (...)	*varié*	....

B Replacer les éléments de phrases A à G dans l'ordre logique de la lettre.

Sehr geehrter Reiseinteressent,
zuerst möchten wir uns für Ihr Interesse an uns als ....
.... bedanken. Eine Reise ans Ende der
Welt wird sicher auch für Sie viele unvergeßliche Erinnerungen bereithalten.
Eine solche Reise will natürlich geplant sein. Dabei wollen wir Ihnen mit unserem
Reiseprospekt, ...
Wir freuen uns außerdem, ..., daß wir Ihnen auf
Grund der Wechselkursentwicklung auf alle im Preisteil ausgeschriebenen Preise
(mit Ausnahme der Flüge) einen **Nachlaß** von 2% gewähren können.
Darüberhinaus bieten wir den Frühbuchern einen Rabatt von 3%, der sich ebenfalls
auf alle im Preisteil ausgeschriebenen Preise (mit Ausnahme der Flüge) bezieht.
.... , daß
     - die Buchung spätestens 4 Monate vor Abflug und
     - die Bezahlung dieser Leistung spätenstens 3 Monate vor Abflug erfolgt.
Unsere Reiseberater stehen Ihnen gerne für Fragen zur Verfügung und sind Ihnen
bei Ihrer Planung behilflich.
In unserem Katalog finden Sie auch einen Fragebogen, der Ihnen die Möglichkeit
gibt, ...
...., wenn wir auch weiter für Sie tätig sein
könnten und verbleiben
mit freundlichen Grüßen.

A Ihnen mitteilen zu können,
B Es würde uns freuen,
C aber auch durch eine individuelle Beratung gerne behilflich sein.
D Voraussetzung für diesen Rabatt ist allerdings,
E uns Ihre konkreten Vorstellungen mitzuteilen.
F Reiseveranstalter

VOCABULAIRE

A Retrouvez dans la lettre ci-dessus les mots et expressions qui signifient:

condition préalable d... .... (...)   *remise*   d.. .... (...)

conseils   d... .... (...)   *à cause de* ....

cours du change d... .... (...)   *au plus tard* ....

exception   d... .... (...)   *de plus*   ....

questionnaire   d... .... (...)   *toutefois*   ....

faire une remise de   ....

procurer des souvenirs inoubliables   ....

2 mois avant le départ (en avion)   ....

se rapporter à   ....

se tenir à la disposition de   ....

B Complétez la lettre de l'Agence «Greco» dont certains mots ont été effacés.

GRECO REISEN
Limmatquai 18
CH-8000 Zürich

Sehr geehrter .... ,

IHRE FERIENADRESSE LAUTET: "Greco Reisen"
81109 Chorion / Petra Lesbos
Griechenland
Tel.: 0030/253/4120

Ihre Flugzeiten lauten:
Hinflug: ....
Zürich   ab 15.10 Uhr CRO 262   Mytukubu   ab 20.00 Uhr CRO 263
Mytilini   an 18.50 Uhr   Zürich   an 21.20 Uhr

Bitte finden Sie sich 60 Min. vor .... am .... der Crossair ein.

GEPÄCK: Auf der internationalen Strecke ist ein .... von 20 kg ....

ZEITUNTERSCHIED: Sommerzeit/Winterzeit. .... stellt gleichzeitig mit der Schweiz um. Zeitunterschied zur Schweiz + 1 Stunde.

TRANSFER: Am Flughafen Mytilini (Lesbos) werden Sie von unserer ...., Frau Meyer, ... , bitte achten Sie auf das Greco-Schild.

Beiliegend .... Sie Greco-Aufkleber, mit der Bitte, diese auf Ihr Gepäck zu heften. So kann Sie die Reiseleitung besser .... , außerdem haben Sie auch die Möglichkeit, schon während des Fluges andere Teilnehmer Ihrer Gruppe ....

Teilnehmer die nicht zusammen mit der Gruppe an- oder abreisen, möchten wir darauf ...., daß der Transfer von bzw. nach Mytilini selbst organisiert werden muß.

HOTELVOUCHER: Bitte .... Sie den beiliegenden Hotelgutschein in zweifacher Ausfertigung unbedingt mit zu Ihren Reiseunterlagen und zeigen diesen bei einer eventuellen Kontrolle vor.

Liebe Teilnehmer,

wir wünschen Ihnen einen angenehmen Flug und einen schönen und erlebnisreichen .... auf Lesbos.

Ihr Greco-Büro, Zürich.

TRADUCTION

Traduisez pour des clients allemands la lettre ci-dessous.

Chère Madame, Cher Monsieur,
Merci de votre courrier, il nous est bien parvenu.
Vous avez déjà un pied dans le monde des voyages.

A VOS MARQUES!   *Ouvrez vite la brochure ci-jointe.*
                                     Nous avons sûrement le voyage qu'il vous faut.

PRET!   *Nous sommes à votre disposition pour vous aider à*
                                     choisir la destination de vos rêves, les découvertes les
                                     plus captivantes ... ou le sable le plus chaud. N'hésitez
                                     pas à nous appeler ou à nous écrire. Les voyages c'est
                                     notre affaire!

PARTEZ!   *Vous avez choisi?*
                                     Vous pouvez vous adresser à votre agence de voyages
                                     habituelle ou bien nous retourner votre demande
                                     d'inscription dûment remplie en y joignant le chèque
                                     d'acompte de 25% du montant total du voyage
                                     conformément à nos conditions de vente. Au reçu de
                                     votre demande d'inscription, nous vous adressons
                                     aussitôt le contrat.
                                     Si votre départ est prévu dans moins d'un mois, télé-
                                     phonez-nous, cela ira plus vite.

Nous vous souhaitons un très agréable voyage.

Annexe: brochure.

Aide à la traduction

A vos marques!	Auf die Plätze!
Prêt!	Fertig!
Partez!	Los!
hésitez	zögern
affaire	Angelegenheit
dûment rempli	ausgefüllt
joindre	beifügen
acompte	Anzahlung
conformément à	gemäß + D
au reçu de	nachdem wir ...

11
Devoirs

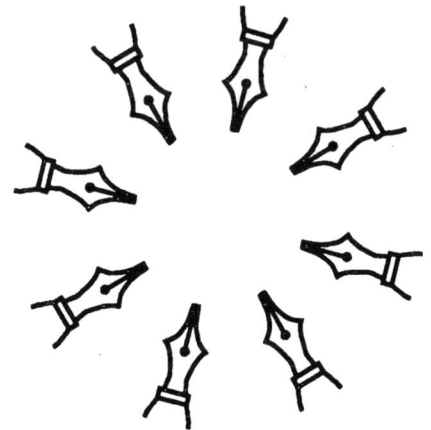

Jersey

Die Kanalinseln Jersey und Guernsey sind eine in jeder Hinsicht reizvolle Oase der Erholung und Ruhe, bieten viel Komfort und sprechen gerade deshalb an.

An klaren Tagen ist die Küste der Normandie zum Greifen nah. Dennoch haben die Kanalinseln (fast) nichts mit Frankreich am Hut. Jersey und Guernsey sowie ihre zehn Schwesterinseln stehen unter britischer Hoheit.

Doch die Kanalinseln sind auch nicht typisch britisch. Französisches Savoir-Vivre gepaart mit englischem Stil, heißt die Devise. Zu den typisch britischen Besonderheiten gehören ebenso die englische Sprache wie auch das traditionnelle Pub oder der Linksverkehr. Eher frankophil muten dagegen die konsequent französischsprachige Straßenbeschilderung und die kulinarische Vielfalt an.

Die Inseln haben ihre eigenen Regierungen mit selbstgewählten Parlamenten, ihre eigenen Gesetze, eigene Briefmarken und auch eigenes, in England und auf dem Kontinent nicht umtauschbares Geld, dessen Wechselkurs dem ebenfalls akzeptierten englischen Pfund ähnlich ist.

Wer von England oder Frankreich mit oder ohne Auto auf die Kanalinseln will, benutzt am besten die verschiedenen Fährverbindungen ab den Häfen Saint-Malo oder Weymouth, Southampton und Portsmouth.

Mit einer Fläche von 72 Quadratkilometern ist Jersey die größte der Kanalinseln. Die malerische, landeinwärts nahezu unberührte Landschaft vereint sich auf Jersey eindrucksvoll mit Monumenten einer ereignisreichen Geschichte. Wer nach feinsandigen Buchten und abwechslungsreichen Wanderwegen sucht, wird nicht enttäuscht. Rund um und quer über die Insel führen gut markierte Wanderwege.

Das milde Klima beschert den Inseln eine üppige Vegetation. Neben Palmen und Südfrüchten gedeihen auch exotische Blumen und Pflanzen. In riesigen Gewächshäusern werden zudem Rosen, Tulpen, Chrysanthemen und Tomaten gezogen, die für den Export bestimmt sind. Wirtschaftlich spielen zudem die Landwirtschaft und der Fischfang eine dominierende Rolle.

Guernseys pittoreske Hauptstadt St. Peter Port hat ihren ursprünglichen Charakter völlig bewahrt. Aus Kellergewölben, die einst die Beute von Freibeutern und Schmugglern beherbergten, sind heute Boutiquen und Restaurants geworden.

Baden ist auf den Kanalinseln angesichts der zahlreichen von Riffs umgebenen Buchten ein besonders Vergnügen, obwohl die Wassertemperaturen auch im Hochsommer kaum über 20 Grad steigen. Auch Feinschmecker kommen voll auf ihre Kosten, ist doch die Speisekarte stark vom nahegelegenen Frankreich beeinflußt. Nur wer einen oberflächlichen, discogestylten Rummel erwartet, wird enttäuscht. Trotz alledem finden gerade auch jüngere Leute auf den Kanalinseln ein durchaus abwechslungsreiches Angebot an Unterhaltungs- und Sport-möglichkeiten wie Radeln, Reiten, Tennis, Golf u.s.w. vor.

Über Jersey wie Guernsey erstreckt sich zudem ein gut ausgebautes Straßennetz. Dennoch lohnt es sich nicht unbedingt, mit dem eigenen Wagen auf die Kanalinseln zu fahren. Obwohl die Miettarife für Autos zu den günstigsten in ganz Europa gehören, bereitet das Fahren nicht immer nur Freude. Nahezu alle Straßen sind schmal und beanspruchen beim Kreuzen vollste Konzentration. Fast alle interessanten Punkte und Strände können mit dem öffentlichen Verkehr oder zu Fuß erreicht werden.

Massentourismus und Hotelburgen kennen die Kanalinseln nicht. Organisierte Gruppen sind kaum anzutreffen. Qualität vor Quantität wird denn auch allenthalben proklamiert.

Touristik Revue

```
┌─────────────────────────────────────────────┐
│              INFORMATIONEN                    │
│                                               │
│  Landessprache: ............................. │
│                                               │
│  Landeswährung: ............................. │
│                                               │
│  Einreise: Gültiger Paß oder gültige Identitätskarte │
│  mit "Visitor's Card"                         │
│                                               │
│  Verbindungen: .............................. │
│  ............................................ │
│                                               │
│  Klima: ...................................... │
│                                               │
│  Wirtschaft: ................................. │
│                                               │
│  Küche: ...................................... │
│                                               │
│  Stromspannung: 220 Volt.                     │
└─────────────────────────────────────────────┘
```

VOTRE TRAVAIL

1 Quelle est la traduction française de "die Kanalinseln"? *(1 point)*

2 Vous êtes chargé(e) de rédiger en français une brochure touristique sur Jersey et Guernesey. Utilisez l'article ci-dessus comme base pour votre texte d'environ 200 mots *(14 points)*.

3 Complétez en allemand la fiche signalétique destinée aux touristes individuels *(5 points)*.

Sprachkurs

Un(e) ami(e) ingénieur vous demande de l'aider à s'inscrire à un cours de langue de l'Institut Goethe en Allemagne.

Cette personne aimerait suivre un cours intensif en Bavière, de préférence à Munich; elle souhaite réserver en même temps le logement en chambre individuelle, petit déjeuner inclus.

VOTRE TRAVAIL

A Vous traduirez toutes les mentions figurant sur la feuille d'inscription (doc.1) et la remplirez pour lui/elle en allemand *(10 points)*.

B Vous rédigerez en français un texte sur la Bavière à partir des doc. 2 et 3 *(10 points)*.

1

GOETHE-INSTITUT
Lenbachplatz 3
D-8000 München
Tel. (089) 59 99-200

Anmeldung

Füllen Sie dieses Formular bitte mit Druckbuchstaben aus une senden Sie es nach München zurück!

Bitte lesen Sie auch die wichtigen Hinweise.

Gewünschte Korrespondenzsprache. _____

Wieviele Kurse wollen Sie besuchen? _____

Familienname (wie im Paß) _____

Vornamen (wie im Paß) _____

Anschrift _____

Straße _____

PLZ + Stadt _____

Land _____

Telefonnummer (mit Vorwahl) _____

Beruf _____

Staatsangehörigkeit _____

Geburtsland _____

Ich möchte buchen (bitte ankkreuzen)

☐ Kompaktkurs   ☐ Fachsprache

☐ Auffrischungskurs   ☐ Wirtschaftsdeutsch

Nur bei Anmeldung für Kompakt- oder Auffrischungskurs ausfüllen:

☐ Kurs   ☐ Kurs mit Unterkunft und Frühstück

☐ Kurs mit Unterkunft und Halbpension

Kursortwunsch _____

1. Wahl _____
2. Wahl _____
3. Wahl _____

Ich bitte nach Möglichkeit um Unterbringung in einem

☐ Doppelzimmer   ☐ Einzelzimmer

Die mir ausgehändigten Teilnahmebedingungen erkenne ich als verbindlich an.

Datum _____

Unterschrift _____

Bayern

Der Freistaat Bayern ist das flächengrößte Bundesland; er ist etwa so groß wie Belgien und die Niederlande zusammen. Bayern nimmt die gesamte Osthälfte Süddeutschlands ein. Es grenzt im Süden an Österreich und im Osten an die Tschechoslowakei. Seine landschaftlichen Reize - die Bergwelt der Alpen, die Seen im hügeligen Alpenvorland, der Bayerische Wald mit dem ersten deutschen Nationalpark - ebenso wie sein Reichtum an Kulturdenkmälern machen Bayern zu einem der beliebtesten Touristenziele.

Mitten im Alpenvorland liegt die Landeshauptstadt München, seit Kriegsende zur Millionenstadt herangewachsen und von manchen "Deutschlands heimliche Hauptstadt" genannt. Das Tal der Donau trennt das Alpenvorland von der Fränkischen Alb. Südlich der Donau wird das kulturelle und wirtschaftliche Leben außer von München besonders von der alten Reichstadt Augsburg bestimmt.

Nördlich der Donau sind es die ehemalige freie Reichsstadt Regensburg, die Bischofsstädte Würzburg und Bamberg, die Wagner-Stadt Bayreuth und vor allem die Metropole Frankens, die alte Reichsstadt Nürnberg, die kulturell und wirtschaftlich den Ton angeben.

Die nördlichen Bezirke Bayerns sind stärker industrialisiert als der Süden des Landes, wenn man von München, Augs-

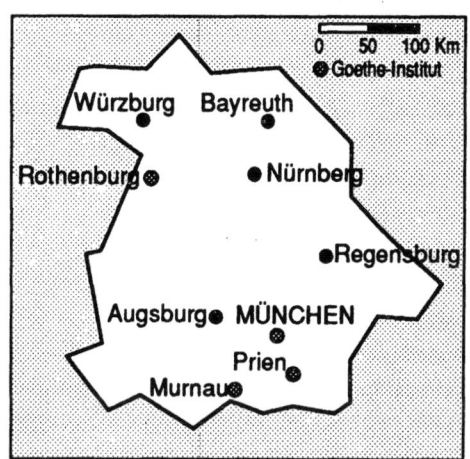

Bayern

burg und Ingolstadt absieht. Im Vordergrund steht die Verarbeitungs- und Veredelungsindustrie. Andere wichtige Industriezweige sind die Elektro- und Textilindustrie, der Maschinen- und Fahrzeugbau und die chemische Industrie. Weite Teile Bayerns, besonders die Alpen und das Alpenvorland, sind von Land- und Forstwirtschaft geprägt. In Hunderten von Brauereien wird das berühmte bayerische Bier gebraut.

Bayern ist eines der ältesten und beständigsten deutschen Länder. Fast ein Dreivierteljahrtausend wurde es von der Dynastie der Wittelsbacher regiert. Voll Stolz auf ihre lange Geschichte verteidigen die Bayern zäh ihre Selbständigkeit gegenüber der Zentralgewalt.

Tatsachen über Deutschland

München: Stadt der Architektur

München ist eine einzigartige Musterschau aller bedeutenden deutschen, ja europäischen Baustile, von der Gotik bis zur zeitgenössischen Architektur über die klassische Romantik König Ludwigs I., der die prächtige Ludwigstraße anlegte. Barock und Rokoko hatten in München im 17. und 18. Jahrhundert bereits ihr Schönstes geschaffen. Am Ende des 18.

Jahrhundert erbaute Cuvillé das alte Residenztheater. Ludwig I. ging daran, München zu einer Kunststadt von europäischen Bedeutung zu machen. Unter ihm und seinen Nachfolgern wurden im 19. Jahrhundert das meiste von dem geschaffen, was heute als weitzügige Planung ins Auge fällt.

Willkommen in Deutschland

Schulfahrt nach Lübeck

Die Hansestadt Lübeck zählt zu den wenigen Städten in der Bundesrepublik Deutschland, deren mittelalterlicher Stadtteil noch fast vollständig erhalten ist.

Die ehemalige freie Reichsstadt und Hansestadt Lübeck ist heute eine lebhafte Hafen- und Industriestadt. Das vom Wasser umschlossene Altstadtoval spiegelt noch das eindrucksvolle Bild einer Hansestadt des Mittelalters wider. Dank bester Verkehrsverbindungen gehört Lübeck inzwischen zum Einzugsgebiet des ca. 60km entfernten Hamburg.

UNTERBRINGUNG:
Jugendherberge
LEISTUNGEN:
Bahnfahrt 2.Klasse, 5 Übernachtungen mit Vollpension.
Bettwäsche und Handtücher bitte mitbringen.
PROGRAMMVORSCHLÄGE.
- Stadtbesichtigung unter sachkundiger Führung: **10,- DM**
- Busfahrt nach Travemünde (Besichtigung des Segelschulschiffes Passat): **12,- DM**
- Steilküsten-Wanderung: **8,- DM**
- Schiffsfahrt auf der Wakenitz bis Rottenhausen am Ratzeburger See: **12.- DM**
- Zugfahrt nach Hamburg (Hafenrundfahrt): **15,- DM**

Zur weiteren Freizeitgestaltung stehen in der Jugendherberge Fernsehraum, Tischtennis und Sportplatz zur Verfügung. Tischtennisschläger und Bälle bitte mitbringen.
Preis pro Person ab Straßburg, 5 Übernachtungen mit Vollpension: **259,- DM**
Anmeldung bitte frühzeitig absenden.

VOTRE TRAVAIL

Vous êtes chargé(e) par une école de Strasbourg d'organiser et d'accompagner un voyage de classe à Lübeck. Vous décidez de profiter d'une offre de la Bundesbahn qui vous semble intéressante.

Le groupe se compose de 32 élèves de 4ème (15 filles et 17 garçons). Il sera accompagné par 2 professeurs (un homme et une femme), plus vous-même.
Vous réservez également:
                     - la visite de ville de Lübeck
                     - l'excursion à Travemünde
                     - l'excursion à Hambourg.

Vous prenez une assurance-annulation.

Le voyage s'effectuera à l'aller de nuit en couchettes
                     départ le 15 juin vers 20h
                     retour le 22 juin vers 10h.

Les billets seront achetés à Strasbourg, au guichet DER

1 Calculez le prix par élève avec un DM à 3F50 (le voyage des accompagnateurs est pris en charge par le lycée) *(4 points)*

2 Complétez le formulaire de la Bundesbahn conformément aux indications données *(8 points)*.

3 Ecrivez une lettre circulaire aux parents des élèves français comportant
- les détails relatifs au voyage: prix, horaires hébergement
- une notice sur Lübeck et les excursions prévues *(8 points)*.

Anmeldung für eine mehrtägige Schulfahrt mit Unterkunft [DB]

Wir möchten von _____ bis _____ in _____

in dem Beherbergungsbetrieb _____

mit _____ Lehrer(n) _____ Lehrerin(nen)
mit _____ Schüler(n) _____ Schülerin(nen) übernachten.
Das Durchschnittsalter der Schüler beträgt ____ Jahre.

Wir buchen folgende Zusatzleistung(en):
_____
_____
_____

Am Abschluß einer Reiserücktrittsversicherung sind wir interessiert ja / nein *

Einsteigebahnhof: _____

Abfahrtszeit am _____ um ca. ____ Uhr

Rückkunft in _____

am _____ gegen ____ Uhr.

Bitte beachten Sie die Angabe des Doppeldatums bei Nachtfahrten.

Wir buchen für die Nachtfahrt(en) bei

der Anreise Liege(n) für _____ Person(en) (Aufpreis 23,- DM je Person)

der Rückreise Liege(n) für _____ Person(en) (Aufpreis 23,- DM je Person)

Die Fahrscheine werden bei

der Fahrkartenausgabe* in _____ gekauft.
dem DER-Reisebüro*

*Nichtzutreffendes bitte streichen!

Die Reisebedingungen erkenne ich an:

_____   _____
          (Datum)   (Unterschrift)

Ich erkläre hiermit ausdrücklich, auch für die Vertragsverpflichtungen der von mir mitangemeldeten Teilnehmer selbst einzustehen.

Sur les traces de Sissi et de Louis II de Bavière

Héritière de l'Empire Austro-Hongrois des Habsbourg, l'Autriche conserve et entretient un patrimoine prestigieux laissé par son passé.

«Sur les traces de Sissi et de Louis II de Bavière»: un itinéraire judicieux regroupant les centres d'intérêt qui ont forgé l'histoire de ce pays, avec de grands moments lors des visites de Salzbourg, Graz et Vienne et des instants d'intense émotion comme à Mayerling ou au château de Neuschwanstein.

VOYAGE EN AUTOCAR: DEPARTS DE PARIS ET STRASBOURG

PROGRAMME

1er jour: Paris-Strasbourg

Départ tôt le matin pour l'Alsace. Arrivée à Strasbourg pour le déjeuner. Dans l'après-midi: visite guidée de la capitale alsacienne: la cathédrale, les vieilles maisons, le parlement européen. Dîner et logement à Strasbourg.

2ème jour Strasbourg-Salzbourg

Départ de Strasbourg le matin pour Munich, déjeuner à Munich. Arrivée à Salzbourg dans l'après-midi: tour de ville guidé avec visite de la maison natale de Mozart, le Dom, la fameuse Getreidegasse, superbe rue aux enseignes. Dîner et hôtel à Salzbourg.

3ème jour: Salzkammergut

Départ en direction de St.Gilgen, village où naquirent la mère et la soeur de Mozart. Traversée du lac de St.Wolfgang jusqu'au village du même nom, célèbre pour son «Auberge du cheval blanc». Déjeuner à Bad Ischl où vécurent les familles impériales, le compositeur Franz Léhar et d'autres célébrités. Après le déjeuner, visite de la Kaiservilla où François-Joseph et Sissi passèrent de nombreux étés. Retour en fin d'après-midi sur Salzbourg puis dîner et nuit à l'hôtel.

4ème jour: Salzbourg-Vienne

Après le petit déjeuner, départ en direction de Melk, visite de la célèbre abbaye bénédictine de pur style baroque. Déjeuner à Melk. Départ après le déjeuner pour Vienne en longeant le Danube à travers la Wachau, célèbre et superbe région viticole. Arrêt à Dürnstein, où Richard Coeur de Lion fut prisonnier. Arrivée à Vienne en fin d'après-midi. Dîner et logement à Vienne. Concert facultatif: valses et opérettes, par le Wiener Hofburg Orchester (à payer sur place).

5ème jour: Vienne

Le matin, découverte de Vienne avec visite guidée: le Ring et les superbes monuments qui le bordent tels le Parlement, le Musée des Beaux Arts, la Hofburg etc.. Visite du château de Schönbrunn où vécurent Marie-Thérèse, Napoléon, l'Aiglon, François-Joseph et Sissi. Déjeuner en ville. Après-midi libre. Dîner et soirée dans une cave typiquement viennoise. Logement à Vienne.

6ème jour: Vienne

Matinée libre à Vienne. Déjeuner en ville. Dans l'après-midi: fin de la visite guidée avec la Crypte des Capucins et la Cathédrale St. Etienne. Dîner dans un Heurigen de Grinzing, village de vignerons. Logement à Vienne.

7ème jour: Vienne-Graz

Départ le matin pour la Forêt Viennoise en passant par Mayerling où Rodolphe fut retrouvé mort et Heiligenkreuz, abbaye cistercienne. Déjeuner aux environs de Baden, où vécut Beethoven. Après le déjeuner, départ pour Graz, capitale de la Styrie. Arrivée en fin de journée. Tour d'orientation dans la ville. Dîner et logement à Graz.

8ème jour: Graz-Saalbach (ou Zell am See)

Le matin, départ pour le Großglockner. Déjeuner à Villach en Carinthie. Traversée de la riviéra autrichienne et de la région des lacs. L'après-midi, montée en car au Großglockner où se trouve l'hôtel «Kaiser Franz Joseph» (2500 m d'altitude). Vue superbe sur le massif et le sommet à 3797 mètres. Dîner et logement à Saalbach.

9ème jour: Saalbach-Innsbruck

Le matin, départ pour Innsbruck, capitale du Tyrol. Déjeuner. Dans l'après-midi: grand tour de la ville où Sissi rencontra François-Joseph pour la première fois. Découverte de la vieille ville avec ses maisons à arcades, le Petit Toit d'Or, la Hofkirche. Dîner, soirée folklorique et logement à Innsbruck.

10ᵉᵐᵉ jour: Innsbruck-Vorarlberg
Le matin départ en direction de la Bavière. Visite de l'un des châteaux de Louis II de Bavière, Neuschwanstein, véritable château de contes de fées. Sissi est venue y rendre visite à son cousin. Déjeuner au pied du château. Traversée du Vorarlberg. dîner et logement près de Feldkirch.

11ᵉᵐᵉ jour: Vorarlberg-Strasbourg et Paris
Départ pour la France. Traversée de la Suisse. Arrivée à Strasbourg pour le déjeuner et à Paris dans la soirée.

DATES DE DEPART
Les samedis 20 et 27 avril puis chaque lundi de mai à septembre inclus. Possibilité de combiner le circuit avec un séjour d'une semaine en Autriche.

PRIX PAR PERSONNE
De Paris (11 jours): **7890 F** De Strasbourg (10 jours): **7390 F**
Réduction de **500 F** par personne aux mois de mai et septembre.

Le prix comprend:

- Transport en autocar de grand tourisme avec sièges inclinables, wc, frigo, vidéo, air conditionné.
- Logement en pension complète du déjeuner du 1ᵉʳ jour au déjeuner du 11ᵉᵐᵉ jour, en hôtels de catégorie 3 et 4 étoiles.
- Les entrées et les visites conformément au programme.
- Les services d'un accompagnateur.
- Services, taxes et assurances.

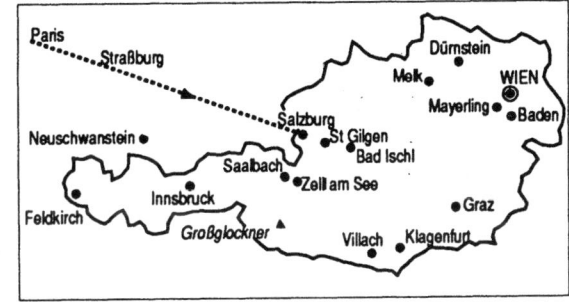

Il ne comprend pas:
- Les boissons, notamment au cours des repas.

VOTRE TRAVAIL

ORIENTATION *(2 points)*
Indiquez sur la carte le trajet suivi ainsi que le nom allemand des régions traversées: Bavière, Salzkammergut, Styrie, Tyrol, Vorarlberg, Carinthie, Wachau.

GRAMMAIRE: les appositions *(2 points)*
Traduisez:
1 ... à travers la Wachau, *célèbre et superbe région viticole.*
2 Visite de Neuschwanstein, *véritable château de contes de fées.*

REDACTION *(16 points)*
Rédigez la version allemande de ce circuit.

Aide

patrimoine	s kulturelle Erbe	*Musée des Beaux Arts*	s Kunsthistorische Museum
enseigne	s Ladenschild (-er)		
compositeur	r Komponist (-en)	*Crypte des Capucins*	e Kapuzinergruft
Auberge du cheval blanc	zum Weißen Rössl	*Cathédrale St. Etienne*	e Stephanskirche
Richard Coeur de Lion	Richard Löwenherz	*Petit Toit d'Or*	s Goldene Dachl

Les merveilles de la Méditerranée

Croisière d'une semaine à bord de l'Ausonia

L'*Ausonia* est un des navires les plus connus et les plus appréciés. L'atmosphère agréable, l'équipage italien et la cuisine savoureuse feront de votre croisière un évènement inoubliable.

PROGRAMME

Samedi: Suisse-Gênes.

Le samedi matin, voyage individuel en train 1ère classe jusqu'à Gênes. Embarquement dès 14h. Départ de l'Ausonia à 16h30.

Dimanche: Barcelone.

Arrivée à 15h30, départ à 0h30.

Lundi: Palma de Majorque.

Arrivée à 9h, départ mardi matin à 3h.

Mardi: en mer.

Mercredi: Tunis.

Arrivée à 8h, départ à 18h.

Jeudi: Palerme.

Arrivée à 8h30, départ à 19h.

Vendredi: Capri ou Naples.

Arrivée à 7h, départ à 12h30.

Samedi: Gênes-Suisse.

Arrivée à 9h30. Débarquement et retour individuel en Suisse en train 1ère classe.

NOS PRESTATIONS

- Billet de train 1ère classe pour Gênes aller/retour au départ de toutes les gares suisses.
- Croisière selon l'itinéraire choisi et libre utilisation des installations à bord: cinéma, discothèque, piscine etc.
- Cabine selon catégorie choisie.
- Pension complète à bord: 3 repas principaux, thé l'après-midi, buffet de minuit et dîner de gala avec le cocktail du capitaine, vin ouvert aux repas. (La pension commence avec le dîner le jour de l'embarquement et se termine avec le petit déjeuner le jour du débarquement).
- hôtesse à bord parlant français et allemand.
- Divertissements et animations le jour et le soir.
- Documentation avec guide et carte.

L'AUSONIA

L'Ausonia est un navire de bonne classe moyenne, totalement climatisé.

Tout y est prévu pour vous divertir: cinéma, bibliothèque, boutique, restaurant, piscine, 3 bars, discothèque.

Au Club Bahia (catégorie de cabine 9 à 13), le petit déjeuner peut être servi en cabine; fruits frais, champagne italien, cadeau-souvenir et chaises longues gratuites font également partie des prestations du Club Bahia.

DATES

A) 25 août
B) 13 octobre
C) 20 octobre

Sur demande, autres dates de voyage avec réduction pour les plus de 60 ans.

EXCURSIONS

A chaque escale, vous avez la possibilité de participer à des excursions facultatives guidées. Les réservations se font à bord.

NOS PRIX PAR PERSONNE

Jusqu'à **530 Fr**. de réduction pour les plus de 60 ans.

Cat.	Pont	Cabine	Nb.de lits	Prix normal	Prix spécial + de 60 ans
4	Fiorenza	intérieure	2	1953 Fr.	1563 Fr.
5	Delphi	intérieure	2	2023 Fr.	1619 Fr.
6	Epheso	extérieure	2	2114 Fr.	1692 Fr.
7	Delphi	extérieure	2	2282 Fr.	1826 Fr.
9	Bahia	extérieure	2	2471 Fr.	1977 Fr.
10	Delphi	extérieure	2	2674 Fr.	2140 Fr.
13	Bahia	extérieure	1	2765 Fr.	2212 Fr.

Sur demande, prix des autres catégories de cabine.

Non inclus dans le prix forfaitaire:
- taxes portuaires obligatoires 130 Fr.
- assurance frais d'annulation obligatoire 43 Fr.
- pourboires, excursions, dépenses personnelles.

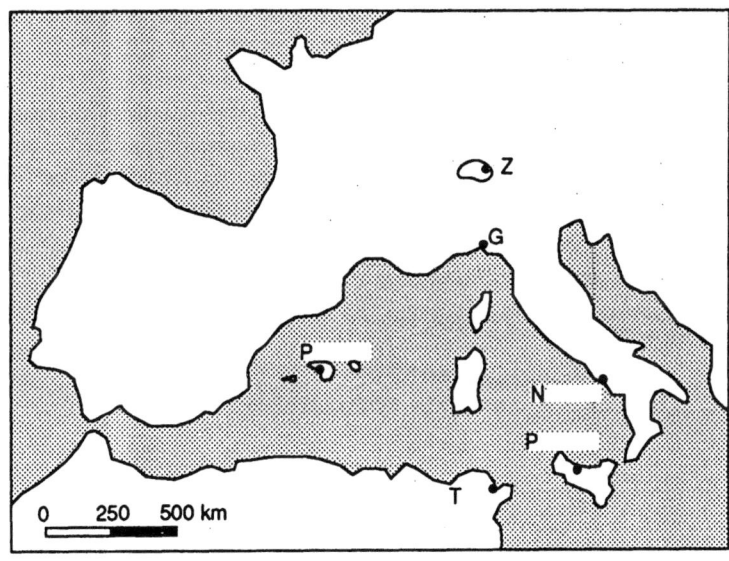

VOTRE TRAVAIL

Cette croisière est proposée par une agence de Lausanne. Vous êtes chargé(e) de la faire connaître au public suisse alémanique (départ de Zürich).

ORIENTATION *(3 points)*
Complétez en allemand le nom des villes puis reliez-les par un trait suivant le circuit proposé.

REDACTION *(10 points)*
Traduisez et présentez le texte intégral ci-dessus pour la version allemande d'un prospectus (feuille A 4 recto verso) en laissant l'espace nécessaire à la carte.

CORRESPONDANCE *(7 points)*
Rédigez en allemand une lettre de confirmation à Monsieur Steuerrad, 65 ans, qui participe avec son épouse, 62 ans, à la croisière B, catégorie de cabine N°6.

La Sainte-Baume

La Sainte-Baume, die Grüne Provence, kündigt sich als neues Ferienziel in Frankreich an. Ein Felsmassiv aus fast weißem Muschelkalk, das zwischen Provence und Côte d'Azur bis zu 1148 Meter hoch aus Wald und Weinbergen aufsteigt.

Das Massiv, oben das Plateau, daneben Täler und sanfte Mulden bis fast zur Meeresküste hin, liegt im Dreieck der Städte Aix-en-Provence, Marseille und Toulon. Die beiden Tore vor dem La Sainte-Baume liegen nur etwa zehn Kilometer von den Autobahnen A8 Aix-Nizza, A52 Aix-Marseille und A50 Aubagne-Toulon entfernt. Von hier aus führen National- und Provinzialstraßen in die neue Fremdenverkehrsregion. Zahlreiche Verkehrskreuze binden das Massiv und die rund 15 größeren Orte und Städte mit schönen Panoramastraßen an das nationale und internationale Verkehrsnetz an.

Die Region zwischen den Orten Saint-Maximin, La Roquebrussanne, Meounes, Gemenos und Saint-Zacharie mit ihren Wäldern wirkt wie ein Stück "heile Welt" nahe den Ballungszonen Marseille und Toulon. Daran wird sicherlich auch die verkehrsmäßige Aufschließung und die europaweite touristische Werbung so schnell nichts ändern.

Beim Ausbau der Städte und Dörfer für den erwarteten stärkeren Besucherstrom haben sich die Verantwortlichen Beschränkungen einfallen lassen. Sainte-Baume soll Paradies für beschauliche Autotouristen, für Wanderer, Bergsteiger und Spaziergänger bleiben.

Das Klima in den Tälern und Mulden ist mediterran; die Küste liegt ja auch nur rund 30 Kilometer entfernt. Kein Wunder, daß zu Füßen des Massivs einige der besten Weine Frankreichs wachsen: der Rote von Bandol und der Weiße von Cassis. Mit dem steifen Mistral, der nicht

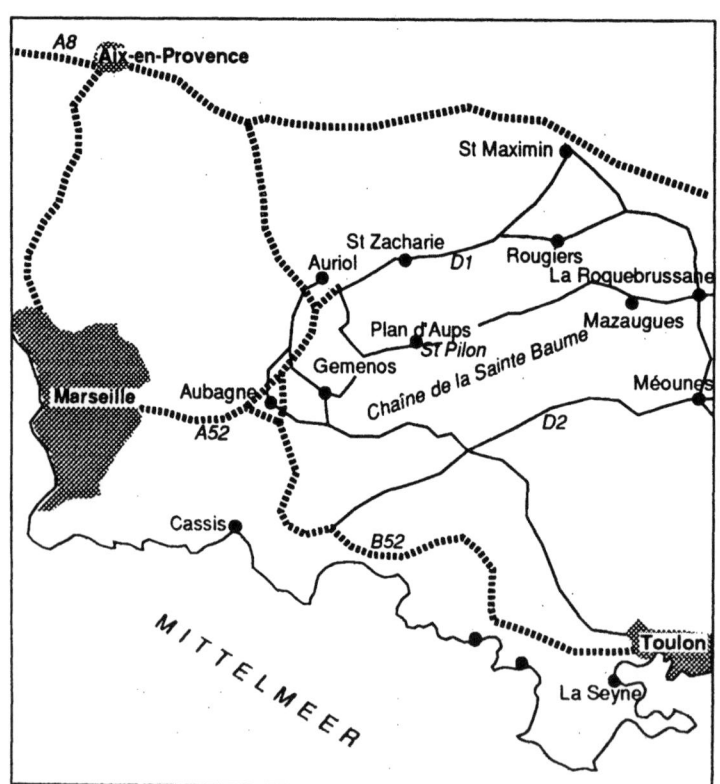

La région de la Sainte-Baume

selten aus dem hohen Rhônetal bläst und Schlechtwetterwolken wegfegt, kommt auch ein Hauch alpines Wetter bis zum Sainte-Baume. Die frische und herbe Ozonluft ist nach der hochstehenden Mittelmeersonne des Tages wohltuende Abkühlung.

Für Wanderungen, stundenlange Rad- oder Bergtouren bietet die Region ideale Möglichkeiten in einer Landschaft, deren Attribute von lieblich bis mondwild reichen. Im Frühjahr blühen abermillionen lila und gelbe Lilien, im Sommer verwandeln sich Wiesen und Felder in Meere aus Purpurmohn. Dazwischen sprudeln viele kleine Bäche und Quellen, aus denen man fast überall unbesorgt trinken kann.

Während die Dörfer nahe am Massiv wie versteckt in den Wäldern liegen und nur kleine Hotels, Restaurants und Geschäfte haben, sind Städte wie Saint-Maximin, Brignoles oder Gemenos mit Geschäftsstraßen und Märkten und mit größeren Hotels und Restaurants mit Sternen ausgestattet. In den großen Orten gibt es Tennisplätze, Minigolf und auch in den kleinsten Orten die in Frankreich obligatorischen Boulebahnen. Beim Schloßhotel Châteauneuf an der D1 zwischen Rougiers und Saint-Zacharie gibt es einen immergrünen Golfplatz mit Turnierqualität.

Wer einen Schlechtwettertag zum Bummeln und Einkaufen nutzen will: das nächste Einkaufszentrum liegt am südwestlichen Fuß des Sainte-Baume dicht an der Autobahn A53. Und dann ist da Aix-en-Provence, angeblich nach Paris die schönste Stadt Frankreichs, wo der Maler Paul Cézanne lebte und starb, wo sein Kollege Pablo Picasso begraben liegt und wo auch van Gogh malte. Dort gibt es Luxusgeschäfte, Paläste, Museen, Kirchen, malerische Plätze und Platanenparks. Nicht zu vergessen die zwischen 20 und 40 Kilometer entfernten Häfen Marseille und Toulon und die Côte d'Azur mit Cassis, Bandol oder Sanaray - um nur einige Strandperlen zu nennen.

Zu guter Letzt jedoch die Attraktionen der Chaîne de la Sainte-Baume: die Abtei und das Kloster mit der Grotte, einer domgroßen Felsenhöhle in rund 1000 Meter Höhe, in der die heilige Magdalena 33 Jahre lang gelebt haben soll. Kloster und Grotte, die auch dem Massiv und der ganzen Region den Namen gegeben haben, liegen an der Straße zwischen Mazaugues und Plan d'Aups. Für Pilger und Spaziergänger führen schmale Wege und Tausende Natursteinstufen durch Eichen- und Lorbeerwälder, durch die nur selten ein Sonnenstrahl dringt und wo der Sage nach nie ein Axtschlag erfolgen soll.

Kölner Stadt-Anzeiger

VOTRE TRAVAIL

REFLEXION

Répondez en allemand en 50 mots par question *(6 points)*.

1 Was hat die Region des Sainte-Baume ihren Gäste zu bieten?

2 Erklären Sie, warum diese Region sich erst jetzt dem Tourismus aufgeschlossen hat.

3 Welches Publikum wird hier erwartet? Warum?

ITINERAIRE

Rédigez en allemand pour une brochure un programme de deux jours dans la région de la Sainte-Baume au départ d'une des capitales régionales. Vous indiquerez les programmes des journées, les routes empruntées, les curiosités visitées et éventuellement les activités sportives *(8 points)*.

CORRESPONDANCE

Rédigez la lettre envoyée par M. Stroh à une agence de voyage d'Aix en Provence, confirmant sa participation avec son épouse au circuit proposé. Il explique qu'il arrivera à ...... en voiture le 2 juillet. Il joint un Eurochèque en francs français correspondant au prix du voyage *(6 points)*.

Gegen die Landflucht

Die Berggemeinde Lama auf Korsika will vom Tourismus profitieren.

Bürgermeister Simon Baccelli schaffte es. Mit dem Stichwort "Revitalisation" konnte er die Bewohner von Lama überzeugen. Seine Idee: Alle sollten mitziehen beim Projekt "Les Terrasses de l'Ostriconi", um das fast entvölkerte Bergdorf im Norden Korsikas mit Hilfe des Fremdenverkehrs zu neuem Leben zu erwecken. "Integrierter Tourismus", so stellte er es sich vor.

Überzeugt zeigte sich auch die Jury des "Grand Prix national de l'innovation touristique". Das korsische Projekt bekam den ersten Preis.

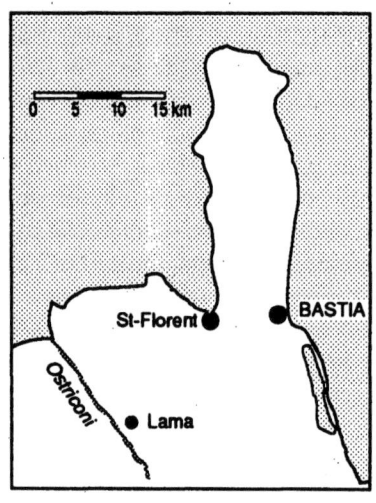

Nordkorsika

Seit gut hundert Jahren schon leidet das Festungsdorf, 450 Meter hoch über dem Tal des Flüßchens Ostriconi gelegen, unter der Landflucht, die nahezu alle innerkorsischen Orte betrifft. Ein Brand, der die Olivenplantagen der Bauern heimsuchte, gab 1970 dem Dorf den Rest. Jetzt wohnen keine hundert Menschen mehr in Lama, viele Rentnerehepaare sind darunter und etliche Pendler, die in den Städten ihr Geld verdienen. Immerhin einen Schäfer hat man vorzuweisen, eine Gaststätte und neuerdings einen kleinen

Lebensmittelladen sowie das Büro der Organisation "Terrasses de l'Ostriconi". Der Fremdenverkehr, der in einigen gar nicht fernen Küstenorten allsommerlich wenige Wochen lang für Betrieb sorgt, rauschte lange an dem Bergdorf vorbei. Besser: hindurch. Der Anblick der Schaulustigen, von Reiseleitern in Horden zur Besichtigung des pittoresken Ortes durch die engen Gassen und über die steilen Treppen geschleust, hatte den Bürgermeister nicht ruhen lassen.

Schon in den achtziger Jahren bewegte er seine Mitbürger dazu, sich an dem Wettbewerb "Commune fleurie" zu beteiligen. Seither hat sich in Lama Vieles geändert.

Jetzt warten fünfzig komfortabel eingerichtete, dennoch nicht teure *gîtes*, Ferienwohnungen, auf Gäste. Zur Hälfte wurden sie in restaurierten Häusern eingerichtet, zur anderen Hälfte in Neubauten am Rande des Dorfes. Sie sind in landesüblichem Stil errichtet worden. Ähnliches wird in vier weiteren Dörfern geplant, die zur Gemeinde gehören und langfristig fünfzig weitere Ferienwohnungen erhalten wollen.

Die Dorfbewohner wollen zumindest einen Nebenverdienst erwirtschaften. Dafür investieren sie vor allem Arbeit in ihre eigenen Alt- und Neubauten. Sie haben aber auch ein Schwimmbad gebaut und einen Tennisplatz angelegt. Sogar ein kleines Hotel soll im Ort entstehen. Eine Art Motel ist weiter unten im Tal geplant. Einige Herrenhäuser, teilweise im Stil der italienischen Renaissance erbaut, zeugen von einer Phase des Wohlstands im 19. Jahrhundert. In einem ist die *mairie* eingerichtet worden. Der große Raum ist ein wesentlicher Bestandteil des Konzeptes vom «integrierten Tourismus". Ausstellungen, Konzerte und Theateraufführungen sind hier bereits veranstaltet worden.

Gemeinsam feiern, gemeinsam leben: Teilhaben an der Dorfkultur, das ist ein Angebot Lamas an die Fremden, die gleichzeitig das Überleben dieser Alltagskultur ermöglichen helfen, wenn sie als zahlende Gäste die Abwanderung stoppen, sogar Neubürger anlocken.

Die Natur ist die größte korsische Attraktion. In der Umgebung Lamas gibt es einen einsamen Sandstrand an der Mündung des Flusses Ostriconi und ein Vogelparadies an seinem schilfreichen Delta. In der weitgehend unberührten und für Autos kaum zugänglichen Macchialandschaft warten Schäferhütten darauf, zu Schutzhütten und Raststationen für Wanderer und Reiter umgebaut zu werden. Ein Wegenetz wird ausgeschildert mit Erklärungen von Flur- und Landschaftsnamen.

K.W. Biehusen, *die Zeit*

VOTRE TRAVAIL

COMPREHENSION Ja/nein (3 points)
Les affirmations suivantes sont-elles dans l'article ci-dessus?

1 Das Lama-Projekt beruht auf der Zusammenarbeit der Dorfbewohner.
2 Seit einem Jahrhundert verliert das Dorf seine Einwohner.
3 Die meisten Dorfbewohner sind Pendler.
4 Jede zweite Ferienwohnung befindet sich in einem restaurierten Altbau.
5 Indem die Touristen die Dorfkultur kennenlernen, leisten sie einen Beitrag zum Überleben des Dorfes.
6 Die Umgebung Lamas bietet den Feriengästen zahlreiche Naturerlebnisse an.

VOCABULAIRE *(4 points)*
Trouvez les synonymes.

1 *Landflucht*
A Zuwanderung
B Absturz
C Abwanderung
D Volkswanderung

3 *langfristig*
A auf lange Sicht
B fristlos
C geduldig
D dauerhaft

2 *Rentner*
A Aktionär
B Beamte
C Pensionär
D Arbeitslose

4 *erwirtschaften*
A gewinnen
B bedürfen
C beschenken
D verdienen

GRAMMAIRE: le passif *(4 points)*
Traduisez les phrases suivantes en utilisant la forme passive.

1 On a construit une piscine.
2 On organise des concerts dans une salle de la mairie.
3 les chemins de randonnée ont été balisés.
4 Des appartements de vacances seront bientôt installés.

EXPRESSION *(9 points)*
Commentez en allemand et en 100 mots, chacune des expressions suivantes:

A "Der Fremdenverkehr rauschte lange an dem Bergdorf vorbei. Besser hindurch".
B "Integrierter Tourismus".

══ Lange Tage ohne Langeweile ══

Schwedens innovative Ferienformen in, um und über Stockholm

In der Ferien-Hitparade rangiert der Norden Europas seit jeher nicht auf den Spitzenplätzen. Zu sehr fallen die nicht abgebauten Vorurteile ins Gewicht. Zu Unrecht, denn die langen Tage im nordischen Sommerhalbjahr sind alles andere als das, was die meisten der mittel- und südeuropäischen Ferienhungrigen zu meinen glauben. Mit innovativen Ferienformeln trumpfen die skandinavischen Gastgeber mächtig auf.

Seit Skandinavien flugverkehrstechnisch um ein Wesentliches nähergerückt ist, bieten sich noch bessere Voraussetzungen, dem Norden einen Besuch abzustatten. Wer mindestens 14 Tage vor Abflug bucht, kommt in den Genuß der im Vergleich zu den normalen Flugtarifen erheblich vergünstigten Angebote mit Apex und Superapex (Juli, August, Weihnachten und Ostern).

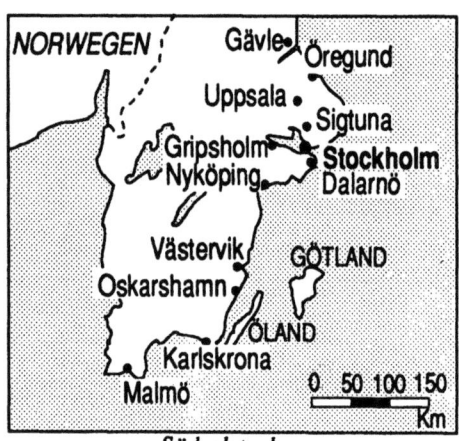

Südschweden

WASSERSPORT
Zum ersten bietet sich die Möglichkeit einer eigentlichen Kreuzfahrt, die mindestens zwei, maximal fünf Tage dauert. Bei diesen Angeboten starten alle Ausflüge in Stockholm, und die Rückkehr erfolgt auf dem Landweg per Bus. Station wird je nach Reisedauer und -variante in Dalarnö, Västervik oder Oskarshamn gemacht.

Ebenfalls entlang der schwedischen Ostküste bietet sich auf der höhe von Dandhamn eine weitere Gelegenheit, den Archipel zu entdecken: im Kajak nämlich, einem Einzel- oder Zweierboot. Vorkenntnisse sind keine notwendig, es wird jedoch eine kurze Einführung in das Kajakfahren erteilt, bevor zu eintägigen bis einwöchigen Kajak-Trips in die entlegensten Winkel gestartet wird, aus denen einzig der lokale Reiseleiter wieder herausfindet. Um so abenteuerlicher fällt entsprechend dann das Campieren und Übernachten auf den unberührt anmutenden Inselchen aus.

PICKNICK IM SCHLOSSGARTEN
Es wäre ganz und gar verfehlt anzunehmen, daß sich erlebnisreiche Ferien in Skandinavien nur auf dem Wasser abspielen. Ein gutes Beispiel dafür sind etwa die Picknick-Ausflüge nach Vaxholm, jener Burg, die Mitte des 16. Jahrhunderts erbaut worden ist und damals als Wachposten für die Wasserverkehrswege nach Stockholm diente. Die Anfahrt per Schiff dauert rund eine Stunde, und nach der Besichtigung der Festungsanlagen liegt für die angereisten Besucher in der Burg-Cafeteria ein Lunch-Paket mit skandinavischen Spezialitäten bereit.

LITERA TOUR NACH GRIPSHOLM
Einspuren auf Geschichte läßt sich auch in Mariefred, einem Dorf aus dem 18. Jahrhundert, das aber vor allem wegen Gripsholm bekannt ist. Der letzte Teil der An- bzw. Rückfahrt erfolgt mit einem historisch nachgebauten Zug, wo sich dann Gripsholm, eine der imposantesten Burgen Schwedens, erhebt. Gripsholm ist aber auch dafür bekannt, daß der große

deutsche Schriftsteller Kurt Tucholsky in den dreißiger Jahren seine letzte Zuflucht vor dem aufkommenden Nationalsozialismus hier fand, bevor er 1935 Selbstmord beging. Sein Grab ist auf dem Schloßfriedhof zu besichtigen.

IN DEN FUSSTAPFEN DER WIKINGER

Wer in den Fußstapfen der Wikinger wandeln will, reist zuerst nach Uppsala, rund 70 Kilometer nördlich von Stockholm entfernt. Die Stadt ist für ihre Kathedrale und Universität bekannt, wo in der hauseigenen Bibliothek die einzige "Silber-Bibel" aus dem 6. Jahrhundert aufbewahrt ist. Anschließend geht es weiter nach Sigtuna, der ältesten Stadt Schwedens, wo sich unter anderem das kleinste Rathaus des Landes befindet und die 700 Jahre alte Marienkirche, die auch in unseren Tagen nicht etwa nur als Besichtigungsrelikt gilt, sondern weiterhin als Gotteshaus benützt wird.

WILDNISTREKKING MIT DEM PONY

Wen es nach soviel historischem Anschauungsunterricht wieder nach mehr Abenteuer dürstet, dem sei das Trekking durch die Wildnis auf dem Rücken eines Islandponys empfohlen. Ausgangspunkt für diese Betätigung ist die rund eine Autostunde von der Hauptstadt entfernte Sickla Ranch auf der Insel Väddö im nördlichen Teil des Stockholmer Archipels.

Den ganzen Sommer über finden Wochenend-Packages statt. Dabei geht es bei weitem nicht darum, sich auf den Rücken eines Pferdes zu setzten, sondern sich mit der gesamten Betreuung und Pflege des Tieres auseinanderzusetzen.

Nach Ankunft jeweils am Freitag abend, wobei einem dann ein Islandpony anvertraut wird, geht es dann am Samstagmorgen nach einem nicht genannte Ausflugsziel los. Unterwegs wird ein Lunch serviert, und es steht auch genügend Zeit zum Schwimmen zur Verfügung. Abends wird nach einem herzhaften Barbecue im Freien oder in typischen skandinavischen Ferienhütten übernachtet, bevor es dann am Sonntag wieder auf dem Rücken der folgsamen und relativ einfach zu führenden Ponies weitergeht.

BALLONFAHRTEN

Die wohl ungewöhnlichste und zugleich auch eindrücklichste Ferienaktivität in Schweden ist das Ballonfahren, das seit nunmehr gut fünf Jahren der breiten Öffentlichkeit zugänglich ist. Das ganze Unternehmen wird mehr oder weniger mitten in der Nacht (2.30 Uhr morgens!) gestartet, wobei es dann im Sommer allerdings fast taghell ist. Mit einem Kleinbus werden die Mutwilligen an einen nördlich von Stockholm gelegenen Ort in einer großen Waldlichtung gefahren, wo sie unter der kundigen Anleitung von sogenannten Aeronauten die notwendigen Vorkehrungen treffen, damit der gigantische Heißluftballon effektiv in die Luft geht. Der anschließende Überflug von rund einer Stunde in einem Korb, der zwischen acht und zwölf Personen faßt, gestaltet sich zum unvergeßlichen Happening am Himmel im wahrsten Sinne des Wortes.

Langsam geht die Sonne auf und verleiht dem Venedig des Nordens phantastische Farben. Die Flughöhe beträgt zwischen 500 und 700 Meter, so daß auch einzelne Details im Stockholmer Stadtlabyrinth auszumachen sind. Als einziger Nachteil während des gesamten Flugerlebnisses erweist sich lediglich die Tatsache, daß aus militärischen Gründen nicht fotografiert werden darf.

Doch die überraschend weiche Landung am Stadtrand Stockholms, wo dann anschließend ein exquisites Champagner-Frühstück serviert wird und eine feierliche Lufttaufe mit persönlichem Diplom stattfindet, machen die Einschränkung für Fotografen in jeder Hinsicht wieder wett.

Touristik Revue

VOTRE TRAVAIL

COMPREHENSION: *(10 points)*
Lisez attentivement le texte et répondez en quelques mots aux questions suivantes:

 1 Wieso ist Skandinavien nähergerückt?

 ....

 2 Mit welcher Bedingung ist der Apex-Tarif verbunden?

 ....

 3 Mit welchen Adjektiven wird die Ostküste Schwedens beschrieben?

 ....

 4 Wie lange dauern die Kreuzfahrten, die in Stockholm starten?

 ....

 5 Was wird über die Ortschaften *Västervik* und *Dalarnö* gesagt?

 ....

 6 Wer begleitet die Reisenden bei einer Kajakfahrt?

 ....

 7 Welche Sehenswürdigkeit wird in Vaxholm besichtigt?

 ....

 8 Warum ist die Bahnfahrt nach Gripsholm auch eine Attraktion?

 ....

 9 Welche Gebäude sind in Uppsala historisch interessant?

 ....

 10 In welcher Stadt befindet sich das kleinste Rathaus Schwedens?

 ....

 11 Wo befindet sich die Ranch, auf der Pony-Trekking angeboten ist?

 ....

 12 Welche Quartiere werden dann Reitern vorgeschlagen?

 ....

 13 Von welchem Platz starten die Ballonfahrten?

 ....

 14 Wie wird Stockholm oft genannt? ....

 15 Warum dürfen die Ballon-Reisenden nicht photographieren?

 ....

 16 Was findet nach der Ballonfahrt statt?

 ....

VOCABULAIRE: *(3 points).*
Trouvez pour chaque mot dans son contexte la définition correspondante.

1 *sich schlängeln* A sich in Windungen fortbewegen
                     B spazierengehen
                     C kriechen
                     D sich hin und her bewegen

2 *dichtbelaubt* A mit vielen Häusern bebaut
                  B mit wenigen Häusern bebaut
                  C mit vielen Bäumen bedeckt
                  D mit vielen Felsen umgeben

3 *entlegen* A verwildert
             B verreist
             C entfremdet
             D weit entfernt von allem

4 *Festung* A Zitadelle
            B Burg
            C Ruine
            D Stadttor

5 *herzhaft* A ausreichend
             B willkommen
             C freundlich
             D nahrhaft

6 *Waldlichtung* A dünnbesiedelte Region
                 B von Bäumen freie Stelle im Wald
                 C von Projektoren beleuchteter Platz
                 D Piste im Wald

REDACTION: *(7 points)*
Vous êtes chargé(e) de présenter en français un aperçu des possibilités offertes aux touristes en Suède. Rédigez pour un prospectus chaque offre évoquée dans cet article .

Flußfahrt in Burgund

Vous travaillez au Service Réservation Loisirs Accueil, 1, quai de la République à 89000 Auxerre.

Vous avez reçu de Suisse allemande la lettre de Monsieur Zuber désirant faire une croisière fluviale sur le canal de Bourgogne.

Après avoir fait une offre comprenant trois variantes d'itinéraires, les Zuber se sont décidés pour le trajet: Pont-d'Ouche-Tonnerre (croisière «simple»). Ils désirent louer 6 bicyclettes et faire transférer leur voiture de Pont-d'Ouche à Tonnerre.

VOTRE TRAVAIL

1 Complétez la fiche de réservation (document 3) avec les indications données dans la lettre (document 1) *(4 points)*.

2 Traduisez en allemand les recommandations importantes (document 4) sur la croisière ainsi qu'une description sommaire du bateau loué *(4 points)*.

3 Reportez en allemand sur la carte (document 5) un court descriptif (exemple: Tonnerre) des sites touristiques situés sur le trajet et complétez la légende en haut à droite (document 6) *(6 points)*.

Documents	
1	*lettre*
2	*tarif*
3	*fiche de réservation*
4	*recommandations*
5	*bateau*
6	*curiosités*
7	*carte*

4 Rédigez en allemand la lettre de confirmation de la réservation adressée à M. Zuber. Cette lettre comprendra toutes les indications pratiques relatives à la croisière ainsi que les arrhes à payer, le prix total et les suppléments éventuels en francs français (voir document 2). En annexe seront également envoyés une fiche avec les recommandations et la carte de l'itinéraire *(6 points)*.

Peter ZUBER   Wetzikon, den 3. März 199..
Parkallee 20
CH-8620 Wetzikon
Tél: 01/45 67 89

Sehr geehrte Damen und Herren,

Ihre Adresse wurde uns vom französischen Fremdenverkehrsamt Zürich vermittelt.

Mit Freunden planen wir für den nächsten Herbst unsere erste Flußkreuzfahrt in Burgund, deren Ausgangspunkt Dijon oder Umgebung sein sollte. Wir möchten ein Boot (ohne erforderlichen Führerschein) für die Zeit 1.-7. Oktober dieses Jahres für 6 Erwachsene und 2 Kinder (10 und 13 J.) mieten.

Wir wären Ihnen sehr dankbar, wenn Sie uns ein Angebot mit Angabe der möglichen Routen, des Mietpreises für das Boot und der eventuellen Zusatzkosten unterbreiten könnten.

In Erwartung Ihres Angebotes verbleiben wir

mit freundlichen Grüßen,

P. Zuber.

2

TARIF

Base de départ: Pont-d'Ouche
Semaine: du samedi 16 heures, au samedi 9 heures.
Minisemaine: du lundi 16 heures, au vendredi 9 heures.
Week-end: du vendredi 16 heures, au dimanche 18 heures.
Prix en francs français.

	Périodes	**A**	**B**	**C**	**D**	**E**
RIVIERA 750 4 personnes	1 semaine	3170	3795	4420	5150	5570
	Mini-sem. ou week-end	1925	2340	2650		
RIVIERA 920 6 adultes + 2 enfants	1 semaine	4575	5480	6385	7290	8195
	Mini-sem. ou week-end	2765	3305	3855		
ESPADE 1150 7/9 passagers	1 semaine	5225	6260	7295	8330	9365
	Mini-sem. ou week-end	3155	3775	4400		

Supplément croisière «simple»: 500 FF (à régler le jour du départ).
Supplément transfert de voiture: 450 FF (à régler le jour du départ).

Périodes de prix: A 1 mars / 15 avril + 16 oct. / 15 nov.
B 16 avril / 30 mai + 30 sept. / 15 oct.
C 1 juin / 15 juin + 16/30 sept.
D 16/30 juin + 1/15 sept.
E 1 juill./ 31 août.

3

FICHE DE RÉSERVATION

Nom: .... Prénom:...................... Téléphone:..............

Adresse: ....

Code postal: .... Ville: .... Pays: ....

Je demande que me soit réservé le bateau suivant:

Modèle: .... Base de départ: ....

Pour la période du:......... au: ....

Nombre de participants prévus à la croisière:

moins de 12 ans: ....12-18 ans: ....plus de 18 ans: ....Total:.........

Je souhaite louer .... vélo(s) (150F/semaine)

J'ai eu connaissance du catalogue «Bateaux de Bourgogne» de la façon suivante:

....

J'ai déja pratiqué le tourisme fluvial: OUI NON

RECOMMANDATIONS

Le pilotage

Aucun permis n'est exigé, mais le pilote doit être majeur.

De toute façon, le loueur vous donnera avant d'embarquer une leçon théorique et pratique qui vous permettra de bien piloter votre bateau.

Les écluses

Elles constituent la principale angoisse des débutants. En fait, l'écluse est l'un des moments privilégiés de la croisière: c'est l'occasion de descendre à terre, de parler avec l'éclusier, de lui acheter un fromage de chèvre, une salade ou un sac de noix.

Les bateliers ont l'habitude de donner un pourboire aux éclusiers, il est recommandé de continuer la tradition!

Les étapes

Vous aurez toute liberté et stationnerez où bon vous semblera, au coeur d'une ville, à proximité d'un village ou en pleine nature.

La tenue

Vous passerez le plus clair de votre temps en vêtements légers, short, maillot de bain, chaussures de tennis (indispensables). Prévoyez toutefois quelques vêtements chauds et des vêtements de pluie.

Les mariniers

Ils sont rares sur le canal de Bourgogne. Ce sont des gens aimables, mais naviguer est leur gagne-pain. Une règle absolue et justifiée: ils ont toujours priorité.

Aide à la traduction

piloter	steuern
majeur	mündig
éclusier	der Schleusenwärter
batelier et marinier	der Schiffer
gagne-pain	der Broterwerb
priorité	die Vorfahrt

LE BATEAU

Longueur: 9,20 m, largeur 3,40 m.

Moteur diesel, autonomie 40 heures.

Coin-repas transformable en couchette double.

2 cabines séparées: à l'arrière 1 lit double + 1 couchette simple, à l'avant 1 lit double + 1 couchette simple superposée.

Eau chaude et froide, douche, w.-C.

Chauffage à air pulsé.

Cuisinière 2 feux avec four.

Réfrigérateur 80 l.

Draps et taies fournis.

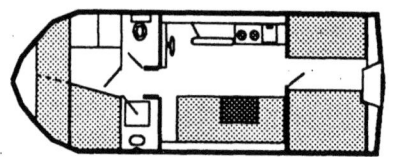

RIVIERA 920

CURIOSITÉS

Ancy-le-Franc
Château Renaissance; élégante cour intérieure; appartements somptueusement décorés. Musée de l'automobile et de l'attelage.

Alise-Sainte-Reine
Site d'Alésia. Vue sur le site du siège d'Alésia (52 av. J.C.) Fouilles de la ville gallo-romaine, et musée.

Châteauneuf
Château. Architecture militaire bourguignonne du XVe s.

Dijon
Palais des Ducs de Bourgogne du XVII et XVIIIe s.
Musée des Beaux Arts: sculptures, meubles, céramiques, armes; primitifs italiens, flamands, suisses et allemands.

Centre ville: de nombreuses maisons médiévales et d'autres belles maisons des XVe au XVIIIe s.
Eglise Notre-Dame, du XIIIe. Fassade monumentale, nombreuses gargouilles.
Cathédrale Sainte-Benigne: XIe et XIIIe s.

Flavigny
Crypte carolingienne et restes d'un cloître du XIIIe.
Eglise Saint-Genès du XIIIe transformée aux XV et XVIe s.. Belles stalles.

Fontenay
La mieux conservée des abbayes cisterciennes, fondée par Saint Bernard. Perfection d'art roman.

Nuits-Saint-Georges
Cave Morin Père et Fils: belle cave à fûts du

début du XVIIIe s. Dégustation.

Saulieu
Musée François Pompon: parvis de la Basilique. Oeuvres du sculpteur animalier François Pompon. Archéologie, histoire locale.

Semur-en-Auxois
Cité médiévale: tours, remparts et collégiale. Couvent des Jacobines, musée municipal et bibliothèque riche de 23.000 volumes de grande valeur.

Tanlay
Château renaissance entouré de douves, appartements somptueusement décorés.

Vougeot
La Grande Cave: belles caves anciennes. Dégustation de grands vins.

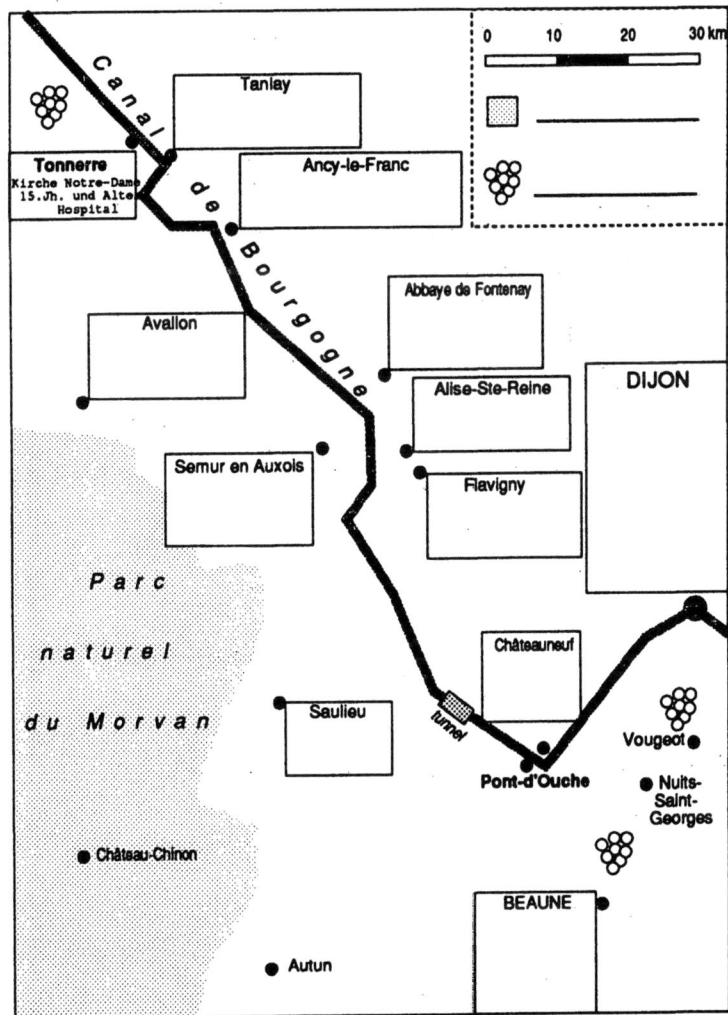

Voyage en Alsace

Un groupe de futurs oenologues allemands (15 personnes) sont en stage à Dijon, au mois de juin. Vous leur faites une proposition de voyage en Alsace et Lorraine (3 jours) en train et en autocar au départ de Dijon.

schéma du voyage:

1er jour: Dijon-Nancy en train, déjeuner à Nancy puis visite de la ville.
Nancy-Strasbourg en train, en fin d'après-midi. Dîner, spectacle et nuit à Strasbourg.

2ème jour: Route du vin en autocar avec arrêts à **Rosheim** (église romane la plus caractéristique en Alsace à cause de ses sculptures extérieures et de ses chapiteaux). **Dambach** ville médiévale. Kintzheim, dans le château, visite du Musée du Vignoble et des Vins d'Alsace; repas gastronomique. **Colmar** ville d'art, visite de la ville et du musée d'Unterlinden (célèbre retable d'Issenheim).
Retour à Strasbourg en fin de journée en passant par Molsheim, visite d'une exploitation viticole et des caves, dégustation. Dîner à l'hôtel à Strasbourg.

3ème jour Visite guidée du vieux Strasbourg. Déjeuner dans une Winstub du centre ville. Visite du Palais de l'Europe puis retour à Dijon en train le soir.

VOTRE TRAVAIL

1 Rédigez en allemand le programme détaillé du voyage avec indication
  - des heures de départs et d'arrivée des trains,
  - des adresses des hôtels et restaurants choisis à Strasbourg,
  - du spectacle choisi pour le premier soir,
  - de l'horaire précis de chaque journée *(10 points).*

Documents
1 restaurants et hôtels de Strasbourg
2 horaire SNCF
3 texte de brochure sur Strasbourg
4 plan de Strasbourg

2 Indiquez sur le plan de Strasbourg par des flèches rouges l'itinéraire que vous prévoyez dans la vieille ville et par des points rouges les endroits visités *(2 points).*

3 Rédigez en allemand un texte sur l'Alsace que les voyageurs auront le loisir de lire dans le train *(8 points).*

HÔTELS ET RESTAURANTS

Terminus-Gruber ****, 10, pl. de la Gare, 78 ch., Restaurant, brasserie.
Rohan ***, 17 rue du Maroquin, 36 ch.
Europe **, 38, rue du Fossé-des-Tanneurs, 60 ch.
Gutenberg **, 31, rue des Serruriers, 50 ch.
Crocodile ****, 10, rue de l'Outre. Cadre agréable. Très grande cuisine alsacienne moderne.
Buerehiesel ***, 4 parc de l'Orangerie. Table très réputée, cuisine nouvelle.
Valentin Sorg ***, 6, pl. de l'Homme de Fer. Cuisine classique.

HORAIRE SNCF

2

---

130 — Dijon - Culmont-Chalindrey - Neufchateau - Toul - Nancy

Tabl SNCF no 116

km	Gare	57305	6606/7	6606/7	57307	68853	6636/7	68559	57309
	Qualité						COR	AR	AR
	Circulation	A	17	12		18		X	5
	Origine	o	Lyon	Lyon	o		Nice		o
0	Dijon-Ville	07.30	08.45	08.45	12.27		14.42		16.29
33	Is-sur-Tille	08.00	09.09	09.09	12.58				17.02
77	Culmont-Chalindrey A	o	09.35	09.35	o				o
	Culmont-Ch.		09.56						
	Langres		10.05						
	Chaumont		10.26						
	Chalons-s-M		11.53						
	Reims A		12.32						
77	Culmont-Chalindrey	o		09.45				17.34	
112	Merrey (Ht-Marne)					o	15.48	18.08	
153	Neufchateau			10.30		13.19	16.14	o	
196	Toul			10.56		13.43	16.42		
229	Nancy-Ville A			11.16		14.07	17.00		

Tabl SNCF no 116

130 — Nancy - Toul - Neufchateau - Culmont-Chalindrey - Dijon

km	Gare	68459	6106	E1963	E6136	E6136	E1967	E1967	R6146
	Qualité	AR	COR						
	Circulation		B	15	16	17	18	19	20
	Origine								o
0	Nancy-Ville		18.07		21.42	21.42			22.07
33	Toul		18.28		22.03	22.03			22.29
76	Neufchateau	o	18.53		22.31	22.31			22.54
117	Merrey (Haute-Marne)	18.53							
152	Culmont-Chalindrey A	19.18	19.38	o	23.17	23.17	o	o	23.39
	Reims	o		16.39			20.39	20.39	
	Chalons-s-M			17.19			21.19	21.19	
	Chaumont			18.46			22.49	22.49	
	Langres			19.08			23.12	23.12	
	Culmont-Ch. A			19.17			23.21	23.21	
152	Culmont-Chalindrey		19.47	19.47	23.42	23.48	23.48	23.59	00.04
196	Is-sur-Tille								
229	Dijon-Ville A		20.32	20.32	00.29	00.33	00.33	00.47	00.50

---

120 — Paris - Bar-le-Duc - Nancy - Strasbourg (Trains principaux)

Tabl SNCF no 100, 101, 102, 103

km	Gare	E1607	R265	E1407 / E1907	E1007	R1709	R109	E1409	E1009	R1163	E263
	Qualité	COR	COR	COR	COR	COR			COR		
	Circulation	5		15	16	5			17		
0	Paris-Est	15.25	16.00	16.30	17.20	17.57	18.46	18.55	19.48	21.20	23.15
45	Meaux										
95	Château-Thierry							19.45			
142	Epernay	16.31		17.39				20.13	20.57		
172	Chalons-sur-Marne	16.49		17.57				20.31	21.13		00.50
205	Vitry-le-François	17.07		18.14				20.50			
254	Bar-le-Duc	17.32		18.38				21.16	21.52		
294	Commercy	17.54		18.59				21.39			
320	Toul	18.09		19.14				21.55			
353	Nancy	18.28	18.36	19.40	19.59	20.38	21.25	22.13	22.43	00.08	02.35
376	Blainville-Damelevières	o									
386	Lunéville			20.00	20.18				23.01		
433	Sarrebourg			20.27	20.42	21.15	18		23.25		
459	Saverne			20.48	20.59				23.43		
504	Strasbourg A		19.48	21.12	21.22	21.53	22.39		00.07	01.26	03.54

120 — Strasbourg - Nancy - Bar-le-Duc - Paris (Trains principaux)

Tabl SNCF no 100. 101. 102. 103

Identification	E1406	E1706	R1006	E1708	R108	E1908	E1408	R1710	R1910	EC68	E1510
Qualité			COR			COR	COR	COR	COR		
Circulation		12	13	5	14	15	14	16	17		A
Origine	o	o·	o	o	o	o	o	o	o	Wien	o
0 Strasbourg	12.51	14.22	16.03	16.24	17.09	17.24	¦	17.51	18.00	18.20	18.23
45 Saverne	13.15	¦	¦	16.50	17.32	17.55	¦	18.24	18.24	¦	18.53
71 Sarrebourg	13.34	¦	¦	17.10	17.51	18.14	¦	18.43	18.43	¦	19.16
115 Lunéville	13.58	¦	¦	17.34	18.15	18.38	¦	19.07	19.07	¦	19.41
125 Blainville-Damelevières	¦	¦	¦	¦	¦	¦	o	¦	¦	¦	19.48
148 Nancy	14.35	15.39	17.21	17.55	18.34	18.57	18.57	19.27	19.27	19.35	20.07
181 Toul	14.55	15.58	¦	18.16	¦	19.16	19.16	¦	¦	¦	o
207 Commercy	15.10	16.13	¦	18.33	¦	19.31	19.31	¦	¦	¦	
247 Bar-le-Duc	15.35	16.35	¦	18.58	¦	19.54	19.54	20.22	20.22	¦	
296 Vitry-le-François	16.02	¦	¦	19.44	¦	20.19	20.19	¦	¦	¦	
329 Chalons-s-M	16.22	¦	¦	20.04	¦	20.38	20.38	21.03	21.03	¦	
359 Epernay	16.39	17.26	¦	20.23	¦	20.56	20.56	¦	¦	¦	
406 Château-Thierry	17.04	¦	¦	20.49	¦	21.21	21.21	¦	¦	¦	
456 Meaux	¦	¦	¦	¦	¦	¦	¦	¦	¦	¦	
504 Paris Est	A 18.02	18.36	20.05	21.37	21.11	22.07	22.07	22.25	22.25	22.10	

STRASBOURG

Strasbourg - capitale de l'Alsace, compte aujourd'hui avec sa communauté urbaine une population de 400.000 habitants. Elle est à la fois le siège du Conseil de l'Europe, de la Cour européenne des Droits de l'Homme et le lieu de réunion du Parlement Européen. La position géographique de la ville - aux confins de l'Allemagne, de la Belgique, du Luxembourg et de la Suisse - en fait une des plaques tournante du commerce international. Cette situation privilégiée est confortée par l'activité du Port de Strasbourg qui occupe le rang de deuxième port fluvial français et rhénan. Strasbourg est aussi un foyer culturel très actif, grâce à son université, la plus importante de l'Est de la France.

La Cathédrale - Dominant la Maison Kammerzell (15ème-16ème s.) et la pharmacie du Cerf (13ème s.) la plus ancienne de France, la cathédrale, ce rêve démesuré, fut édifiée durant près de quatre siècles grâce au génie de maîtres d'oeuvre venus de France et de Rhénanie. Parachevée en 1439 par une tour unique couronnée d'une flèche, elle atteint la hauteur de 142 m et constitue la plus haute cathédrale de France. Dans son transept sud, le pilier des Anges est un des plus émouvants chefs d'oeuvre de l'art gothique. Mais il est concurrencé par la renommée de l'Horloge Astronomique, prodige de la science et de la technique, qui fut conçue au temps de la Réforme.

La Petite France - Les jolies maisons à colombages construites le long des canaux, illustrent à merveille la traditionnelle image de l'Alsace. A Strasbourg, elles se pressent en grand nombre dans le quartier de la Petite France, ancien quartier des Tanneurs. Tout ce district, admirablement restauré a été converti en zonne piétonne.

Les hôtels du XVIIIème siècle - En 1681, Strasbourg est rattachée à la France. Un siècle après, l'aristocratie de la ville rêve d'un hôtel "à la parisienne". C'est le cardinal Armand-Gaston de Rohan-Soubise qui donne l'exemple en se faisant construire un château dont la richesse des appartements ne manque pas de rappeler Versailles.

Les musées - Pour connaître un nouvel émerveillement, il faut franchir le seuil des musées strasbourgeois. Riches de collections exceptionnellement intéressantes et variées, ils sont périodiquement animés par de nouvelles expositions. Outre les collections présentées au Château des Rohan, parmi lesquelles trône le portrait de la célèbre "Belle Strasbourgeoise", notre Joconde du Rhin, Strasbourg possède au Musée de l'Oeuvre Notre-Dame et au Musée Alsacien des trésors artistiques remarquablement mis en valeur. Mais les Musées historique, archéologique et le Centre d'Art contemporain ont aussi leurs adeptes.

La vie culturelle - Strasbourg rend un hommage privilégié à la Musique. Chaque année, un festival international de musique classique lui est consacré au mois de juin ainsi qu'au mois de septembre un festival de musique contemporaine, Musica. La réputation de l'Orchestre Philharmonique a franchi toutes les frontières. Aux concerts s'ajoutent les spectacles qu'offrent l'Opéra du Rhin, le Théâtre National de Strasbourg et le Ballet du Rhin. Sans oublier le "Barabli", cabaret satirique et le Théâtre Alsacien, qui, chacun à sa manière, illustrent bien l'esprit et la verve locale.

Les Winstubs - Ce sont les Winstubs qui restituent le plus fidèlement l'art de vivre strasbourgeois. Les conversations y vont bon train d'une table à l'autre dans une atmosphère amicale et détendue. Devant un pichet de vin d'Alsace et toute une série de petits plats du terroir.

Strasbourg, ville verte - De tout temps, Strasbourg a su réaliser une alternance harmonieuse entre les bâtiments et les espaces verts. De ce fait, la ville se trouve sertie d'une trame de verdure que prolongent de magnifiques forêts. Ses parcs et ses jardins comptent parmi les plus beaux de France. Parmi eux, la célèbre Orangerie et le Parc de la Citadelle. Quant au jardin des Contades, son nom se rattache à tout jamais à celui du Maréchal, dont le cuisinier eut l'heur d'inventer le fameux pâté de foie gras de Strasbourg.

Strasbourg, ville de rencontres - A Strasbourg, les réalisations contemporaines sont nombreuses. Deux d'entre elles se placent plus particulièrement sous le signe de la rencontre. Il s'agit du Palais des Congrès et du Palais de l'Europe. Le Palais de la Musique et des Congrès comporte un vaste auditorium de 2000 places que sa qualité acoustique met au premier rang des meilleures salles d'Europe. Le Palais de l'Europe accueille successivement les membres du Conseil de l'Europe et ceux du Parlement Européen.

Alsace Tourisme

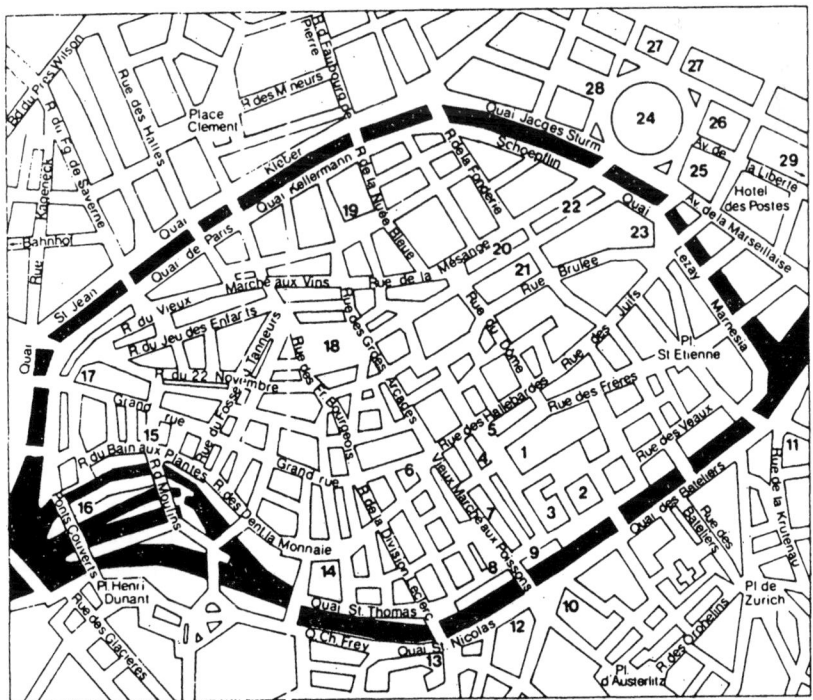

Straßburg 1 Münster 2 Rohan-Schloß 3 Frauenhaus (Münstermuseum) 4 Hirschapotheke 5 Haus Kammerzell 6 Gutenbergplatz, Handelskammer 7 Goethehaus 8 Kaufhaus (Ancienne Douane) 9 Große Metzig 10 Rabenhof 11 Wilhelmer-Kirche 12 Elsässisches Museum 13 St. Nikolaus 14 St. Thomas 15 Pflanzbadgasse 16 Gedeckte Brücken 17 Alt-St. Peter 18 Kleberplatz 19 Jung-St. Peter 20 Broglieplatz 21 Rathaus (Hanauer Hof) 22 Stadttheater 23 Präfektur 24 Platz der Republik 25 Konservatorium 26 Nationalbibliothek 27 Präfekturgebäude 28 Palais du Rhin (ehem. Kaiserpalast) 29 Universität

══ 21 Schritte zum sanften Reisen ══

Das Magazin *Natur* hat Ideen für den Tourismus der Zukunft entwickelt. Umweltfreundlicher muß er werden und weniger störend für die Menschen in den Feriengebieten. Die Liste soll nicht nur die Phantasie der Urlauber anregen. Sie ist auch ein Katalog von Forderungen an Reiseveranstalter und Politiker.

1 Reiseveranstalter arbeiten mit Vereinen zusammen. Sie entwickeln ihre Programme und Angebote gemeinsam mit Dritte-Welt-Gruppen, Umweltschützern und Verbraucher-Initiativen.

2 Reisebüros schulen ihre Mitarbeiter nicht nur in Verkaufspsychologie, sondern vermitteln ihnen auch Kenntnisse im Umweltschutz und informieren sie über die Kultur des jeweiligen Reiselandes.

3 Reisekataloge enthalten auch Angaben über Umweltbelastungen, die am Urlaubsort bereits bestehen oder zu befürchten sind (Lärm, Industriegebiet in der Nähe, Algenteppiche).

4 Schon in ihren Prospekten geben die Reiseveranstalter Ratschläge, wie man sich im Urlaubsgebiet umweltfreundlich verhalten kann.

6 Literatur-Empfehlungen in den Katalogen ermöglichen, sich vor der Reise anhand von Büchern mit Land und Leuten bekannt zu machen.

7 Die Urlauber reisen umweltfreundlich mit der Bahn oder mit Bussen an. Der Verzicht auf das Auto erhöht die Attraktivität einer Region: weniger Lärm, Abgase, Staus, Parkplätze und Unfälle. Die Ferienorte richten einen Busservice für ihre Gäste ein.

8 Als Unterkünfte werden kleine Pensionen und privat vermietete Zimmer bevorzugt. Dann müssen nicht eigens für die Gäste Hotels oder große Bungalowparks gebaut werden, mit denen die Landschaft zubetoniert würde.

9 Die Unterbringung in Privatzimmern, die Einheimische vermieten, erspart das

Touristen-Getto: Dort trifft man ohnehin nur wieder Deutsche. Die Architektur der Unterkünfte ist energiesparend und paßt sich dem Ortsbild an.

10 Der Urlaubsort macht sich zum Vorreiter im Umweltschutz, indem er Naturschutzgebiete ausweist, vorbildliche Müllkonzepte verwirklicht, Landschaftspläne umsetzt, Kläranlagen baut.

11 In den Kommunen, auf die sich der Fremdenverkehr konzentriert, sitzen Umweltschützer, Hoteliers, Politiker und Reiseveranstalter an "runden Tischen" zusammen, um Gesamtkonzepte für die Entwicklung der Gemeinden zu beraten.

12 Biolandwirte beliefern Hotels und Vermieter mit gesunden Nahrungsmitteln. Speisen und Getränke kommen aus der Region.

13 Nach dem Frühstück bleiben keine Abfallberge aus Plastik, Aluminium und Zellophan zurück, weil die Büffets "müllfrei" angeboten werden. Landestypische Gerichte stehen auf der Speisekarte, denn die Küche ist Teil der Kultur einer Region.

14 Die Urlauber wählen umweltverträgliche Sportarten aus wie Wandern, Schwimmen oder Radeln. Das Freizeitangebot, das den Einheimischen zur Verfügung steht, wird genutzt, etwa die vorhandenen Museen, Sportplätze, Jugendzentren.

15 Fotografieren kann eine Brücke zwischen dem Amateur und dem Motiv sein, wenn der Fotograf um Erlaubnis fragt, landesübliche Verbote berücksichtigt und die versprochenen Abzüge schickt.

16 Die Urlauber nehmen sich viel Zeit für Gespräche und Beobachtungen, statt im Streß vermeintliche Sehenswürdigkeiten abzuklappen.

17 Mit dem Kauf von Souvenirs unterstützen die Touristen das örtliche Kunsthandwerk. Sie erwerben keine seltenen Antiquitäten, was auf die Dauer zum kulturellen Ausverkauf der Urlaubsländer führen würde. Sie lehnen Mitbringsel aus Schildpatt, Korallen oder Elfenbein ab.

18 Die Touristen bringen ihren Gastgebern kleine Geschenke mit, damit sie nicht dauernd die Nehmenden sind. Ein Rezept von zu Hause, Fotos von der Familie oder ein Buch in der Hand erleichtern es, Kontakte zu knüpfen.

19 Sprachkurse und die Vorbereitung mit guten Reiseführern, die auch über den Alltag im Gastland berichten, steigern nicht nur die Vorfreude, sondern erleichtern es dem Gast, sich schnell einzugewöhnen.

20 Die Touristen vermeiden Taktfehler, indem sie sich mit Kleidung (etwa in islamischen Ländern) und Verhalten auf die Sitten und Gebräuche des Gastlandes einstellen.

21 Die Vermeidung von protzigem Luxus, etwa in der Kleidung, bei Kameras oder mit Schmuck, erspart in ärmeren Ländern den Neid derer, die sich solche Dinge nicht leisten können.

Natur

VOTRE TRAVAIL

COMPREHENSION *(3 points)*

Après avoir lu en détail ces 21 résolutions, classez-les d'après leur N° dans les rubriques suivantes:

- Zusammenarbeit von Reiseveranstaltern und Gastländern   ....
- Schulung der Reisebüromitarbeiter   ....
- Vorbereitung der Reisenden vor der Reise   ....
- Umweltschutz am Ferienort (Verkehr, Unterkunft, Verpflegung) ....
- Verhalten der Reisenden am Urlaubsort   ....
- Vorteile des Ökotourismus für die Gastländer   ....

N.B. Les mêmes résolutions peuvent apparaître plusieurs fois.

VOCABULAIRE *(3 points)*
Cochez la bonne traduction.

1 anregen
- **A** *soulever*
- **B** *stimuler*
- **C** *mettre en cause*
- **D** *déranger*

2 vorbildlich
- **A** *exemplaire*
- **B** *d'avant garde*
- **C** *original*
- **D** *parfait*

3 berücksichtigen
- **A** *retenir*
- **B** *apprécier*
- **C** *nier*
- **D** *tenir compte de*

4 Verzicht
- **A** *usage*
- **B** *stationnement*
- **C** *négligence*
- **D** *renoncement2*

5 Gericht
- **A** *spécialité*
- **B** *plat*
- **C** *menu*
- **D** *repas*

6 Mitbringsel
- **A** *accompagnateur*
- **B** *pacotille*
- **C** *rapport*
- **D** *souvenir*

GRAMMAIRE: bevor / nachdem *(4 points)*
Rellez les deux phrases en introduisant la subordonnée par *bevor* ou *nachdem*.

1 Die Touristen reisen in ein fremdes Land. Davor sollten sie Bücher über ihr Urlaubsgebiet lesen.

....

2 Die Urlauber gewöhnen sich leichter im Gastland ein. Sie haben sich vorher über Sitten und Alltag informiert.

....

3 Die Reisebüroangestellten erhalten Kenntnisse im Umweltschutz. Danach sind sie umweltbewußter.

....

4 Umweltschützer, Hoteliers, Politiker und Reiseveranstalter setzen sich an "rundenTischen". Dann können sie neue umweltfreundliche Konzepte entwerfen.

....

REDACTION *(10 points)*
Développez en allemand deux des six points du premier exercice en vous appuyant sur vos connaissances (400 mots environ).

══ Les Français et les agences ══

Le temps est venu d'amener enfin chez les agents de voyages les Français qui ne leur font pas encore confiance. Les agences, et en amont leurs fournisseurs, ne peuvent se contenter du maigre pourcentage qu'elles maîtrisent aujourd'hui. Voilà le vrai, le seul chantier que la profession doit attaquer. Tout le reste est accessoire. C'est vers cet objectif: élargir le marché, que doivent tendre toutes les volontés, toutes les imaginations, tous les efforts, tous les investissements.

Mais, pour toucher à coup sûr les clients potentiels, il fallait savoir, précisement, ce qu'ils pensent - comment ils «ressentent» - les agents de voyages. Quelles sont les raisons de leur désaffection. Pour apporter sa pierre à l'édifice commun, Tour Hebdo a commandé à l'IFOP un sondage national exclusif sur le thème «les Français et les agences de voyages» auprès d'un échantillon de 1000 personnes, représentatif de la population française, âgés de 15 ans et plus.

Tour Hebdo

Question posée

Quelle est, à votre avis, parmi les suivantes, la principale raison pour laquelle les Français n'utilisent pas plus souvent les services d'une agence de voyages?

Résultats du sondage

Passer par une agence de voyages ça coûte plus cher	20
Ils préfèrent organiser leur voyage eux-mêmes.	18
Ils n'aiment pas voyager en groupe.	12
Ils ne savent pas très bien quels services rendent les agences de voyages.	14
Une agence de voyages c'est uniquement pour les voyages lointains.	9
Ils ne savent pas que les agences de voyages peuvent aussi les conseiller.	8
Il faut avancer de l'argent.	6
On n'est pas toujours bien accueilli dans les agences de voyages.	5
Quand on utilise sa voiture, ça ne sert à rien.	5
Ne se prononcent pas.	3
	100%

VOTRE TRAVAIL

On vous a demandé d'écrire sur le thème «les Français et les agences de voyages» un petit article pour la page «voyages» d'un journal allemand.

1 Traduisez librement tous les termes du tableau *(4 points).*

2 Répondez brièvement en allemand aux questions suivantes après analyse du sondage *(6 points).*

A Welche Antworten zeigen, daß die Franzosen Individualisten sind? Warum?

B Welche Leistungen der Reisebüros sind vielen französischen Urlaubern unbekannt?

C Welche Einwände erheben die Befragten gegen das Reisebüro?

3 Rédigez votre article en 200 mots environ en vous aidant du tableau, du texte et du canevas suivant *(10 points).*

- Einleitung: Thema der Umfrage
- im Auftrag von Tour Hebdo, durchgeführt vom IFOP-Institut
- gestellte Fragen
- Ergebnisse . Mangel an Information
. Einwände
. Charakter der Franzosen
- Schluß: Anwerbung von neuen Kunden.

Index des exercices

La maquette de cet ouvrage
a été entièrement conçue et réalisée
par l'auteur.

Cet ouvrage a été imprimé
en novembre 2014 par

FIRMIN-DIDOT

27650 Mesnil-sur-l'Estrée
N° d'impression : 125579
Dépôt légal : mars 2002

Imprimé en France